10日でできる！

上級

地方公務員 過去問ベスト

公務員試験専門
喜治塾
編著

高橋書店

本書の特長・公務員試験の概要

本書は、地方公務員・上級(大卒程度)の採用試験、国家公務員・一般職(大卒程度)などの行政事務系採用試験に対応しています。実際に過去に出題された頻出分野の問題を10日間で効率よく学習できるようになっているのが特長です。
たった10日間で完成する内容ですが、合格するための要素がぎっちりと詰まっています。本書を使ってぜひ短期間で合格を勝ちとってください。

本書の特長

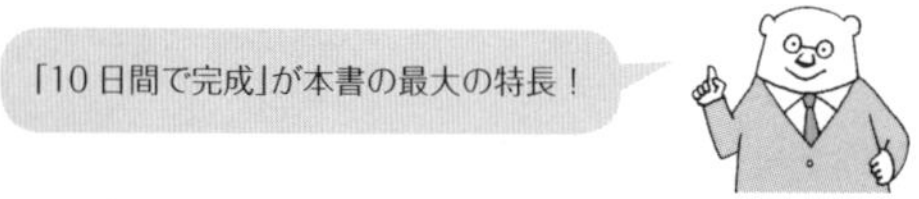

1　1日15問前後の問題を解き、解説を読んで理解していくことで、試験で出題される頻出分野を10日間でマスターできるようになっています。10日間に重要項目をギュッと圧縮して掲載しています。

2　苦手な受験者が多い知能分野の「数的推理」「判断推理」「図形」は、詳細・丁寧な解説をしています。解説を読みながら学習を進めることで、基礎知識が習得できます。

3　解答時間の目安を示しているので、本番を想定して学習を進めることができます。

4　それぞれの問題は、頻出度などの観点から、公務員試験を20年以上指導してきた公務員試験専門塾のプロ講師たちが精選。膨大な範囲のなかから、絶対に押さえておかなければいけない問題を掲載しています。

5　基本事項については「総まとめ」として、頻出分野を中心に最低限押さえておくべきことをまとめています。コンパクトにまとめてあるので試験直前にも最適です。

6　解答・解説は別冊にまとめているので、勉強しやすくなっています。またポイントを付属の赤シートで隠せるので、何度も復習するのに便利です。

公務員試験の概要

地方公務員試験は自治体ごとに試験を実施するため、試験内容は各自治体によって異なります。一般的な試験内容は下記のとおりです。

●第１次試験　①教養試験（５肢択一試験／２時間）
②専門試験（５肢択一試験／１時間30分）
③論文試験（時間１時間20分、
字数1000字～1500字程度）

●第２次試験　面接試験（個別面接）
自治体によっては、集団面接、集団討論、体力テスト、適性検査を実施するところもある。

★特別区（東京23区）試験の場合

１．教養試験……５肢択一式（48題中40題選択解答）

①知能分野（28題必須解答）

文章理解（英文を含む）、判断推理、数的処理、資料解釈、空間把握

②知識分野（20題中12題選択解答）

人文科学４題（倫理・哲学、歴史、地理）
社会科学４題（法律、政治、経済）
自然科学８題（物理、化学、生物、地学）
社会事情４題

２．専門試験……５肢択一式（55題中40題選択解答）

憲法、行政法、民法（総則・物権）、民法（債権・親族・相続）、ミクロ経済学、マクロ経済学、財政学、経営学、政治学、行政学、社会学の各科目から各科目５題、計55題が出題される
（県庁では、このほかにも刑法・労働法・国際法などを課すところもある）

問題にチャレンジする前にチェック！

中学数学のおさらい

教養試験の知能分野の出題科目である数的推理・判断推理では、数学の知識が必要になります。といっても、必要となるのはほんの少しですから、安心してください。

「すっかり忘れてしまった」という人のために、公務員試験に必要な事項を厳選してまとめているので、おさらいしておきましょう。

1 整数・自然数

…… −3，−2，−1，0，1，2，3 ……

←負の整数（…… −3，−2，−1）　　正の整数（1，2，3 ……）→

正の整数 ＝ 自然数

2 素数・素因数分解

● **素数**…… 1とその数自身のほかに約数（割り切る数）がない整数

・小さい順に 2、3、5、7、11、13 ……

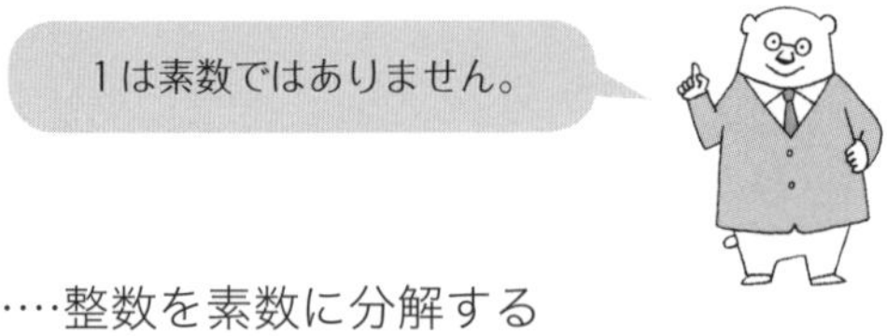

● **素因数分解**……整数を素数に分解する

・12を素因数分解すると 2×2×3

・20を素因数分解すると 2×2×5

● **正の整数Nの素因数分解の方法**

①Nを小さい素数から順に割る

②商が素数になるまで割り続ける

③割った素数すべてと最後の商を掛ける

（例）90を素因数分解する

```
2 ) 9 0
3 ) 4 5
3 ) 1 5
      5
```

$$90 = 2 \times 3 \times 3 \times 5 = 2 \times 3^2 \times 5$$

3 約数・公約数

●**約数**……ある整数Nを割り切ることのできる整数

（例）12の約数……1、2、3、4、6、12

12÷□＝○
（□：約数）

●**公約数**……2つ以上の整数に共通する約数

（例）12と18の公約数

・12の約数……1、2、3、4、6、12
・18の約数……1、2、3、6、9、18

｝1、2、3、6は公約数

4 倍数・公倍数

●**倍数**……ある数aを整数倍した数

（例）3の倍数……3、6、9、12、15……
（3×1　3×2　3×3　3×4　3×5）

●**公倍数**……2つ以上の整数に共通する倍数

（例）4と6の公倍数……下記のとおり12、24、36……

・4の倍数……4、8、12、16、20、24、28、32、36……
・6の倍数……6、12、18、24、30、36、42、48、54……

最小公倍数……12　　12×2　　12×3

公倍数のうち最も小さい数を最小公倍数という
公倍数は最小公倍数の倍数となる

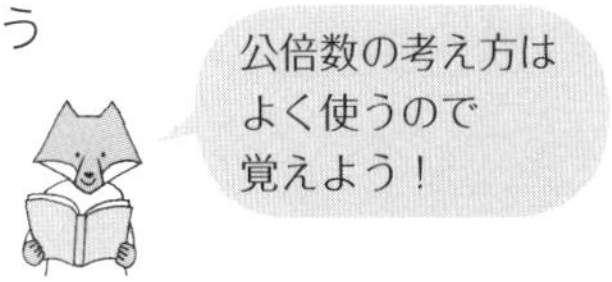

●**最小公倍数の求め方**……２つの整数を共通して割り切る素数で割っていき、共通して割り切れる数がなくなったら、外側の数を全部掛ける
（例）24と36の最小公倍数

2)	24	36
2)	12	18
3)	6	9
	2	3

$2\times2\times3\times2\times3=72$
最小公倍数

5 四則計算

●**足し算・引き算**

・$-4+(-8)=-4-8=-12$
・$13-(+9)=13-9=4$

カッコの前後の符号が異なる場合はカッコをはずすと「－」

・$15-(-12)=15+12=27$

カッコの前後の符号が同じ場合はカッコをはずすと「＋」

●**掛け算**

・$4\times(-5)=-20$
・$(-4)\times(-5)=20$

掛け算のプラス・マイナス

$(+)\times(+)=(+)$	$(+)\times(-)=(-)$
$(-)\times(-)=(+)$	$(-)\times(+)=(-)$

●**割り算**

・$36\div(-3)=-12$
・$-36\div(-3)=12$

割り算のプラス・マイナス

$(+)\div(+)=(+)$	$(+)\div(-)=(-)$
$(-)\div(-)=(+)$	$(-)\div(+)=(-)$

●**計算の優先順位**

・$3+2\times5=3+10=13$
・$21-7\div7=21-1=20$

足し算・引き算より掛け算・割り算を優先して計算する

●**カッコの計算**

・$2(x+3)=2x+6$
・$-2(x+3)=-2x-6$

カッコの外の数字を
カッコの中の数字すべてに掛ける

$2(x+3)=2x+2\times3=2x+6$

●**分数の計算**

・$\frac{1}{3}+\frac{2}{5}=\frac{1}{3}\times\frac{5}{5}+\frac{2}{5}\times\frac{3}{3}=\frac{5}{15}+\frac{6}{15}=\frac{11}{15}$

足し算・引き算は
分母を通分する

・$\dfrac{2}{3}\times\dfrac{4}{7}=\dfrac{2\times4}{3\times7}=\dfrac{8}{21}$

分数の掛け算は
分母どうし、分子どうしで掛ける

・$\dfrac{7}{11}\div\dfrac{3}{5}=\dfrac{7}{11}\times\dfrac{5}{3}=\dfrac{35}{33}$

分数の割り算は「÷」の後ろの分数を
上下逆にして掛け算する

6 方程式

（1）　$7x-5=5x+3$

$7x-5x=3+5$ ……文字の項を左辺に、
数の項を右辺に移項する

$2x=8$

$x=4$

（2）　$3(7x+4)=8(2x+9)$

$3\times7x+3\times4=8\times2x+8\times9$ ……まずカッコをはずす

$21x+12=16x+72$

$21x-16x=72-12$ ……次に、移項して整理する

$5x=60$

$x=12$

7 連立方程式

$$\begin{cases} x+y=5 & \cdots\cdots① \\ 2x+3y=13 & \cdots\cdots② \end{cases}$$

両式のx(もしくはy)の係数をそろえて、
x(もしくはy)を消去し、
y(もしくはx)についての方程式を解く

①式を2倍にする

$2\times(x+y)=2\times5$

$2x+2y=10$ ……①'

①'－②

$$\begin{array}{rl} 2x+2y=10 & \cdots\cdots①' \\ -)\ 2x+3y=13 & \cdots\cdots② \\ \hline -y=-3 & \end{array}$$

よって、$y=3$

これを①式に代入すると

$x+3=5$

$x=5-3$

$x=2$

CONTENTS

第3章 総まとめ 教養試験(知能編)

第4章 総まとめ　教養試験(知識編)

第5章 総まとめ　専門試験

編集協力：有限会社ヴュー企画　本文デザイン・DTP：小幡ノリユキ　本文イラスト：村山宇希

第1章

1日目～5日目

教養試験を攻略

1st DAY

一般知能

制限時間
60分

解答・解説は別冊2～11ページ

1

Check □□

次の文の主旨として、最も妥当なものはどれか。

　きょうの文化上の欲求の一つとして、現代の日本の経済事情と、その経済事情にどう処してゆくかという政治の方法に無関係なものがあるだろうか。主婦が、わずかのひまを見つけて読みたい本は、一般の物価上りで三冊が一冊にされつつある。その一冊にさらに五パーセントの取引税がかかる。子供たちに買ってやる絵本にもその五パーセントはついて来る。国会でも問題になったこのたちのわるい大衆課税は、政府としてやむをえないこととして押しきった。理由は天文学的数字の予算をまかなえないからであり、そのなかで小さくない部分を占めている終戦処理費というものを出さなければならないからとされている。

　この処理費というものはどういう風にしてどこへつかわれるものなのだろう。戦時中の軍備施設を、二度とつかえないようにこわすだけに、そんな金がかかるのだろうか。ポツダム宣言を受諾して武装放棄をした日本は、どういう口実でも日本としてまた武装を行う理由はもっていないはずである。わたしたち日本の婦人の大部分は戦争を欲していないのだ。分別のある人民の大部分が、この上の惨禍を歓迎しようとはしていない。

　きょうこそ、日本のわたしたちは、自分たちの求めているものを、はっきり自覚しなければならないと思う。わたしたちの求めているのが民族の平和と自立であり、生活の安定と人間らしい文化のよろこびである以上、自分たちの目標から目をはなさず、希望を実現させるあらゆる可能のためにわたしたちに出来るところから尽力してゆかなければうそだと思う。

（宮本百合子『偽りのない文化を』による）

1　本を買うなど、今日の文化上の欲求は、現代の日本の経済事情と、その経済事情に応じた政治に無関係なものはない。

2　大衆課税によって、国民が文化を享受する機会が失われつつあることを、われわれは強く意識していくべきだ。

3　日本国民の多くが戦争を欲していないのだから、文化に触れる機会が限られているこの現状を変えるよう努めていかなければならない。

4　今こそ、私たちは自分たちの求めているものが戦争ではなく、民族の平和と自立であるということをはっきりと自覚しなければならない。

5　文化に対するわれわれの目標をしっかりと見据え、希望を実現させる為にできることから尽力していかなければならない。

2

Check □□

ある被災地において災害ボランティアに参加した1089人について調べたところ、次の**ア～オ**のことがわかった。

ア　災害ボランティアに初めて参加した人は、341人であった。

イ　女性は420人であった。

ウ　未成年の男性は107人であった。

エ　災害ボランティアに初めて参加した成年の男性は176人であり、災害ボランティアに2回以上参加したことがある未成年の男性より98人多かった。

オ　災害ボランティアに2回以上参加したことがある成年の女性は、災害ボランティアに2回以上参加したことがある未成年の女性より188人多かった。

以上から判断して、災害ボランティアに2回以上参加したことがある成年の女性の人数として、正しいのはどれか。

1　236人　　**2**　238人　　**3**　240人
4　242人　　**5**　244人

次ページへ続く

3

Check □□

Ａ～Ｇの７つの中学校が出場した合唱コンクールの合唱の順番及び審査結果について、次の**ア～カ**のことがわかった。

ア　Ａ校とＤ校の間に４つの中学校が合唱した。
イ　Ｂ校はＥ校の１つ前に合唱した。
ウ　Ｃ校とＦ校の間に２つの中学校が合唱した。
エ　Ｄ校はＣ校の次に合唱した。
オ　Ｅ校とＧ校の間に３つの中学校が合唱した。
カ　５番目に合唱した中学校が最優秀賞を受賞した。

以上から判断して、最優秀賞を受賞した中学校として、正しいのはどれか。

1　Ｂ校　**2**　Ｃ校　**3**　Ｅ校　**4**　Ｆ校　**5**　Ｇ校

4

Check □□

Ａ～Ｆの６人が柔道の総当たり戦を行った。今、その途中経過と最終結果の一部について、次の**ア～キ**のことがわかっているとき、この総当たり戦の最終結果について確実にいえるのはどれか。ただし、同じ相手との対戦は１回のみとする。

ア　Ａは、１試合終了時点で０勝１敗であった。
イ　Ｂは、２試合終了時点で１勝１敗であった。
ウ　Ｃは、４試合終了時点で、Ｂに勝ち２勝２敗であった。
エ　Ｄは、２試合終了時点で、Ａに勝ち１勝１敗であった。
オ　Ｅは、２試合終了時点で２勝０敗であった。
カ　Ｆは、２試合終了時点で、Ｃに敗れ１勝１敗であった。
キ　総当たり戦の終了時点で引き分けた試合はなく、同じ勝敗数の人はいなかった。

1　Ｂは、２位であった。
2　Ｃは、３位であった。
3　Ｄは、４位であった。
4　Ｂは、Ｆに勝った。
5　Ｃは、Ｄに勝った。

5
Check

ある暗号で「ＤＯＧ」が「100000、10101、11101」、「ＦＯＸ」が「11110、10101、1100」で表されるとき、同じ暗号の法則で「100001、100011、10000」と表されるのはどれか。

1　「ＡＮＴ」
2　「ＢＥＥ」
3　「ＣＡＴ」
4　「ＣＯＷ」
5　「ＰＩＧ」

6
Check

図１のような五角形の将棋の駒を、図２の実線部分のように３枚を１組として、角どうしが接するように並べ続けたとき、環状になるために必要な駒の枚数として、正しいのはどれか。

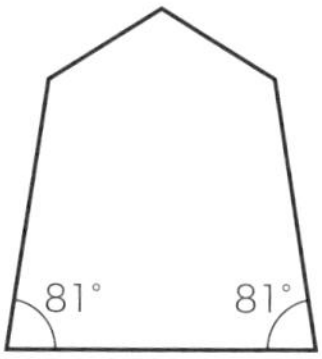

図1

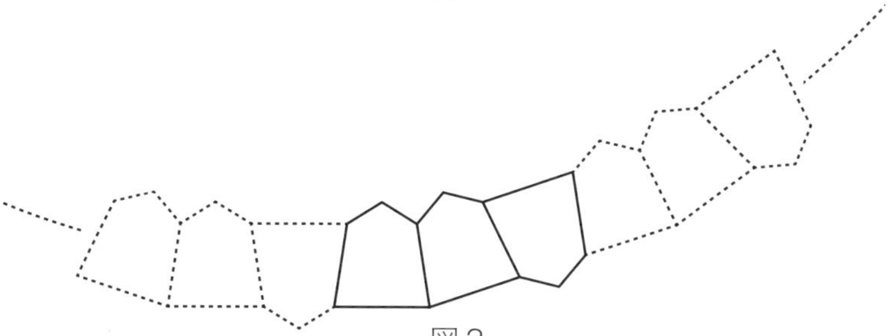
図2

1　48枚　　**2**　54枚　　**3**　60枚
4　66枚　　**5**　72枚

次ページへ続く

7

Check □□

次の図のような、ＡＢ＝５、ＢＣ＝７、ＣＡ＝６とする三角形ＡＢＣの面積はどれか。

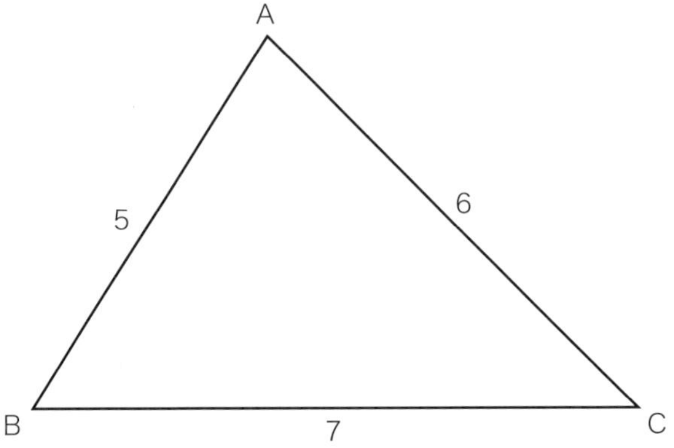

1 3　**2** $3\sqrt{6}$　**3** $6\sqrt{6}$　**4** $\dfrac{21}{\sqrt{2}}$　**5** $\dfrac{35\sqrt{3}}{4}$

8

Check □□

2000の約数の個数として、正しいのはどれか。

1 16個
2 17個
3 18個
4 19個
5 20個

9
Check
□□

ある映画館の入場券には、1,300円の大人券、800円の子供券及び2,000円の親子ペア券の３種類がある。ある日の入場券の販売額の合計が272,900円であり、大人券の販売枚数が親子ペア券の販売枚数の半分より９枚少なく、販売枚数が最も多いのが親子ペア券、次が子供券、最も少ないのが大人券であったとき、大人券の販売枚数として、正しいのはどれか。

1　36枚
2　37枚
3　38枚
4　39枚
5　40枚

10
Check
□□

1000より小さい正の整数のうち、４で割ると３余り、かつ５で割ると４余る数の個数として、正しいのはどれか。

1　50個
2　51個
3　52個
4　53個
5　54個

11
Check
□□

祖母、両親、子供２人の５人で暮らしている家族が、買い物に外出する場合、外出のしかたは何通りあるか。ただし、子供だけでは外出あるいは留守番はできないものとする。

1　22通り
2　25通り
3　28通り
4　31通り
5　34通り

1st DAY

一般知識

制限時間 10分

解答・解説は別冊12〜13ページ

12

Check □□

第一次世界大戦の頃の世界情勢について述べた記述のうち、妥当なものはどれか。

1 ロシアは、ロシア革命の勃発により戦争の継続が困難となったため、ドイツとヴェルサイユ条約を締結し、単独講和した。

2 日本は、日英同盟を理由に第一次世界大戦に連合国側で参加した。その一方で、列強がアジアに目を向ける余裕が無い隙を突いて、朝鮮に二十一か条の要求を突きつけた。

3 アメリカは、第一次世界大戦後に設立された国際連盟の常任理事国に就任し、国際平和秩序構築の牽引役として活躍した。

4 第一次世界大戦は、1914年にボスニアの皇太子夫妻がサラエボでセルビアの青年により暗殺されたのを発端として始まった。

5 フランスは、第一次世界大戦では連合国側として参戦し、戦後、普仏戦争時にドイツに奪われていたアルザス・ロレーヌを取り戻した。

13
Check □□

第二次世界大戦後の世界に関する記述として最も妥当なものはどれか。

1 日本は、吉田茂内閣の際にサンフランシスコ平和条約を締結し、第二次世界大戦で戦った全ての国と講話する全面講和が行われた。
2 1948年に朝鮮半島では、南に李承晩を大統領とする大韓民国と、北に金正日を首相とする朝鮮民主主義人民共和国が建国された。1950年には、朝鮮戦争が勃発した。
3 アメリカは、民主党のケネディ大統領の在職時にヴェトナム戦争に介入した。しかしヴェトナム戦争は泥沼化したため、ケネディ大統領は暗殺された。
4 エジプトは、1956年にスエズ運河の国有化を宣言したが、フランス・イギリス・イスラエルの３国軍がエジプトに侵入し、第２次中東戦争が勃発した。
5 ソ連では、1985年にフルシチョフ大統領がペレストロイカをかかげ、複数候補制による自由選挙や市場経済への移行などを実行した。

14
Check □□

２次方程式$2x^2-3x+6=0$の２つの解をα、βとするとき、$\alpha-\frac{1}{\beta}$、$\beta-\frac{1}{\alpha}$を解に持つ２次方程式はどれか。

1 $3x^2-3x+4=0$
2 $3x^2-6x+4=0$
3 $3x^2+6x+4=0$
4 $6x^2-5x+8=0$
5 $6x^2+5x+8=0$

15
Check □□

放物線$y=x^2-2x-3$と直線$y=x+1$で囲まれた部分の面積はどれか。

1 $\frac{119}{6}$　**2** $\frac{125}{6}$　**3** $\frac{131}{6}$　**4** $\frac{137}{6}$　**5** $\frac{143}{6}$

2nd DAY

一般知能

制限時間 60分

解答・解説は別冊14～24ページ

1 次の英文の内容と一致するものはどれか。

Check □□

Under a new law regulating “mimpaku”, anyone can lease their rooms to travelers for up to 180 nights a year if they tell their local prefectural government in advance that they will begin a minpaku business.
Japan’s boom in foreign tourism is pushing up demand, and a growing number of owners are offering empty homes and apartments to travelers. Still, international tourists are not fully aware of Japan’s many rich natural and cultural assets. To attract much more foreigners, public and private sectors need to come together to deliver a great experience for visitors.

1 空き家を旅行客に貸し出す持ち主の数は一定であり、増えていない。

2 外国からの旅行客は日本の豊かな自然や文化遺産の存在に十分気付いている。

3 より多くの外国人観光客を呼び寄せるためには民間が主導権を握り、政策を推し進めていかなければならない。

4 民泊開始に伴い、近隣トラブルが懸念されている。

5 民泊を始める際、都道府県庁に届け出をしたら誰でも年間180日まで旅行客に部屋を貸すことができる。

2

Check □□

次の英文の空欄**A**～**C**に当てはまる語句の組み合わせとして、最も妥当なのはどれか。

The Japanese government announced that it will double the overseas tourist target to 40 million in 2020. This [A] plan was made after the announcement that 19.73 million foreign tourists visited the country in 2015, [B] 47.3 percent from the previous year. It would not be surprising if the government's goal of welcoming 40 million annual [C] tourists is achieved ahead of the target year.

	A	B	C
1	unambitious	up	inbound
2	unambitious	down	outbound
3	ambitious	up	inbound
4	ambitious	down	inbound
5	ambitious	up	outbound

3

Check □□

A～Fの６人がレストランで座った席及び出身地について、次の**ア**～**ク**のことがわかっている。

ア　A～Fの６人は、下図のように、長方形のテーブルを挟み向かい合って座った。
イ　Aの正面の人の隣には岐阜県出身の人が座った。
ウ　Bの正面の人の隣には静岡県出身の人が座った。
エ　Cの正面にはEが座った。
オ　DとEはテーブルの同じ側の両端に座り、その間にBが座った。
カ　北海道出身の人は１人であった。
キ　東京都出身の人はEとFの２人であった。
ク　静岡県出身の人の正面に座った人は、愛知県出身であった。

以上から判断して、北海道出身の人の正面に座った人として、正しいのはどれか。

1　A　**2**　B　**3**　C　**4**　D　**5**　E

次ページへ続く

4

Check □□

A～Eの５つの学校が、ある吹奏楽コンクールに出場する。各校の前半（課題曲）及び後半（自由曲）の演奏順について次のことがわかっているとき、後半の演奏順について確実にいえるのはどれか。ただし、このコンクールに出場するのはA～Eの５校のみである。

ア　前半の演奏順は、Aが１番目、Bが２番目、Cが３番目、Dが４番目、Eが５番目である。
イ　前半の演奏順と後半の演奏順が同一である学校はない。
ウ　各校とも後半は、前半と同じ学校の直後に演奏することはない。（例えば後半はB→Cという順序はない。）

1　Aが５番目のとき、B～Eのいずれもが１番目になることがあり得る。
2　Bが３番目のとき、４番目は必ずAである。
3　Cが２番目のとき、３番目は必ずB又はEである。
4　Dが１番目のとき、５番目は必ずA又はBである。
5　Eの直後がDのとき、１番目は必ずB又はCである。

5

Check □□

白色と茶色のお土産の饅頭《まんじゅう》が６個ずつ計12個あり、白色と茶色のいずれにも、あずき入り、クリーム入り、チョコ入りの餡《あん》が２個ずつあった。**A～E**の５人が２個ずつ食べて次のような発言をしているとき、残った２個の饅頭について確実にいえるのはどれか。

A　「別々の色の饅頭を食べたところ、その１つはチョコ餡であった。」
B　「別々の色の饅頭を食べたところ、その１つはチョコ餡で、もう１つの中身はAとは違っていた。」
C　「白色の饅頭を２つ食べたところ、中身の組み合わせがAと一致しており、その１つはクリーム餡であった。」
D　「茶色の饅頭を２つ食べたところ、中身の組み合わせがBと一致していた。」
E　「別々の色の饅頭を食べたところ、中身も別々で、白色の饅頭はAが食べた茶色の饅頭と中身が一致していた。」

1　白色であずき餡と白色でクリーム餡
2　茶色でクリーム餡と茶色でチョコ餡
3　白色であずき餡と茶色でクリーム餡
4　白色でクリーム餡と茶色であずき餡
5　白色でチョコ餡と茶色であずき餡

6　Check □□

硬貨の入ったＡ～Ｅの５つの箱があり、そのうちの１つの箱には７枚の硬貨が入っており、他の箱にはそれぞれ数枚の硬貨が入っている。今、次の**ア**～**エ**のことがわかっているとき、確実にいえるのはどれか。

ア　Ａの箱に入っている硬貨とＣの箱に入っている硬貨の枚数の和は、Ｅに入っている硬貨の枚数の２倍である。
イ　Ａの箱に入っている硬貨とＤの箱に入っている硬貨の枚数の和は、18枚である。
ウ　Ｂの箱に入っている硬貨は、Ｄの箱に入っている硬貨の枚数の半分である。
エ　Ｃの箱に入っている硬貨とＥの箱に入っている硬貨の枚数の差は、２枚である。

1　ＡとＢの箱に入っている硬貨の合計は、10枚である。
2　ＢとＣの箱に入っている硬貨の合計は、15枚である。
3　ＣとＤの箱に入っている硬貨の合計は、20枚である。
4　ＤとＥの箱に入っている硬貨の合計は、22枚である。
5　ＥとＡの箱に入っている硬貨の合計は、11枚である。

次ページへ続く

7

Check □□

下図のように、正方形の紙を点線を谷にして矢印の方向に折り畳み、でき上がった三角形の黒い部分を切りとったとき、残った紙を広げた形として、正しいのはどれか。

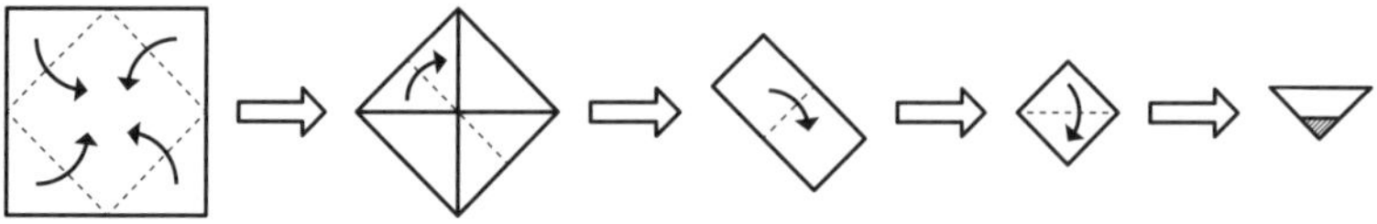

1

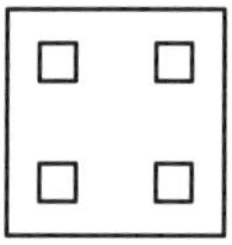

2

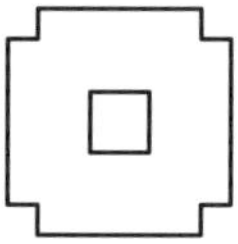

3

4

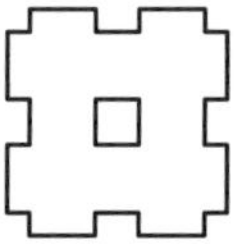

5

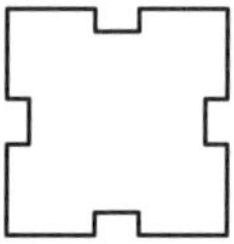

8

Check □□

次の図のような、一辺の長さが4aの正三角形とその内接する円で構成された斜線部の面積はどれか。ただし、円周率はπとする。

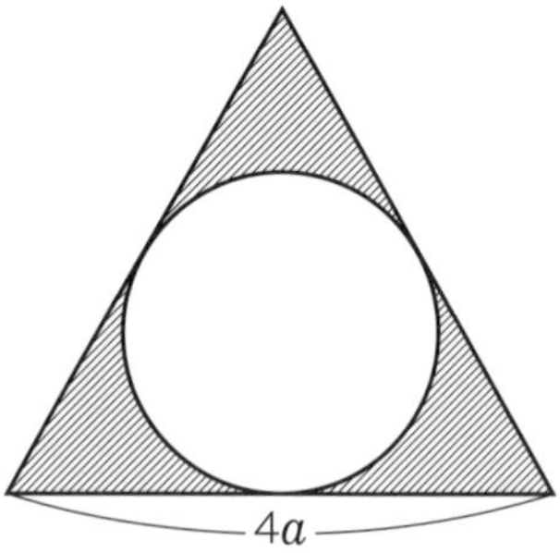

1　$(4\sqrt{3}-\frac{1}{3}\pi)a^2$　　**2**　$(4\sqrt{3}-\frac{2}{3}\pi)a^2$

3　$(4\sqrt{3}-\pi)a^2$　　**4**　$(4\sqrt{3}-\frac{4}{3}\pi)a^2$

5　$(4\sqrt{3}-\frac{5}{3}\pi)a^2$

9

Check □□

A、B、Cの３人が、X町からY町へ同じ道を通って行くことになった。Aが徒歩で７時20分に出発し、Bが自転車で７時50分に出発した。その後、Cがバイクで出発したところ、CはA、Bを同時に追い越した。Aの速さは時速６km、Bの速さは時速24km、Cの速さは時速60kmであったとき、Cが出発した時刻はどれか。ただし、３人の進む速さは、それぞれ一定とする。

1　７時48分　**2**　７時52分　**3**　７時56分
4　８時00分　**5**　８時04分

10

Check □□

ある川に沿って、20km離れた上流と下流の２地点間を往復する船がある。今、上流を出発した船が、川を下る途中でエンジンが停止し、そのまま24分間川を流された後、再びエンジンが動き出した。この船が川を往復するのに、下りに１時間、上りに１時間を要したとき、川の流れる速さはどれか。ただし、静水時における船の速さは一定とする。

1　５km／時　**2**　６km／時　**3**　７km／時
4　８km／時　**5**　９km／時

11

Check □□

正の整数a、bがあり、$a<b$であるとき、次の式におけるa、bの組み合わせの数として、正しいのはどれか。

$$\frac{1}{a}+\frac{1}{b}=\frac{1}{10}$$

1　２組　**2**　３組　**3**　４組　**4**　５組　**5**　６組

12

Check □□

ある商店街の福引抽選会において、２本の当たりくじを含む８本のくじの中から３人が順番にそれぞれ１本ずつくじを引いたとき、３人のうち２人が当たる確率として、正しいのはどれか。ただし、１度引いたくじは戻さない。

1　$\frac{1}{8}$　**2**　$\frac{2}{13}$　**3**　$\frac{3}{14}$　**4**　$\frac{3}{28}$　**5**　$\frac{9}{64}$

2nd DAY

一般知識

解答・解説は別冊25～26ページ

13 鎌倉時代に関する記述のうち、妥当なものはどれか。

Check □□

1 源頼朝の死後、鎌倉時代末まで征夷大将軍には頼朝の直系が任命された。しかし幕府政治の実権は承久の乱以後、北条氏が握り、北条氏が独裁政治を行った。

2 承久の乱後、鎌倉幕府は西国御家人の統率と朝廷の監視を目的として京都所司代を設置した。

3 北条泰時は1232年に御成敗式目を制定した。御成敗式目は武家社会のための最初の体系的な成文法で、後の戦国時代に作られた分国法などにも影響を与えた。

4 鎌倉時代には月６回開かれる六斎市が一般的になり、その際に使われる貨幣も日本国内で鋳造され、宋銭は使用されなかった。

5 文永・弘安年間には、モンゴルのチンギス・ハンが２度日本に攻めこんできた。モンゴル軍の襲来により、鎌倉幕府は石塁の設置や御家人へ異国警固番役を課し、日本の防備体制を強化した。

14 Check □□

江戸時代の政治に関する記述として最も妥当なものはどれか。

1 江戸幕府は、将軍の下に常設の最高機関として大老を置き政務を行わせた。幕末期には大老に彦根藩主の井伊直弼が就任し、日米修好通商条約を締結した。

2 ３代将軍徳川家光は鎖国を行い、琉球王国・朝鮮・中国以外の国との交流を断絶した。

3 ８代将軍徳川吉宗は、幕府の財政基盤を強化するために、印旛沼の干拓を進めたり、長崎貿易の拡大をしたりする政策を行った。

4 18世紀末から19世紀前半にかけて、ロシアや英国などの船が日本近海に出没するようになり、江戸幕府は1825年に異国船打払令を出して外国船の撃退を命じた。

5 蛮社の獄により、越前藩士橋本左内や松下村塾を開いた長州藩士吉田松陰らが処刑された。

15 Check □□

ビルの屋上から物体Ａを自由落下させ、その1.0秒後に鉛直下向きに物体Ｂを初速度14.7m／sで投げ下ろした。物体Ｂを投げ下ろしてから、物体Ｂが物体Ａに追いつくまでの時間はどれか。ただし、重力加速度を9.8m／s^2とし、空気の抵抗は考えないものとする。

1 0.5秒　**2** 1.0秒　**3** 1.5秒
4 2.0秒　**5** 2.5秒

16 Check □□

次の図のような直流回路がある。今、20Ωの抵抗を流れる電流が２Ａのとき、ＡＢ間の電圧はどれか。

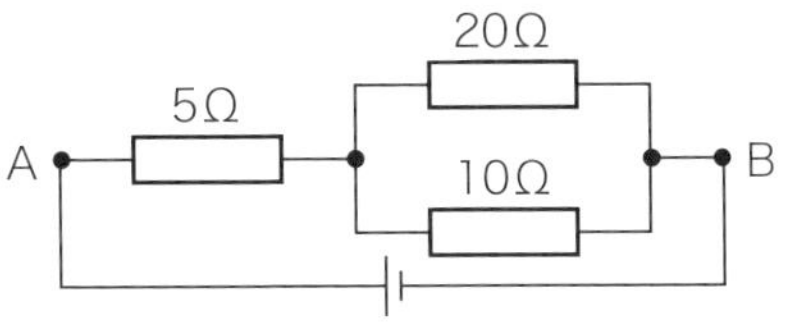

1 50Ｖ　**2** 60Ｖ　**3** 70Ｖ
4 80Ｖ　**5** 90Ｖ

3rd DAY

一般知能

制限時間 45分

解答・解説は別冊27〜34ページ

1 Check □□

次の文章の空所**A**に該当する語句として、最も妥当なのはどれか。

自分でも見透しきれないさまざまな可能性が自分のなかに溜《た》まっていた準備の年代が過去となると、だれでもめざす標的を自分の正面のせまい角度にしぼって進むようになり、技術者、法律家、セールスマン、独立企業、教職など、なにか専門の仕事につき、自分の生活を枠でかこむ。

どの仕事をえらぶかでは、好きな仕事、性にあった仕事をしたいという希望にかなったものをえらびとるのはもちろんのことではあっても、職業として生活をいとなんでいるあいだには、「したい」と望んでいた活動欲が追々と形をかえて、課せられたつとめを「はたす」遂行欲で自分をみたすようになってくる。こどもから青年までは「したいことをする」のがたのしみだったが、「すべきことをする」営みのなかで、［　A　］がえられるように変ってくる。青年のころに夢みた自分の将来像は少々ならず手を加えられていじけてしまったけれども、そこには諦《てい》念の決断と自分をはげます鞭《むち》打ちがあたらしく生れてくる。若い野獣は衝動に突きあげられて思う存分跳ねまわっていたが、衝動という裸体に諦念と意志の着物をきせることで、私たちはまぎれもない人間の格をそなえるまでになり、世の中で生きる権限をみとめられるようになる。

（島崎敏樹『生きるとは何か』による）

1　生きることの充実感
2　仕事の達成感
3　新しい自分
4　夢見た仕事
5　無限の可能性

2

Check □□

４人の高校生Ａ～Ｄが、地学、化学、生物、物理の４つの選択科目のうちから２科目を選択して、授業を受けている。今、次の**ア**～**オ**のことがわかっているとき、確実にいえるのはどれか。

ア　Ａ、Ｂ、Ｄは同じ科目を１つ選択しているが、もう１つの選択科目はそれぞれ異なっている。
イ　地学と物理の両方を選択している人はいない。
ウ　Ｃは地学を選択しており、ＣとＤは地学以外の同じ科目を選択している。
エ　Ａは、Ｃと同じ科目を１つ選択しているが、化学は選択していない。
オ　３人が選択した同じ科目は１つであるが、４人が選択した同じ科目はない。

1　Ａは生物と物理、Ｃは地学と化学を選択している。
2　Ａは地学、Ｂは化学、Ｄは生物を選択している。
3　Ｂは物理、Ｃは生物、Ｄは化学を選択している。
4　Ａは生物、Ｂは物理、Ｃは化学を選択している。
5　Ｂは生物、Ｃは物理、Ｄは化学を選択している。

3

Check □□

海か山のどちらかに行きたいＡ～Ｅの５人がいる。今、意見調整を次の**ア**～**ウ**の順に行い、最終的に５人全員が海に行くことでまとまったとき、確実にいえるのはどれか。ただし、それぞれの意見調整では、３人の中で意見の一致する２人の説得により、他の１人が意見を変えた。

ア　１回目は、Ａ、Ｂ、Ｃで行った。
イ　２回目は、Ａ、Ｃ、Ｄで行った。
ウ　３回目は、Ｂ、Ｄ、Ｅで行った。

1　最初は海に行きたい者が２人、山に行きたい者が３人であった。
2　最初、Ｂは山に行きたい意見を持っていた。
3　最初、Ｃは山に行きたい意見を持っていた。
4　調整の結果、Ｄは自分の意見を２回変えた。
5　Ｅの最初の意見は、海であったか山であったかはわからない。

次ページへ続く

4

Check □□

ある学級の生徒の日々の生活について、次のことがわかっているとき、論理的に確実にいえるのはどれか。

ア 夜10時以降に就寝している生徒は、自宅学習をしている。
イ 遅刻したことがある生徒は、夜11時以降に就寝し、かつ朝7時以降に起床している。
ウ 遅刻したことがない生徒は、朝7時より前に起床している。

1 朝7時以降に起床している生徒は、自宅学習している。
2 朝7時より前に起床している生徒は、夜11時より前に就寝している。
3 自宅学習をしている生徒は、遅刻したことがある。
4 自宅学習をしていない生徒は、朝7時以降に起床している。
5 遅刻したことがない生徒は、夜10時より前に就寝している。

5

Check □□

下図のような展開図の点線を山にして折ってできる正八面体を、ある方向から見た図として、あり得るのはどれか。

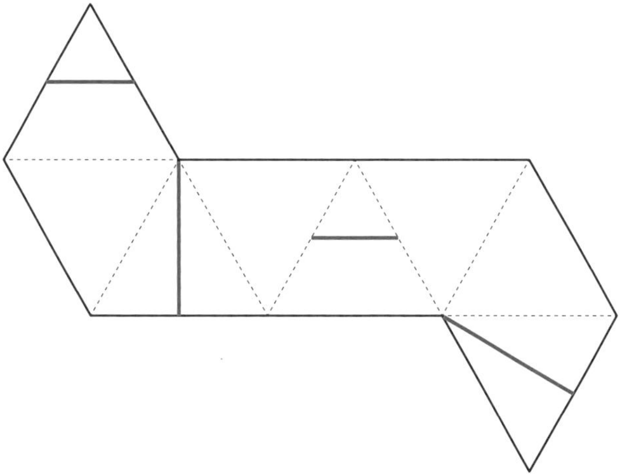

1

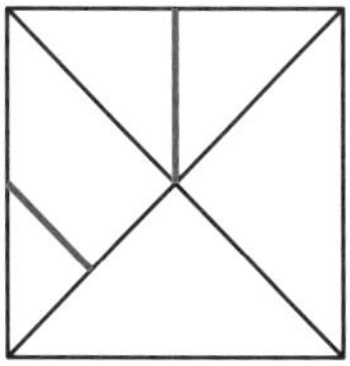

2

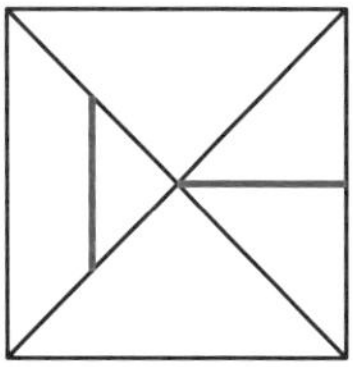

3

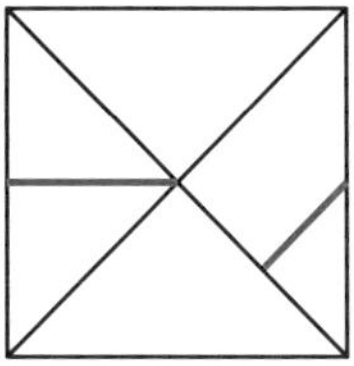

4

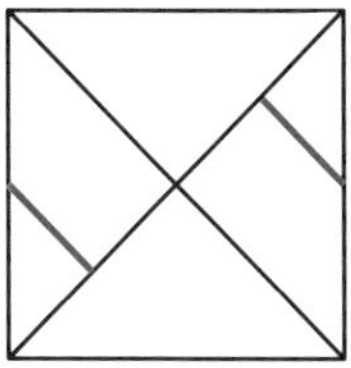

5

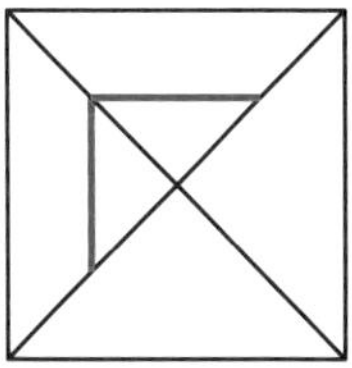

次ページへ続く

6 Check □□

下の図のように、台形に半円が内接しているとき、半円の面積として、正しいのはどれか。ただし、円周率はπとする。

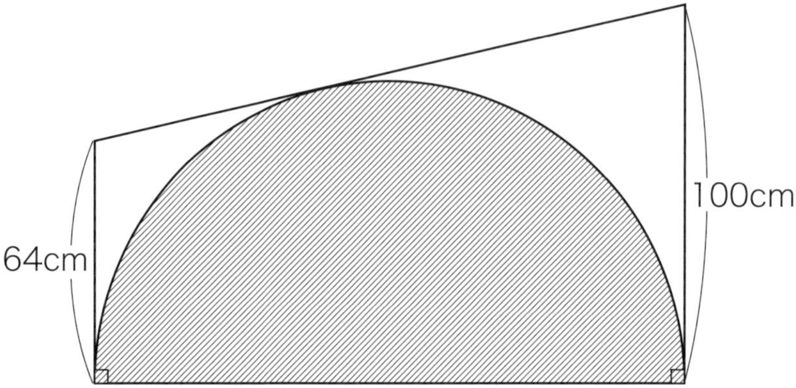

1 $2400\pi\ cm^2$　**2** $2600\pi\ cm^2$　**3** $2800\pi\ cm^2$
4 $3000\pi\ cm^2$　**5** $3200\pi\ cm^2$

7 Check □□

瞬時に点灯する７種類のランプがあり、それぞれ３秒、４秒、５秒、６秒、７秒、８秒、９秒に１回の周期で点灯する。今、午後６時ちょうどに全部のランプを同時に点灯させたとき、同日の午後11時45分ちょうどに点灯するランプは何種類か。

1 ３種類
2 ４種類
3 ５種類
4 ６種類
5 ７種類

8

Check □□

雑貨屋で大型の手帳と小型の手帳を販売している。大型の手帳の定価は小型の手帳の定価の２倍である。ある日、１時間限定のタイムセールを行い、大型の手帳を定価の50%、小型の手帳を定価の80%で売ったところ、タイムセール中に合計40冊が売れて、売上は19,000円であった。もしこれを定価で販売していたとすると、売上は35,000円であった。 このとき、小型の手帳は定価のいくらであったか。

1　500円　　**2**　600円　　**3**　700円
4　800円　　**5**　900円

9

Check □□

ある店が、定価800円の弁当を60個販売しようとしたところ、売れ残りが出そうだったので途中から定価の100円引きで売ったが、それでも売れ残ったため最終的に定価の300円引きで売ったところ完売した。売上額を計算したところ、60個すべてを定価で売った場合よりも売上額が5,500円少なく、また、値引きして売った弁当の総数は30個よりも少なかった。このとき、それぞれの価格で売れた弁当の数の組み合わせが何通りか考えられるが、そのうち定価で売れた弁当の数が最も多い組み合わせにおいて、定価の300円引きで売れた弁当の数はいくつか。ただし、それぞれの価格で売れた弁当の数は１個以上あるものとする。

1　12個　　**2**　14個　　**3**　16個
4　18個　　**5**　20個

10

Check □□

２個の立方体のサイコロＡ及びＢを同時に振ったとき、Ａの出た目の数からＢの出た目の数を引いた数が素数になる確率として、正しいのはどれか。

1　$\frac{1}{9}$　　**2**　$\frac{2}{9}$　　**3**　$\frac{5}{18}$　　**4**　$\frac{13}{36}$　　**5**　$\frac{4}{9}$

3rd DAY

一般知識

制限時間 10分

解答・解説は別冊35ページ

11

Check □□

世界の気候に関する記述として、妥当なのはどれか。

1 サバナ気候は、夏または冬に降水量がやや多くなる雨季があり、丈の短い草原が広がり、牧草を求めて広い範囲を移動する遊牧がみられ、降水量が比較的多い地域では肥沃な黒土が形成され、世界的な穀倉地帯になっている。

2 ステップ気候は、降水量が季節的に変化して、雨の多い雨季と乾燥する乾季にはっきり分かれ、丈の長い草原の中に樹木がまばらに生えるステップが広がり、コーヒー、綿花やさとうきびの栽培が行われている。

3 西岸海洋性気候は、偏西風の影響を受けて一年中降水がみられ、気温の年間差が大きく、肥沃で農業に適したポドゾルが分布しており、混合農業や酪農がさかんである。

4 亜寒帯（冷帯）冬季少雨気候は、冬に大陸上で発達するシベリア高気圧のため、降水量が少なく低温で、気温の年間差が大きく、タイガと呼ばれる針葉樹林が広がっており、林業がさかんである。

5 氷雪気候は、一年の大半が雪と氷で閉ざされているものの、短い夏の間だけ気温が上がり、草、低木やコケ類が育つが、農耕は行われず、アザラシの狩猟やトナカイの遊牧が行われている。

12

Check □□

次の文は、河川が作る地形に関する記述であるが、文中の空所**A**～**D**に該当する語の組み合わせとして、妥当なのはどれか。

傾斜が急な山地を流れる河川は、山地を深く削って［　A　］を作り、山地を侵食した河川は、平野に出ると砂礫れきを堆積して［　B　］を作る。Bの下流には、川からあふれた水が土砂を堆積して作った［　C　］が広がり、川に沿った部分には［　D　］ができる。

	A	B	C	D
1	U字谷	自然堤防	後背湿地	氾濫原
2	U字谷	扇状地	氾濫原	自然堤防
3	U字谷	扇状地	氾濫原	後背湿地
4	V字谷	自然堤防	後背湿地	氾濫原
5	V字谷	扇状地	氾濫原	自然堤防

13 Check □□

化学の法則に関する記述として、妥当なのはどれか。

1 ボイル・シャルルの法則とは、一定の温度において、一定量の溶媒に溶解する気体の物質量は、その気体の圧力に比例するという法則である。

2 ファントホッフの法則とは、電気分解において、陰極や陽極で変化した物質の物質量は、流れた電気量に比例するという法則である。

3 ヘスの法則とは、物質が変化するときに出入りする反応熱の大きさは、変化の前後の状態だけで決まり、変化の経路には無関係であるという法則である。

4 ファラデーの法則とは、一定質量の気体の体積は、圧力に反比例し、絶対温度に比例するという法則である。

5 ヘンリーの法則とは、希薄溶液の浸透圧は、溶液の濃度に比例し、溶質の分子量に反比例するという法則である。

14 Check □□

次の炎色反応における元素と炎の色の組み合わせとして、妥当なのはどれか。

	元素	炎の色
1	Li	青緑
2	Na	黄
3	Ca	緑
4	Sr	黄緑
5	Cu	赤紫

4th DAY

一般知能

制限時間 45分

解答・解説は別冊36〜46ページ

1 次の英文の内容と一致するものはどれか。

Check □□

Plastic is a material that lasts forever, yet 33 percent of all plastics are used just once and thrown away so only percent of all plastics are recycled. Especially in the United States, half-a-billion single-use plastic straws are thrown away every day. A recent study estimated that there are about 7.5millions of plastic straws thrown away on America’s beaches.

1 アメリカでは5億本ものストローが毎日捨てられている。
2 世界では、750万本ものストローが海岸に捨てられている。
3 アメリカのある州において、レストランに対してストロー使用の全面禁止を義務づける法律が可決された。
4 廃棄されるストローのうち、33%がリサイクルされている。
5 アメリカでは環境保護のため、ストローに対する課税が制度化された。

2 次の英文の空欄**A**〜**C**に当てはまる語句の組み合わせとして、最も妥当なのはどれか。

Check □□

it is [A] to give an exact figure regarding the number of mountains in the world. There are hundreds of mountains on land and under the sea. There are very few mountain ranges that are very tall and that have a permanent snow cover. The Alps in Europe, the Himalayas in [B], the Andes in South America and the Rockies and Appalachian mountains in North America are [C]-known mountains in the world.

	A	B	C
1	impossible	Africa	well
2	impossible	Asia	well
3	impossible	Africa	little
4	possible	Asia	little
5	possible	Africa	little

3

Check □□

A～Eの５人が、登山をしたときに山頂へ到着した順番について、それぞれ次のように発言している。

A　「私はDの次に到着した。」「CはEの次に到着した。」
B　「私はEの次に到着した。」「Aは最後に到着した。」
C　「私はBの次に到着した。」「EはDの次に到着した。」
D　「私は最後に到着した。」　「BはEの次に到着した。」
E　「私はAの次に到着した。」「AはCの次に到着した。」

５人の発言の一方は事実であり、他方は事実でないとすると、最初に到着した人として、正しいのはどれか。ただし、同着はないものとする。

1　A　　2　B　　3　C　　4　D　　5　E

次ページへ続く

4

Check □□

Ａ～Ｄの水泳部の４人が、自由形、背泳、平泳ぎ、バタフライの４種目で競泳をし、各種目ごとに１位～４位の順位を決めた。次のことがわかっているとき、確実にいえるのはどれか。ただし、いずれの種目も同順位はなかったものとする。

ア　４人ともいずれかの種目で１位を獲得した。
イ　ＡがＤより上位だったのは２種目だった。
ウ　Ａは、自由形で背泳より順位が２つ上だった。
エ　Ｂは、バタフライで背泳より順位が２つ上だった。
オ　Ｃは、自由形で平泳ぎより順位が２つ上だった。
カ　Ｄは、バタフライで平泳ぎより順位が１つ上だった。

1　Ａは平泳ぎで３位だった。
2　Ｂは背泳で４位だった。
3　Ｃは平泳ぎで３位だった。
4　Ｄはバタフライで２位だった。
5　４人ともいずれかの種目で４位になった。

5

Check □□

Ａ～Ｈの８チームが、次の図のようなトーナメント戦で、ラグビーの試合を行った。今、トーナメント戦の結果について、次の**ア**～**ウ**のことがわかっているとき、確実にいえるのはどれか。ただし、引き分けた試合はなかった。

ア　Ｂは、Ｆに負けた。
イ　Ｄは、Ｃと対戦した。
ウ　Ｅは、Ｆに勝ったが、Ａに負けた。

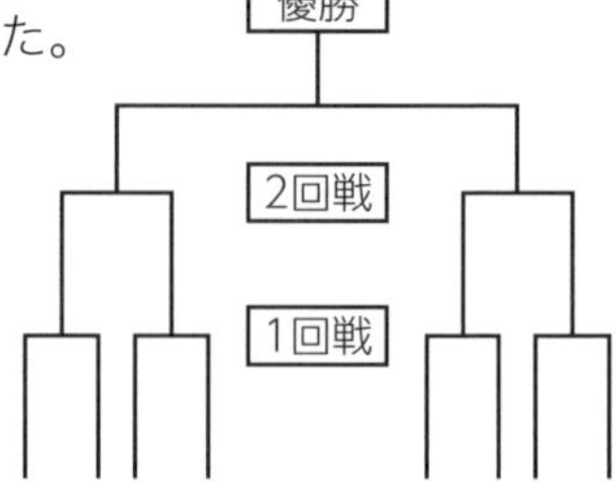

1　Ｂは、２回戦で負けた。
2　Ｃは、Ａと対戦しなかった。
3　Ｄは、１回戦に勝った。
4　Ｅは、Ｈと対戦した。
5　Ｇは、１回戦で負けた。

6

Check □□

次の図Ⅰのような展開図のサイコロがある。このサイコロを図Ⅱのとおり、互いに接する面の目の数が同じになるように4個並べたとき、A、B、Cの位置にくる目の数の和はどれか。

図Ⅰ

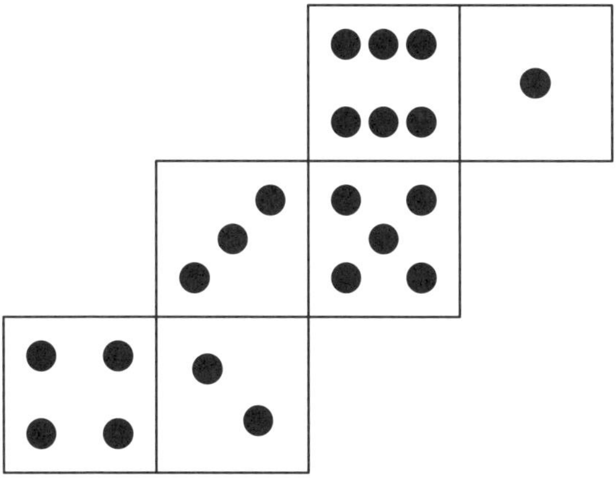

図Ⅱ

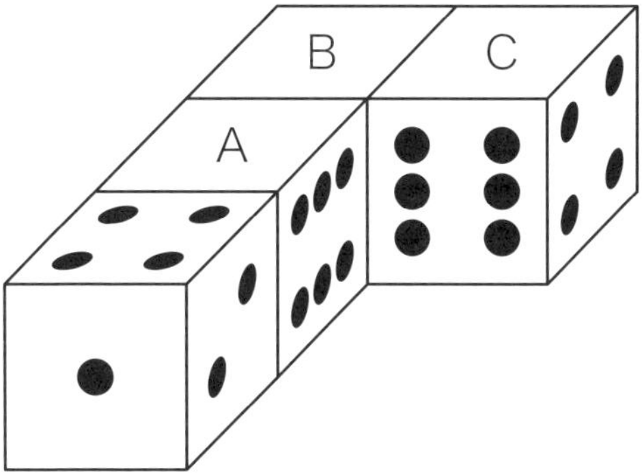

1 7　　**2** 9　　**3** 11　　**4** 13　　**5** 15

次ページへ続く

7
Check □□

次の図のように、正方形の頂点に点P及び点Qがある。今、点P及び点Qが正方形の辺上を矢印の方向に同時に動き出し、点Qが点Pの3倍の速さで動いて、点Pが一周するとき、線分PQの中点Mが描く軌跡はどれか。ただし、速さは一定とする。

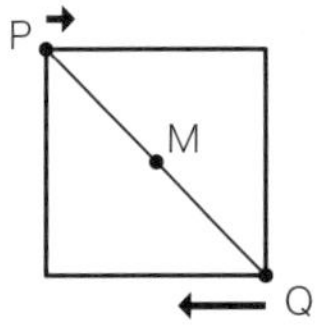

1

2

3
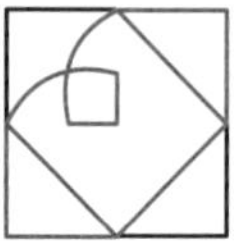

4
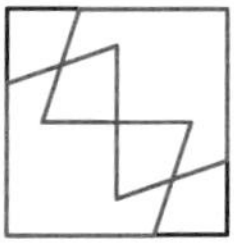

5

8
Check □□

1桁の正の整数a、b及びcについて、$a+\dfrac{1}{b-\frac{4}{c}}=3.18$であるとき、a＋b＋cの値として、正しいのはどれか。

1　14　　**2**　15　　**3**　16　　**4**　17　　**5**　18

9
Check □□

あるラーメン店では、単一メニューの「ラーメン」のみを提供しており、どの客も、注文できるのはラーメン1杯のみである。
ある日この店で、販売価格を据え置いたままラーメンを大盛りで提供するサービスデーを開催した。当日は前日に比べて、客1人当たりの利益(売価から原価を差し引いたもの)が2割減少したものの、女性客が3割減少し、男性客が7割増加したため、この日の総利益は2割増加した。このとき、前日の女性客の割合はいくらであったか。
なお、サービスデーにおいては、客の希望の有無にかかわらず、店側は大盛りで提供したものとする。

1　15%　　**2**　20%　　**3**　25%　　**4**　30%　　**5**　40%

10

Check □□

次の図から確実にいえるのはどれか。

大学入学者数及びその学科別構成比の推移

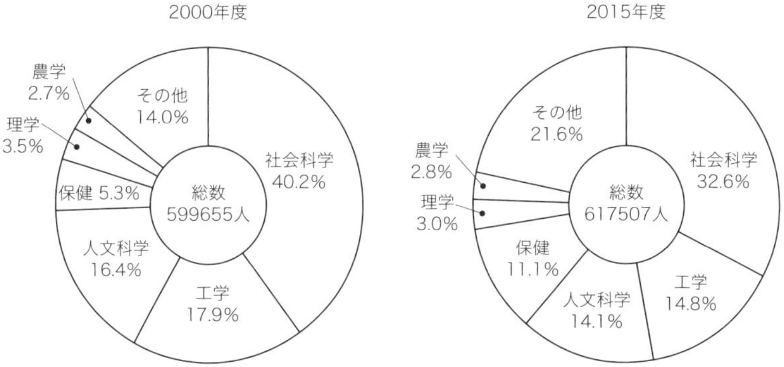

1 2000年度の工学の大学入学者数を100としたときの2015年度のそれの指数は、90を上回っている。

2 2015年度における理学の大学入学者数に対する社会科学の大学入学者数の比率は、2000年度におけるそれを上回っている。

3 保健の大学入学者数の2000年度に対する2015年度の増加数は、農学の大学入学者数のそれの35倍を上回っている。

4 社会科学の大学入学者数の2000年度に対する2015年度の減少率は、人文科学の大学入学者数のそれより大きい。

5 2015年度の社会科学の大学入学者数は、2000年度のそれの0.9倍を上回っている。

4th DAY

一般知識

制限時間 10分

解答・解説は別冊47ページ

11 諸子百家に関する記述として最も妥当なものはどれか。

Check □□

1 荀子は、孔子の教えを否定して、人間の本性は悪であるという性悪説を唱えた。人間が本能のまま行動すれば他人と争ったり、他人を憎しみ害したりすることになるので、刑罰を用いて人々の行動を規制する必要があると説いた。

2 老子は、道徳や文化を絶対的で価値のあるものととらえ、そうしたものに自らを合わせて生きることを理想した。また、このように絶対的で価値あるものを尊重し、素直に身をまかせることが無為自然の生き方であると説いた。

3 韓非子は、利他心の欠如が社会の混乱の原因であるとして、人々が自他を区別せず、互いに利益をもたらす社会を理想とした。また、功績や名声など自己への執着から自由になり、虚心になって天地自然と一体となる生き方を理想とした。

4 墨子は、親子・兄弟の間に自然に発する親愛の情を様々な人間関係に広めていくことが仁の実践であると考えた。また、心のあり方としての仁が表にあらわれたのが礼であり、人が従うべき普遍的な決まりであると説いた。

5 孟子は、孔子の教えを発展させて、人間の本性は善であるという性善説を唱えた。また、仁義に基づいて真に民衆の幸福をはかる王道の政治を主張し、民意に背く暴君は治者の地位から追放されるという易姓革命の思想を説いた。

12 鎌倉仏教の思想に関する次のＡ～Ｃの記述の**ア**～**ウ**の空欄に入る語句の組み合わせとして最も適当なのはどれか。

Check □□

A 法然は自力の修行では浄土往生の不可能な煩悩に満ちた身であっても、そうしたものを救済しようとする誓いを建てた阿弥陀仏の本願を信じて、一切の自力を捨てて阿弥陀仏の名をとなえる［　**ア**　］により浄土往生できるとした。

B　道元は、あらゆる人は仏性をそなえているが、迷妄のためにそのことに気が付かないでいるだけであるから、仏祖以来伝えられている正しい修行である［　イ　］において悟りを得られるのであり、この修行と悟りとをべつのことと考えてはならないとした。

C　日蓮は、「法華経」が仏の真実の教えであり、しかも仏の功徳はこの経典の名に集約されている「南無妙法蓮華経」ととなえる［　ウ　］によって仏の悟りを得られるのだが、人々がほかの教えに従っていることが社会の災厄を招いているとした。

	ア	イ	ウ
1	唱題	只管打坐	専修念仏
2	専修念仏	只管打坐	唱題
3	専修念仏	唱題	只管打坐
4	唱題	専修念仏	只管打坐
5	只管打坐	専修念仏	唱題

13
Check □□

ヒトの腎臓に関する次の文章の空欄**ア**～**オ**に当てはまる語句の組み合わせとして、妥当なのはどれか。

ヒトの腎臓は、横隔膜の下の背側に［　ア　］対あり、それぞれ輸尿管につながっている。
腎臓の内部には、［　イ　］と細尿管とからなるネフロン(腎単位)が、腎臓1つ当たり約［　ウ　］万個ある。
［　イ　］は、毛細血管が密集した［　エ　］を、袋状の［　オ　］が包み込むような構造になっている。

	ア	イ	ウ	エ	オ
1	1	腎う	1000	糸球体	ボーマンのう
2	1	腎小体	100	糸球体	ボーマンのう
3	1	腎う	100	ボーマンのう	糸球体
4	2	腎小体	1000	ボーマンのう	糸球体
5	2	腎う	100	ボーマンのう	糸球体

4日目終わり

5th
DAY

一般知能

制限時間
45分

解答・解説は別冊48～56ページ

1

Check □□

次の短文**A**～**F**の配列順序として、最も妥当なものはどれか。

A　中には熱い湯がいっぱいはいっております。
B　第一に、湯の面からは白い湯げが立っています。
C　ただそれだけではなんのおもしろみもなく不思議もないようですが、よく気をつけて見ていると、だんだんにいろいろの微細なことが目につき、さまざまの疑問が起こって来るはずです。
D　ここに茶わんが一つあります。
E　これはいうまでもなく、熱い水蒸気が冷えて、小さな滴になったのが無数に群がっているので、ちょうど雲や霧と同じようなものです。
F　ただ一杯のこの湯でも、自然の現象を観察し研究することの好きな人には、なかなかおもしろい見物です。

1　D－C－F－B－A－E
2　D－F－A－C－B－E
3　D－A－C－B－E－F
4　F－B－C－D－A－E
5　D－A－C－F－B－E

2
Check □□

ある会社の社員200人について、札幌市、長野市及び福岡市の３市に出張した経験を調べたところ、次のことがわかった。

A　長野市に出張した経験のない社員の人数は131人であった。
B　２市以上に出張した経験のある社員のうち、少なくとも札幌市と長野市の両方に出張した経験のある社員の人数は15人であり、少なくとも長野市と福岡市の両方に出張した経験のある社員の人数は17人であった。
C　福岡市だけに出張した経験のある社員の人数は18人であった。
D　札幌市だけに出張した経験のある社員の人数は、２市以上に出張した経験のある社員のうち、札幌市と福岡市の２市だけに出張した経験のある社員の人数の５倍であった。
E　３市すべてに出張した経験のある社員の人数は８人であり、３市のいずれにも出張した経験のない社員の人数は83人であった。

以上から判断して、長野市だけに出張した経験のある社員の人数として、正しいのはどれか。

1　45人　　**2**　46人　　**3**　47人　　**4**　48人　　**5**　49人

3
Check □□

Ａ～Ｆの６人の体重について、次の**ア**～**オ**のことがわかっているとき、確実にいえるのはどれか。

ア　Ａより体重が重いのは２人である。
イ　ＡはＥより２kg軽い。
ウ　ＢはＥと４kg違うが、Ａより重い。
エ　ＣとＤは３kg違う。
オ　ＣはＦより７kg重く、Ｅとは４kg違う。

1　ＡはＤより７kg以上重い。
2　ＢはＦより10kg以上重い。
3　ＣはＥより２kg以上重い。
4　ＤはＦより10kg以上軽い。
5　ＥはＤより７kg以上軽い。

次ページへ続く

4
Check □□

Ａ～Ｅの５つの部からなる営業所で、７～９月の各部の売上高について調べ、売上高の多い順に１位から５位まで順位をつけたところ、次のことがわかった。

ア　Ａ部とＢ部の順位は、８月と９月のいずれも前月に比べて１つずつ上がった。
イ　Ｂ部の９月の順位は、Ｃ部の７月の順位と同じであった。
ウ　Ｄ部の８月の順位は、Ｄ部の７月の順位より２つ下がった。
エ　Ｄ部の順位は、Ｅ部の順位より常に上であった。
オ　Ｅ部の順位は、５位が２回あった。

以上から判断して、Ｃ部の９月の順位として、確実にいえるのはどれか。ただし、各月とも同じ順位の部はなかった。

1　１位　　**2**　２位　　**3**　３位　　**4**　４位　　**5**　５位

5
Check □□

次の図のような十字型の道路に面してＡ～Ｊの10軒の家が並んでいる。今、次の**ア～エ**のことがわかっているとき、Ａの家の位置としてあり得るのはどれか。ただし、各家の玄関は道路に面して１つであり、図では東西南北の方向は示されていない。

ア　Ａの家の道路をはさんだ正面の家の東隣にＢの家がある。
イ　Ａの家の玄関は南を向いている。
ウ　Ｃの家は、Ｅの家の北隣にあり、玄関は西を向いている。
エ　Ｄの家は、Ｅの家の道路をはさんだ正面にあり、玄関は北を向いている。

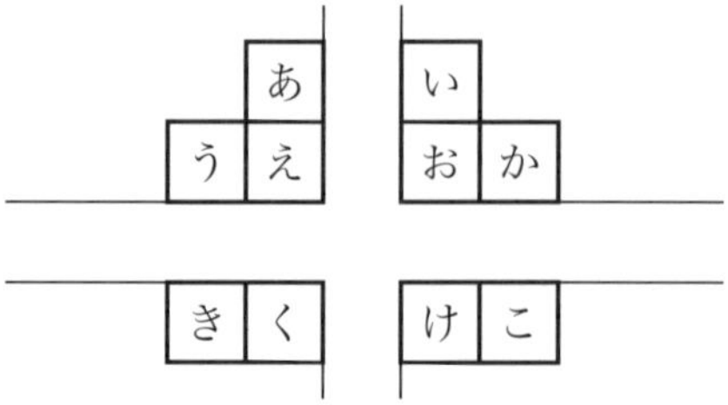

1　あ　　**2**　い　　**3**　か　　**4**　き　　**5**　こ

6 Check □□

次の図のように、直角三角形ＡＢＣの∠ＢＡＣの二等分線と辺ＢＣとの交点をＤとする。ＡＢを２、ＢＤを１とするとき、直角三角形ＡＢＣの面積はどれか。

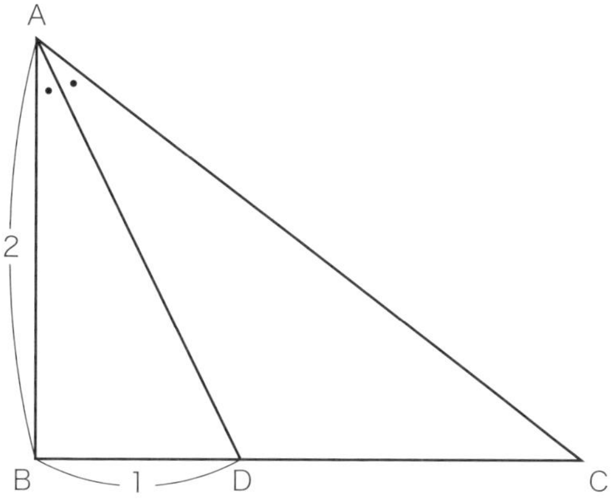

1 $\frac{11}{3}$　**2** $\frac{10}{3}$　**3** 3　**4** $\frac{8}{3}$　**5** $\frac{7}{3}$

7 Check □□

２進法で1010110と表す数と、３進法で2110と表す数がある。これらの和を５進法で表した数として、正しいのはどれか。

1 102
2 152
3 201
4 1021
5 1102

次ページへ続く

8
Check
□□

ある作業を、AとBとの２人で共同して行うと、Aだけで行うより４日早く終了し、Bだけで行うより９日早く終了する。この作業をAだけで行う場合の作業日数として、正しいのはどれか。ただし、A、Bの１日当たりの作業量はそれぞれ一定とする。

1　10
2　11
3　12
4　13
5　14

9
Check
□□

濃度７%の食塩水が入った容器Aと、濃度10%の食塩水が入った容器Bがある。今、容器A、Bからそれぞれ100gの食塩水を取り出して、相互に入れ替えをし、よくかき混ぜたところ、容器Aの濃度は9.4%になった。最初に容器Aに入っていた食塩水は何gか。

1　125g
2　150g
3　175g
4　200g
5　225g

10 次の図から正しくいえるのはどれか。

Check □□

建築物の用途別の着工床面積の対前年度増加率の推移

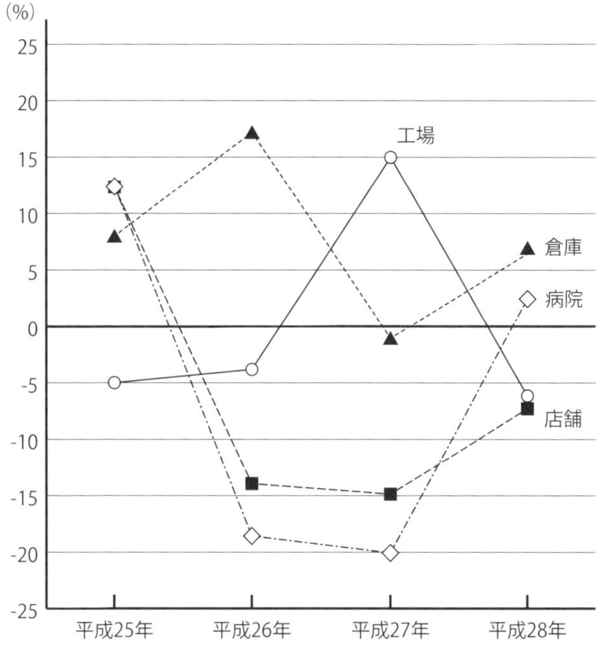

1 平成24年度から28年度までの各年度について見ると、倉庫の着工床面積に対する店舗の着工床面積の比率が最も小さいのは26年度である。

2 平成24年度における店舗の着工床面積を100としたとき、28年度における店舗の着工床面積の指数は70を下回っている。

3 平成25年度から28年度までのうち、工場の着工床面積が最も大きいのは27年度であり、次に大きいのは28年度である。

4 平成26年度から28年度までの3か年度における病院の着工床面積の年度平均は、25年度における病院の着工床面積の80%を上回っている。

5 平成28年度における建築物の用途別の着工床面積を見ると、着工床面積が24年度に比べて増加したのは、倉庫と病院である。

5th DAY

一般知識

制限時間 10分

解答・解説は別冊57～58ページ

11 Check □□

次の文は、西洋の音楽史に関する記述であるが、文中の空所**A**～**D**に該当する語の組み合わせとして、妥当なのはどれか。

18世紀中ごろから19世紀初めの音楽を[A]と呼んでいる。この時代の作曲家に、ハイドン、[B]、[C]がいる。主な作品として、ハイドンの弦楽四重奏曲『皇帝』、[B]の歌劇『フィガロの結婚』、[C]の交響曲『[D]』がある。

	A	B	C	D
1	バロック	シューベルト	ヴィヴァルディ	田園
2	バロック	モーツァルト	ベートーヴェン	田園
3	ロマン派	シューベルト	ヴィヴァルディ	四季
4	古典派	モーツァルト	ベートーヴェン	田園
5	古典派	シューベルト	ヴィヴァルディ	四季

12 Check □□

次の19世紀後半から20世紀初めのヨーロッパ美術に関する記述で、文中の空所**A**～**C**に該当する組み合わせで妥当なのはどれか。

[A]とは、主に19世紀後半のフランスで展開された絵画上の運動をいい、事物の固有色を否定し、外光の中での色彩の輝きや移ろいを効果的に描こうとした。代表的な画家には、『睡蓮』や『積みわら』などを描いた[B]や、動きの瞬間的な表現に優れ、踊り子や競馬などを描いた[C]、子供や女性などの人物画を得意として、『ムーラン・ド・ラ・ギャレット』を描いたオーギュスト・ルノワールなどがいる。

	A	B	C
1	野獣派	アンリ・マティス	エドガー・ドガ
2	野獣派	ポール・セザンヌ	パウル・クレー
3	印象派	クロード・モネ	エドガー・ドガ
4	印象派	アンリ・マティス	エドヴァルト・ムンク
5	立体派	クロード・モネ	パウル・クレー

13

Check □□

次の文は、太陽の表面に関する記述であるが、文中の空所**A**〜**C**に該当する語の組み合わせとして、妥当なのはどれか。

可視光線で見ることできる太陽の表面は、［ A ］という。［ A ］には、磁場が強く、内部からの対流を妨げるため、周囲よりも温度が低い［ B ］が見られる。［ B ］付近の彩層が突然明るくなる現象を［ C ］という。

	A	B	C
1	光球	白斑	フレア
2	光球	黒点	フレア
3	光球	白斑	プロミネンス
4	粒状斑	黒点	プロミネンス
5	粒状斑	白斑	プロミネンス

14

Check □□

次の文**ア**〜**ウ**は、地球の内部構造に関する記述であるが、文中のの空所**A**〜**C**に該当する語の組み合わせとして、妥当なのはどれか。

ア　深さ30〜60kmに地震波速度が変化する不連続面があり、この面を［ A ］不連続面といい、この不連続面より上を地殻、下をマントルという。

イ　深さ約70kmより深いところに、海洋部の地震波速度が少し遅くなる低速度層があり、その上の地殻とマントル上部の硬い層をプレートまたは［ B ］という。

ウ　深さ2900kmから5100kmを外核といい、S波が伝わらないことから［ C ］であると考えられている。

	A	B	C
1	モホロビチッチ	リソスフェア	液体
2	モホロビチッチ	アセノスフェア	固体
3	モホロビチッチ	アセノスフェア	液体
4	グーテンベルク	アセノスフェア	固体
5	グーテンベルク	リソスフェア	液体

Column1

1問3分で解答!?
試験本番での時間配分を考えよう

特別区（東京23区）の試験を例にとってみましょう。

教養試験は48問出題され、そのうちの40問を選択して解答します。制限時間は2時間（120分）。単純に制限時間を解答する問題数で割ると1問あたりの解答時間は3分になります。しかし、問題によって解答に時間がかかるものもあれば、1分もかからないものもあります。さらに合格ラインは5割強といわれているので、すべての問題を解答できる必要はありません。そう考えると必ずしも1問あたり3分ではないのです。

さらに詳細にみていきましょう。全48問のうち、知能分野は28問でこれらは全問必須解答。残り20問は知識分野（時事、政治、歴史、地理、物理、化学など）で、そのうちの12問を選択して解答します。知識分野は、知っているか否かの問題なので、**知っている分野であれば1問1分程度で解けます。一方、知らない分野であればすぐにパスしましょう。**こうすれば、知識分野の12問は15分もあれば終わります。この時点で残り時間は105分です。

この残り105分を知能分野の問題数（28）で割ると1問あたり約3分45秒。とくに、数的推理・判断推理に自信がない人ほど文章理解で何としても正解を出したくなり、文章理解に時間をかけすぎる傾向があります。しかし、ここで時間を使いすぎると、時間のかかる数的推理や判断推理にかけられる時間が少なくなってしまいます。

そのため、文章理解は1問2分ペースで解答するよう心がけましょう。つまり、出題数は8なので、計16分で解答することがポイントです。そうすれば、残り89分を使って数的推理・判断推理・資料解釈などの20問を解くことができるのです。単純計算で1問あたり約4分30秒。もちろん、問題によっては簡単に解けるものもあります。逆に自分の苦手分野で、答えられそうもない問題は最初からパスすれば、**1問あたり5分程度。場合によっては10分かけられる場合も出てくるのです。**

これは机上の空論ですが、単純に「1問3分」でないことはわかったと思います。人それぞれ得意不得意が異なるので、どういった時間配分で解くか、どういう順番で解くかを決めてから本番に臨みましょう。いつも「No. 1（1問目）」から解答しなければいけないわけではありません。

第2章

6日目～10日目

専門試験を攻略

6th DAY

行政分野 1

制限時間 60分

解答・解説は別冊59～62ページ

1 Check □□

政治的リーダーシップの類型に関する記述として、妥当なのはどれか。

1 伝統的リーダーシップは、指導者が慣習や伝統的形式に則って支配するが、身分によってその地位につくことはない。

2 代表的リーダーシップは、指導者が大衆の利益の代表者として自らの立場を確立するが、価値体系の安定している政治社会には成立しない。

3 制度的リーダーシップでは、指導者は大衆利益の充足という利益感覚の延長線上に課題を設定し、課題解決の方向は価値体系の全面的転換を企図する。

4 投機的リーダーシップでは、指導者は大衆の不満を充足させるため矛盾した公約を濫発するが、既存の価値体系そのものを変えようとはしない。

5 創造的リーダーシップでは、指導者は強力な理論体系やイデオロギーによって武装するが、価値体系の変革をめざさない。

2 Check □□

ダールのポリアーキー論に関する**A**～**D**の記述のうち、妥当なものを選んだ組み合わせはどれか。

A ダールは、デモクラシーという言葉を理念型としての民主主義のために留保しておき、民主主義の現実形態にはポリアーキーという名前を与えて理念型と区別した。

B ダールは、ポリアーキーを成立させる条件を不完全だが近似的に満たした体制を準ポリアーキーとし、競争的寡頭体制と包括的抑圧体制を準ポリアーキーに分類した。

C ダールは、近代社会における政治体制を閉鎖的抑圧体制と呼び、閉鎖的抑圧体制から、選挙に参加し公職に就く権利のみが拡大すれば、競争的寡頭体制になるとした。

D　ダールは、民主化の条件として、公的異議申立てと包括性の２つの基準を設け、どちらも高い状態にあるのがポリアーキーであるとした。

1　AB　　**2**　AC　　**3**　AD　　**4**　BC　　**5**　BD

3　社会契約論に関する記述として、妥当なのはどれか。

Check □□

1　ホッブズは、社会は政府に一定の限度内で統治を信託したにすぎず、権力が専制化し、自然権を阻害する場合は、新しい政府を作る権利である抵抗権が存在するとした。

2　ホッブズは、自然状態では人間は自由で平等であったが、文明の発展によりそれらが損なわれたとき、人々は全員一致で社会契約を結び、一切の権利を共同体に委譲することでのみ自由や平等は回復できるとした。

3　ロックは、人間は自己の生命を保存する権利を持ち、また、そのために必要な手段を獲得する権利を持つとし、人間は互いに平等であるがゆえに自然権を行使し、他人と対抗し、戦いを通じてでも生活を維持するとした。

4　ロックは、自然状態では皆が平等であり、互いの自然権を侵害することはないが、自然権の保障を確実にするために、人々は相互契約を結んで政治社会を形成し、政府に自然法の解釈権と執行権のみを委譲するとした。

5　ルソーは、人間は自然権を放棄し、契約を結んで第三者に権限を譲り渡すが、この第三者は全員の代理人であり主権者であるので、人々は主権者に対して絶対の服従を求められるとした。

次ページへ続く

4 圧力団体に関する記述として、妥当なのはどれか。

Check □□

1 わが国の圧力団体の特徴は、構成員の自発性に基づいて組織されるというよりも、既存団体を丸抱えするように組織される傾向があるということや、活動目標が行政部よりも議会に向けられているということにある。

2 重複メンバーシップとは、圧力団体は予算や許認可の点で官僚から大きな影響を受け、官僚は省庁の予算や法案成立の面で議員に依存し、議員は政治資金や選挙での支援で圧力団体に依存しているような、相互に緊密な関係をいう。

3 圧力団体の行動を通じて積極的に利益を受けるものは、政府の援助に頼る必要の少ない中流以上の階層ではなく、政府の援助を最も必要とする低所得者層や社会的弱者である。

4 利益集団自由主義とは、巨大な圧力団体が国家の政策に協力しながら、自己の利益を部分的に反映させ、かつ集団相互の妥協・調整を図っていく政策決定過程であり、オーストリア、スウェーデンがその代表例とされる。

5 アメリカでは、圧力団体の代理人であるロビイストが連邦議会の議員に対して働きかけを行う場合、連邦ロビイング規制法によって、連邦議会へのロビイストの登録及びその収支報告が義務づけられている。

5 政治的無関心に関する記述として、妥当なのはどれか。

Check □□

1 リースマンが分類した政治的無関心の類型のうち、伝統的無関心とは、政治的知識や情報を持っているのにもかかわらず、政治に対する冷淡な態度をとっているタイプである。

2 リースマンが分類した政治的無関心の類型のうち、現代型無関心とは、政治に対する無知を背景に、政治は身分的に特定の少数者が行うものと考えているタイプである。

3 ラスウェルが分類した政治的無関心の類型のうち、無政治的態度とは、無政府主義者などのように、政治が自分の理想や価値観に反していると感じ、政治そのものを軽蔑したり、否定したりする態度である。

4 ラスウェルが分類した政治的無関心の類型のうち、反政治的態度とは、経済・芸術・宗教など政治以外のものに関心を集中する結果、政治に対する知識や関心が低下するものである。

5 ラスウェルが分類した政治的無関心の類型のうち、脱政治的態度とは、かつて政治に関与したものの、自己の期待を充足できず、政治に幻滅を感じ、政治に関心を示さなくなる態度である。

6 投票行動研究に関する記述として、妥当なのはどれか。

Check □□

1 ラザースフェルドを中心とするコロンビア大学のグループは、投票行動を決定する要因として、有権者の政党、政策争点、候補者に対する選好とその強度が重要であることを明らかにした。

2 ラザースフェルドを中心とするコロンビア大学のグループは、有権者は、候補者や政党のこれまでの業績について判断して投票行動を決定する業績投票モデルを構築した。

3 キャンベルを中心とするミシガン大学のグループは、パネル調査を実施し、社会経済的地位、宗教、居住地域の３因子が政治的先有傾向の形成に高い相関を持ち、この要因が投票行動に大きな関係があることを明らかにした。

4 キャンベルを中心とするミシガン大学のグループは、有権者と政党との心理的結びつきを政党支持態度とし、この要因によって投票行動を決める場合が最も多いことを示した。

5 キャンベルを中心とするミシガン大学のグループは、多くの有権者が投票時における政策争点を認知し、合理的判断によって投票行動していると分析し、すべての有権者が合理的な有権者であるとした。

次ページへ続く

7 各国の政治制度に関する記述として、妥当なのはどれか。

Check □□

1 アメリカでは、厳格な三権分立制にたって、三権の抑制と均衡を図っており、大統領は、連邦議会に対して法案を提出することはできないが、連邦議会の立法に対する拒否権及び連邦議会を解散する権限を持っている。

2 イギリスでは、成文の憲法典は存在していないが、議院内閣制をとっており、内閣の最高責任者である首相は、国家元首である国王が庶民院の第一党の党首を任命するという慣行になっている。

3 フランスでは、大統領に強大な権限が付与されており、大統領は、国民議会の解散権を持つが、議院内閣制の要素も加味されており、首相と閣僚の任免権は国民議会が持つ。

4 ドイツでは、連邦大統領は国家を代表する元首であり、国民の直接選挙により選出されるが、連邦首相は、連邦大統領の提案に基づき、連邦議会により選挙され、連邦大統領によって任命される。

5 中国では、立法権を行使する最高の国家権力機関は、全国人民代表大会であるが、民主集中制はとっておらず、行政は国務院、裁判は最高人民法院が担い、三権分立制をとっている。

8 アメリカの大統領制に関する記述として、妥当なのはどれか。

Check □□

1 大統領は、議会の解散権を有するが、議会も大統領に対する不信任決議権を有しており、大統領と議会の均衡が維持されている。

2 大統領は、議会が可決した法案に対して拒否権を行使することができ、拒否権を行使した場合、その法案が法律として成立することは一切ない。

3 大統領は、議会に法案を提出することはできないが、議会に教書を送り、必要な立法措置を勧告することができる。

4 大統領は、国家元首の地位と行政部の首長の役割を兼ね、議会の議員から選出されるため、議会に対して責任を負う。

5 大統領は、任期が４年であり、伝統に基づく慣行によって３選が禁止されているが、憲法上の禁止事項ではない。

9

Check □□

マックス・ウェーバーの官僚制論に関する記述で妥当なのはどれか。

1 マックス・ウェーバーは、官僚制はピラミッド型組織であるため、一群の特権的官吏団が政治の実権を握り、一般市民の自由が侵害される恐れのある状況が出現することを指摘した。

2 マックス・ウェーバーは、支配の正統性の観点から支配の類型を３つに分け、近代官僚制は、法や規則に基づき、個人の主観を排する形式主義的な支配で、伝統的支配の典型的な形態であるとした。

3 マックス・ウェーバーは、公的活動と私的生活を明確に分離している限り、兼業や副業で働いている職員や名誉職的な職員も典型的な官僚制職員になるとした。

4 マックス・ウェーバーは、官僚制の逆機能の存在を指摘し、規則は組織における行動の信頼性を高めるが、それらの規則はめざす目的と切り離され、規則それ自体が絶対的なものと見なされがちになるとした。

5 マックス・ウェーバーは、近代官僚制の構成要件として、明確な権限の原則を挙げ、業務は規則に定められた明確な権限の範囲内で行われるものであるとした。

10

Check □□

わが国の中央行政機構における行政委員会または審議会に関する記述として、妥当なのはどれか。

1 行政委員会の設置理由には、政治的中立を要する場合、複雑な利害を調整する場合、高度の専門性を要する場合、慎重な手続を要する場合が挙げられる。

2 審議会は、行政機関が社会の識者や諸団体の意見を聞くための諮問機関であり、府省庁の外局として設置される合議制の機関である。

3 行政委員会は、一般行政機構から独立した独任制の機関であり、規則を制定する準立法権や裁決を行う準司法権を持つことがある。

4 審議会は、国民社会の様々な意見、利害を政治過程に反映する制度的ルートであり、行政委員会と同様に、行政機関としての決定権限を持っている。

5 行政委員会は、独自の判断と責任に基づいて行政事務を処理するため、責任の所在が明確になり、決定までの時間が早いといった長所を備えている。

次ページへ続く

11 ストリート・レベルの行政職員に関する記述で妥当なのはどれか。

Check □□

1 ストリート・レベルの行政職員は、法適用に当たっては上司から直接に現場で指揮監督を受けなければならないため、法適用に当たっての裁量の余地は狭い。

2 ストリート・レベルの行政職員に対する勤務評定を業務記録により行うと、高く評価される職務にのみ精を出すことになってしまうので、ストリート・レベルの行政職員に対しては、業務記録による勤務評定は行われない。

3 リプスキーは、ストリート・レベルの行政職員は、限られた勤務時間とエネルギーをどの業務にどれだけ振り分けるかを自ら判断して決定できるので、ディレンマに直面することはないとした。

4 ストリート・レベルの行政職員には、警察官や福祉事務所のケースワーカーなど、現場で住民と直接対応する職員は含まれるが、市役所の窓口職員や公立学校の教員など、施設で住民と直接対応する職員は含まれない。

5 ストリート・レベルの行政職員は、法適用に当たっての裁量とエネルギー振り分けについての裁量を持っているが、エネルギー振り分けの裁量が、ストリート・レベルの行政職員に特徴的なものである。

12 次の**A**～**D**のうち、中央地方関係をアングロ・サクソン系とヨーロッパ大陸系とに分類した場合のアングロ・サクソン系に関する記述として、妥当なものを選んだ組み合わせはどれか。

Check □□

A 地方政府の事務権限を定めるに際して、制限列挙方式がとられ、その範囲を逸脱した行為は越権行為となる。

B 中央省庁の事務権限の執行を、地方政府またはその長に委任して執行させる方式が多用され、地方政府は、自治事務を執行すると同時に、中央政府の地方行政機関として委任事務も執行するという二重の役割を担わされる。

C 中央政府には、内政の総括官庁としての内務省が設置され、そこから官吏として派遣された地方総合出先機関の地方長官が、各省庁の事務を一元的に調整して執行する。

D 中央政府の地方行政機構が簡素で、早くから広域的な地方政府に転化したことや、警察が基礎的な地方政府の所管とされたことなどから、分権型とされる。

1 AB　**2** AC　**3** AD　**4** BC　**5** BD

13 Check □□

シュタインの行政学に関する**A～D**の記述のうち、妥当なものを選んだ組み合わせはどれか。

A シュタインは、行政に関する学を総論と各論の２部構成とし、総論は、外務、軍務、財務、法務、内務の５部門からなり、各論は、行政組織、行政命令、行政法の３部門からなるとした。

B シュタインは、国家とはそれ自身が自我、意思及び行為とを持って人格にまで高められた共同体であるとした。

C シュタインは、行政とは国民の参加による国家の意思の形成であり、憲政とは国家の意思の反復的実施であるとした。

D シュタインは、憲政と行政の双方が優位を占める二重の関係を設定し、行政なき憲政は無内容であり、憲政なき行政は無力であるとした。

1 AB　**2** AC　**3** AD　**4** BC　**5** BD

14 Check □□

アメリカ行政学に関する記述として、妥当なのはどれか。

1 W.ウィルソンは、『行政の研究』の論文において、行政の領域は政治固有の領域外に存在するビジネスの領域であると主張し、行政は政治の決定したことを具体的に遂行する役割を果たすとした。

2 グッドナウには、『政治と行政』の著作があり、政治とは国家意思の執行であり、行政とは国家意思の表現であるとした。

3 ウィロビーには、『政策と行政』の著作があり、ニューディール時代の豊富な実務経験を背景に、行政とは政策形成であって多くの政治過程の１つであるとし、政治と行政の連続性を指摘した。

4 アップルビーは、『行政国家論』を著して、能率自体が問われるべき価値ではないとし、何のための能率であるのかを問う必要性を提起した。

5 ワルドーは、『行政の諸原理』を著して、政治と行政の分離論を明確に打ち出し、行政学の目的は作業能率を確保することであり、その目的の達成には科学的な方法を適用することで決定される基本原理を遵守することが必要だとした。

次ページへ続く

15 バーナードの組織論に関する記述として、妥当なのはどれか。

Check □□

1 バーナードは、上司の指示・命令が部下にとって、理解可能で、それに従うことが、精神的肉体的苦痛を伴わず、個人的な利害にも組織の目的にも反していないように思われるとき、この指示・命令は部下の「無関心圏」に属するとした。

2 バーナードは、人が組織に参加しようとする場合は、動機や貢献が誘因を上回る場合であるとし、逆に人が組織から離脱しようとする場合は、誘因が動機や貢献を上回る場合であるとした。

3 バーナードは、地位の権威とは、組織内で上司がその職務について部下以上に経験豊富で専門能力を持ち、すぐれた識見を持っているがゆえに、部下はこの上司の判断・指示の正しさを信頼して従う指導力による支配であるとした。

4 バーナードは、時間研究や動作研究によって、工場での作業を単位動作に分解し、それを最も能率的に組み合わせることによって、最大の生産性を実現することをめざして、作業環境を標準化し作業の合理的な管理手法を提示し、効率的でより優れた組織管理の方法を開発した。

5 バーナードは、直属上司は１人でなければならないという「命令系統一元化の原理」、管理者が統制する部下の数には一定の限界があるという「統制範囲の原理」、類似した性質の仕事を統合するべきであるという「同質性の原理」という３つの原理によって、組織は編成されるべきであると初めて提唱した。

16 リンドブロムのインクリメンタリズムによる政策決定過程に関する記述として、妥当なのはどれか。

Check □□

1 政策立案者は、採用しうるすべての政策案を列挙し、採用したときに生じる結果を予測、評価して、これらの中から最も目的に合致する政策案を選択する。

2 政策立案者は、自らの願望水準に照らして満足できる結果をもたらす政策案を発見すれば、それ以上政策案を探求しようとせず、その政策案を採用する。

3　政策立案者は、現行業務の実施方法に僅かな修正を加えただけの政策案を検討対象とし、実現可能と思われる2、3の選択肢の中から最善と思われるものを選択し、継続的に少しずつ当面の課題を解決しようとする。

4　政策課題とその解決策である政策の選択は、整理された論理的手順で結びついて進められるわけではなく、政策決定への参加者が政策立案の場に投げ込んだ政策課題と政策案との偶然の結びつきにより決定される。

5　政府は複数の組織からなる複合体であり、政府の政策決定は、指導者の意図的な選択というよりも、前もって定められた標準作業手続に従った各組織の活動の結果として生まれてくる。

17　わが国における行政改革に関する記述として、妥当なのはどれか。

Check □□

1　第一次臨時行政調査会は、学識経験者のみで構成された調査審議機関であり、活力ある福祉社会の実現を基本理念として、行政改革に関する答申を行った。

2　第一次臨時行政調査会は、内閣の調整機能の拡充に力点をおき、この会議の最終答申に基づいて、答申の翌年に内閣府が設置された。

3　第二次臨時行政調査会は、増税なき財政再建をスローガンに、日本国有鉄道、日本電信電話公社、日本専売公社の三公社の民営化などの改革を提言した。

4　第二次臨時行政調査会の最終答申に基づいて、独立行政法人制度や政策評価制度の創設、郵政事業の公社化が行われた。

5　橋本内閣が設置した行政改革会議は、中央省庁の再編についての最終報告をまとめ、これに基づいて1省庁1局の削減と総定員法の制定がなされた。

6日目終わり

7th DAY

行政分野2

制限時間
60分

解答・解説は別冊63～66ページ

1 ワースのアーバニズム論に関する記述として、妥当なのはどれか。

Check □□

1 ワースは、都市の生活様式は都市固有のものであるとし、都市と農村の性格や特徴を対比的に捉える都市・農村二分法によるアーバニズム論を提示した。

2 ワースは、アーバニズムは、社会心理的側面ではなく、社会構造的側面から捉えられるべきであるとした。

3 ワースは、都市を、社会的に異質な諸個人の、相対的に大きい、密度のある、永続的な集落と定義し、都市に特徴的な生活様式をアーバニズムと呼んだ。

4 ワースは、アーバニズム論において、都市における皮相的な第二次的接触の優位を否定し、親密な第一次的接触の存続を強調した。

5 ワースは、多様な人々が都市に集まることによって、新しいネットワークの形成が可能となり、そこから非通念的な下位文化が生み出されるとした。

2 マートンは、文化的目標と制度的手段とに対する個人の態度の組み合わせから、個人の社会への適応様式を５つに類型化した。次の表はそれをまとめたものであるが、表中の空所**A**～**D**に該当する語の組み合わせとして、妥当なのはどれか。ただし、表中の＋は承認、－は拒否、±は現行価値の拒否と新しい価値の承認を示している。

Check □□

適応様式	文化的目標	制度的手段
同 調	＋	＋
A	＋	－
B	－	＋
C	－	－
D	±	±

	A	B	C	D
1	革新	反抗	逃避主義	儀礼主義
2	革新	儀礼主義	逃避主義	反抗
3	儀礼主義	逃避主義	反抗	革新
4	反抗	儀礼主義	革新	逃避主義
5	反抗	逃避主義	儀礼主義	革新

3 家族論に関する記述として、妥当なのはどれか。

Check □□

1 マードックは、夫婦または夫婦とその未婚の子女よりなる核家族、核家族が親子関係を中心として縦に連なった拡大家族、核家族が配偶者の一方を中心にして横に連なった複合家族の３つに家族構成を分類した。

2 パーソンズは、核家族の役割構造を分析し、夫であり父である男性が手段的リーダーの役割を、妻であり母である女性が表出的リーダーの役割を演ずるという役割モデルを提示した。

3 ウォーナーは、人は一生のうちに２つの家族を経験するといい、１つは、自らが結婚により形成する定位家族であり、もう１つは、その人の意志とは無関係に、選択の余地なくそこに産み落とされ、育てられる生殖家族であるとした。

4 ブラッドとウルフは、夫と妻の相対的権威と夫と妻が家庭内において共有する権威の程度を組み合わせて、夫婦の権威構造を夫優位型、妻優位型のいずれかの２つに分類した。

5 バージェスとロックは、家族結合の性格が社会的圧力によって決定される制度家族から、夫婦と親子間相互の愛情と同意を基礎に成立する友愛家族への家族の歴史的変化を指摘し、友愛家族のほうが永続性の点から安定しているとした。

次ページへ続く

4 Check □□

次の図は、バージェスの同心円地帯モデルを表したものであるが、図中の**A**～**C**に該当する語の組み合わせとして、妥当なのはどれか。

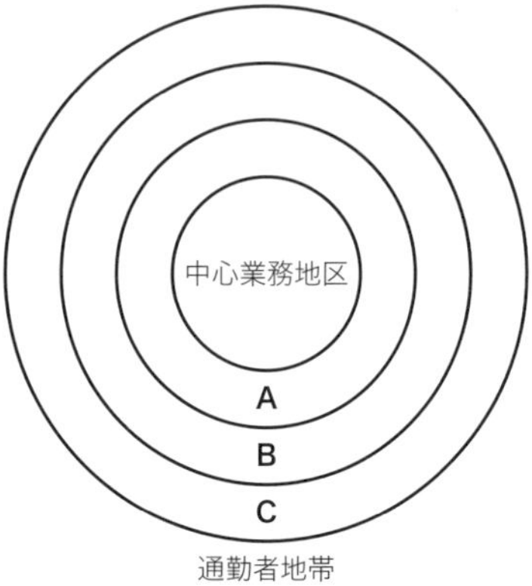

	A	B	C
1	遷移地帯	中産階級住宅地帯	労働者住宅地帯
2	遷移地帯	労働者住宅地帯	中産階級住宅地帯
3	労働者住宅地帯	中産階級住宅地帯	遷移地帯
4	中産階級住宅地帯	遷移地帯	労働者住宅地帯
5	中産階級住宅地帯	労働者住宅地帯	遷移地帯

5 Check □□

パーソナリティまたは社会的性格に関する記述として、妥当なのはどれか。

1 S.フロイトは、パーソナリティをイド、超自我、自我から構成されるとし、イドは無意識の部分で、衝動の実現それ自体を追求するところの快感原則に従うものであり、超自我は道徳的態度を内面化したものであるとし、自我はイドと超自我との葛藤を調整するとした。

2 G.H.ミードは、因襲に対して無批判に同調し、権威ある存在に従順であると同時に無力な存在に対して、攻撃的である特性をもった権威主義的パーソナリティは、ファシズムのイデオロギーを受け入れやすいとした。

3　Ｅ.フロムは、個人は、乳児期から青年期や成人期を経て成熟期にいたるライフサイクルの諸段階を通過するが、各段階には、その段階において解決しなければならない課題があるとし、青年期は、アイデンティティの危機に最も直面するとした。

4　Ｅ.Ｈ.エリクソンは、１つの集団や階層の大部分の成員が共有している性格構造の本質的な中核であり、その集団や階層に共通な基本的経験と生活様式の結果として形成されたものを「社会的性格」と名付けた。

5　Ｒ.ベネディクトは、「菊と刀」の中で日本人の社会的性格について言及しており、内なる良心に依拠する行動をする「罪の文化」を日本人の固有の社会的性格とした。

6　社会調査に関する記述として、妥当なのはどれか。

Check □□

1　全数調査とは、悉皆調査とも呼ばれ、調査対象となったすべての要素を網羅的に調査する方法であり、わが国では、国内の人口や世帯の実態を明らかにするために行われている国勢調査が、代表例として挙げられる。

2　生活史法とは、調査者自身が調査対象集団の一員として振る舞いながら観察する方法であり、ホワイトの「ストリート・コーナー・ソサイエティ」が有名である。

3　留置法とは、調査員が調査対象者宅を訪問して質問票を配布し、後日それを回収する調査法であり、調査対象者自身に質問票を記入してもらうよう依頼しているため、調査対象者本人が記入したか不明であるという欠点はない。

4　無作為抽出法とは、ランダム・サンプリングと呼ばれ、母集団に含まれる個体をサンプルとして抽出する際には、調査者が意図的に抽出するやり方であり、確率抽出の原理を用いた抽出法ではない。

5　参与観察法とは、手紙や日記などの個人的記録や生活記録を用いて、社会的文脈と関連づけて記録する調査法であり、トマスとズナニエツキの「ヨーロッパとアメリカにおけるポーランド農民」が有名である。

次ページへ続く

7 コンティンジェンシー理論に関する記述として、妥当なのはどれか。

Check □□

1 コンティンジェンシー理論では、人が課題の達成に取り組む姿勢の強さは、その人の達成をめざす基本的動機、達成への期待及び誘因の価値の関数であるとする。

2 コンティンジェンシー理論では、組織というシステムが機能するためには、協働に対する積極的意思、組織の共通目標及びコミュニケーションの３要素が必要であるとする。

3 コンティンジェンシー理論では、取引が市場で行われた場合と内部組織で行われた場合との取引コストを比することによって、市場と組織との選択が行われるとする。

4 コンティンジェンシー理論では、依頼人と代理人が契約関係にあるとき、依頼人がどのようにして代理人の報酬構造を設計するかは、依頼人がどのようにして代理人の行動を観察するかにあるとする。

5 コンティンジェンシー理論では、あらゆる組織にとって有効かつ普遍的な組織原理の確立をめざした古典的管理論に対して、組織の置かれた環境や採用する技術が異なれば、それに適合する組織構造もそれぞれ異なってくるとする。

8 テイラーの科学的管理法に関する記述として、妥当なのはどれか。

Check □□

1 テイラーは、近代的な工場制という生産システムを効率的かつ最適に稼働させるためには、課業を管理する必要があるとし、標準的な労働者の作業能率を課業の基準として設定した。

2 テイラーは、課業の設定のため、個々の作業要素にかかる時間を測定し標準時間を決定する時間研究や、個々の作業を分析し新しい効率的な作業方法を見いだす動作研究を行った。

3 テイラーは、指図票制度の導入により、それまで計画部門が行っていた生産計画や作業工程の配置、作業手順や作業工具の選択などを現場の職長や労働者に任せることとした。

4 テイラーは、一定量の仕事を決められた時間内に仕上げた労働者には高い賃率を適用し、反対に、仕上げられなかった労働者には低い賃率を適用するという差別的出来高給制度は、労働者の意欲を低下させるため、必要ないとした。

5　テイラーは、機能式組織の代わりにライン組織を導入して、従来複数で行っていた管理上の仕事を統合し、職長に権限を集中させる万能式職長制度を採用するとした。

9
Check □□

生産管理に関する記述として、妥当なのはどれか。

1　フォード・システムとは、熟練労働者が多様な注文に応じて必要な一連の作業をこなすように数種の汎用機を整備した作業組織であり、多種類の製品を少量生産するのに適している。

2　グループテクノロジーとは、単一製品の大量生産における作業の単純化を指し、すべての作業をできる限り細分・単純化したうえで、そこに専用機を配置し、作業の分業関係を通して生産性を向上させるものである。

3　カンバン方式とは、ジャスト・イン・タイムを実現するため、情報伝達手段として「カンバン」を使用して、市場に近い後工程が必要とする部品だけを前工程が生産する方式であり、中間在庫を極力なくそうとするものである。

4　ＱＣサークルとは、日本において広く行われている品質管理活動で、日本企業では高度の専門知識を持つ品質管理の専門家が、諸問題の解決や改善などに関して、現場に助言を行うものである。

5　ＩＳＯとは、工業製品の品質向上を図るための統一的な規格として日本工業標準調査会が定めたもので、「ＩＳＯ14000シリーズ」は品質管理の国内規格であり、事業所ごとに第三者機関が適合性を認証する。

次ページへ続く

10 意思決定論に関する記述として、妥当なのはどれか。

Check □□

1 サイモンは、組織における人間の意思決定とは、目的設定にかかわる事実前提と手段選択にかかわる価値前提から結論を導き出す過程であるとし、価値前提から導かれる意思決定を経営の主たる問題として取り上げた。

2 サイモンは、現実の意思決定における合理性は、制約された条件の中で自らの知識や経験に照らして可能な限り合理的に選択を行おうとする管理人仮説に基づく制約された範囲内での合理性になるとした。

3 サイアート＝マーチは、企業の意思決定を戦略的意思決定、管理的意思決定、業務的意思決定の３つに分類し、管理的意思決定は、必要な組織構造を形成し、諸資源を能率的に調達、開発するための意思決定であるとした。

4 サイアート＝マーチは、組織において各組織参加者が行う意思決定には、組織に自己の努力を提供するか否かについて行う個人的意思決定と、組織目標の効果的かつ効率的達成を行うための組織的意思決定の２つの方法があるとした。

5 バーナードは、企業の意思決定過程を研究するうえでの重要な概念として、コンフリクトの準解決、不確実性の回避、問題志向的な情報探索、組織による学習の４つを示した。

11 国際機構の意思決定に関する次の記述のうち妥当なものはどれか。

Check □□

1 1920年に発足した国際連盟では、総会・理事会とも一国一票とし、議決方式は過半数の賛成として意思決定の迅速さを重視した。

2 ＩＭＦ(国際通貨基金)やＩＢＲＤ(世界銀行)においては加重票制が採用されており、国際機構への財政貢献度に応じて配分票数が割り当てられている。

3 国連安全保障理事会においては、手続的事項を除き、決定には理事国15か国の全会一致が必要である。

4 国連憲章の改正には総会の３分の２以上の多数決が必要であるが、安全保障理事会５常任理事国の全部が賛成する必要はない。

5　ＥＵ理事会における意思決定は二重多数決制とされ、55%以上の加盟国の賛成と、賛成国全体の人口がＥＵ人口の55%以上を占めるという２つの条件を満たすことが必要である。

12 国連軍と平和維持活動に関する次の記述のうち妥当なものはどれか。

Check □□

1　国連は２度の世界大戦の反省に立って、平和破壊国に対して強制措置をとるための常備軍を国連憲章に基づいて設置している。この国連軍は、1950年に勃発した朝鮮戦争の際に初めて派遣された。

2　国連の安全保障理事会は、1990年のイラクによるクウェート侵攻の際に、米ソの対立で迅速な政策対応を行うことができず、「多国籍軍」の派遣を断念した。

3　国連の平和維持活動（ＰＫＯ）は、平和を脅かす局地的な紛争や事態の国際的な拡大防止のために行われる活動で、国連憲章上の強制行動であるため、紛争当事国の内政に干渉することも認められている。

4　わが国では湾岸戦争後に国連平和維持活動協力法が成立し、自衛隊の海外派遣が認められることとなり、自衛隊は、国会の事前承認があれば紛争当事国の受入れ同意がなくともＰＫＯに参加可能となった。

5　第２次国連ソマリア活動は、自衛の範囲を超える武力行使を容認された「平和執行部隊」の最初の例で、内戦の一方当事者との交戦が行われるなどして国際的に批判が高まり、1995年には全面的に撤収した。

次ページへ続く

13

Check □□

東南アジア諸国連合（ＡＳＥＡＮ）に関する次の記述のうち妥当なものはどれか。

1　ＡＳＥＡＮは大国に対抗して小国の連携を図る国際機構として設立されたが、1975年以降、インドシナ情勢が変化すると反共のための組織となり、さらに現在では各国間で経済協力が進められている。

2　ＡＳＥＡＮの設立に際して台湾が加わったことから、中国はＡＳＥＡＮに反対の立場を表明したが、経済的相互依存が深まるにつれて中国は柔軟な態度をとるようになり、最終的にはＡＳＥＡＮを承認した。

3　わが国は大平正芳内閣が「環太平洋経済圏」構想を提唱し、東南アジア諸国のみが参加するＡＳＥＡＮの結成に反対していたが、鈴木善幸首相がＡＳＥＡＮ訪問時にＡＳＥＡＮ重視外交を打ち出し方向を転換した。

4　ＡＳＥＡＮは当初、反共産主義の軍事同盟的役割を担い、アジアのＮＡＴＯとも呼ばれていた。しかし、冷戦の終結とともにその軍事的性格が薄れ、現在では主に経済協力体としての役割を果たしている。

5　現在、ＡＳＥＡＮは拡大外相会議を開催し、日本、アメリカ、欧州連合（ＥＵ）などと地域問題について協議しているほか、ＡＳＥＡＮ地域フォーラム（ＡＲＦ）を開催し地域安全保障に関する枠組み作りも進めている。

14

Check □□

社会保障の歴史に関する次の文中の空欄**Ａ**～**Ｄ**に該当する語句の組み合わせとして正しいものを選べ。

［　**Ａ**　］の源流は、17世紀初頭にイギリスで制定されたエリザベス救貧法が最初とされている。財源には［　**Ｂ**　］が充てられ、自立して生活できない者や障害者が救済の対象とされた。一方、［　**Ｃ**　］の源流は、19世紀後半にドイツのビスマルク首相により疾病保険法が制定されたことに始まる。こちらは労使が［　**Ｄ**　］を負担することによって賄われた。

	A	B	C	D
1	公的扶助	保険料	社会保険	税金
2	公的扶助	税金	社会保険	保険料
3	社会保険	保険料	公的扶助	税金
4	社会保険	税金	公的扶助	保険料
5	社会保険	税金	公的扶助	税金

15 Check □□

わが国の社会保障制度に関する以下の記述のうち、正しいものを１つ選択しなさい。

1 わが国の社会保険制度は保険料収入だけを財源として賄われている。

2 生活保護は社会保険の一環で、収入のある間に保険料を収める必要がある。

3 年金制度は積み立て方式で運営されており、現役時代の収入により受取額が異なる。

4 年金制度は２階建て方式で組まれ、基礎年金である国民年金が１階部分をなしている。

5 年金受取額は物価とともに上昇する物価スライド制が採用されている。

16 Check □□

わが国の医療保険、介護保険制度に関する以下の記述のうち、正しいものを１つ選択しなさい。

1 わが国の医療保険は、年齢、職業に関係なく国民健康保険に一本化されている。

2 医療費の窓口負担割合は、70歳以上の高齢者をのぞき３割である。

3 民間被用者が加入する健康保険は、企業規模により２種類に分かれている。

4 介護保険は40歳以上の全国民が被保険者となり、保険料は全国一律である。

5 要介護認定を行う要介護調査員は、公立病院の医師が務める。

8th DAY

法律分野 1

制限時間 60分

解答・解説は別冊67〜70ページ

1

Check □□

日本国憲法に規定する法人または外国人の人権に関する記述として、判例、通説に照らして、妥当なのはどれか。

1　法人は自然人ではないが、その活動は自然人を通じて行われ、その効果が究極的に自然人に帰属し、現代社会において一個の社会的実体として重要な活動を行っていることから、法人にも自然人と同じ程度にすべての人権の保障が及ぶ。

2　最高裁判所の判例では、税理士会が強制加入である以上、その会員には様々な思想信条を有する者が存在し、会員に要請される協力義務にも限界があるが、税理士に係る法令の制定改廃に関する政治的要求実現のために税理士会が政治資金規正法上の政治団体に金員の寄付をすることは、税理士会の目的の範囲内の行為であり、寄付のため特別会費を徴収する旨の決議は有効であるとした。

3　人権の前国家的性格や憲法の国際協調主義の観点から、外国人は憲法の保障する人権の享有主体となり得るが、憲法の規定上「何人も」と表現される条項のみ外国人に保障される。

4　最高裁判所の判例では、地方公共団体が、公権力行使等地方公務員の職とこれに昇任するのに必要な職務経験を積むために経るべき職とを包含する一体的な管理職の任用制度を構築したうえで、日本国民である職員に限って管理職に昇任できるとする措置をとることは、合理的な理由に基づいて日本国民である職員と在留外国人である職員とを区別したとはいえず、憲法に違反するとした。

5　最高裁判所の判例では、現行の生活保護法は、第１条及び第２条において、その適用の対象につき「国民」と定めたものであり、外国人はこれに含まれないと解され、外国人は、行政庁の通達等に基づく行政措置により事実上の保護の対象となり得るにとどまり、生活保護法に基づく保護の対象となるものではなく、同法に基づく受給権を有しないとした。

2 Check □□

日本国憲法に規定する法の下の平等に関する記述として、最高裁判所の判例に照らして、妥当なのはどれか。

1 旧所得税法が必要経費の控除について事業所得者等と給与所得者との間に設けた区別は、所得の性質の違い等を理由としており、その立法目的は正当なものであるが、当該立法において採用された給与所得に係る必要経費につき実額控除を排し、代わりに概算控除の制度を設けた区別の態様は著しく不合理であることが明らかなため、憲法に違反して無効とした。

2 尊属の殺害は、通常の殺人に比して一般に高度の社会的道義的非難を受けて然るべきであるため、法律上、刑の加重要件とする規定を設けることは、ただちに合理的な根拠を欠くものとすることはできないが、尊属殺の法定刑について死刑または無期懲役刑のみに限っている点は、その立法目的達成のため必要な限度を遥かに超え、普通殺に関する法定刑に比し著しく不合理な差別的取扱いをするものと認められ、憲法に違反して無効であるとした。

3 法律婚という制度自体はわが国に定着しているとしても、父母が婚姻関係になかったという、子にとっては自ら選択ないし修正する余地のない事柄を理由としてその子に不利益を及ぼすことは許されないが、嫡出子と嫡出でない子の法定相続分を区別することは、立法府の裁量権を考慮すれば、相続が開始した平成13年7月当時、憲法に違反しないとした。

4 憲法が各地方公共団体の条例制定権を認める以上、地域によって差別を生ずることは当然に予期され、憲法自ら容認するところであると解すべきであるが、その結果生じた各条例相互間の差異が合理的なものと是認せられて始めて合憲と判断すべきであり、売春取締に関する法制は、法律によって全国一律に統一的に規律しなければ、憲法に違反して無効であるとした。

5 選挙人の投票価値の不平等が、国会において通常考慮しうる諸般の要素をしんしゃくしてもなお、一般的に合理性を有するものとはとうてい考えられない程度に達しているときは、国会の合理的裁量の限界を超えているものと推定されるが、最大較差1対4.99にも達した衆議院議員選挙当時の衆議院議員定数配分規定は、憲法上要求される合理的期間内における是正がされなかったとはいえず、憲法に違反しないとした。

次ページへ続く

3

Check □□

日本国憲法に規定する職業選択の自由に関する記述として、最高裁判所の判例に照らして、妥当なのはどれか。

1 自家用自動車を有償運送の用に供することを禁止している道路運送法の規定は、自家用自動車の有償運送行為が無免許営業に発展する危険性の多いものとは認められず、公共の福祉の確保のために必要な制限と解することができないため、憲法に違反するとした。

2 小売商業調整特別措置法の小売市場の開設許可規制は、小売商の共倒れから小売商を保護するためにとられた措置であると認められるが、その目的、規制の手段及び態様において著しく不合理であることが明白であり、憲法に違反するとした。

3 薬事法の薬局の適正配置規制は、国民の生命及び健康に対する危険の防止という消極的、警察的目的のための措置ではなく、薬局の経営の保護という社会政策的目的のものであるが、薬局の偏在に伴う過当競争による不良医薬品の供給の危険は、観念上の想定にすぎず、公共の利益のために必要かつ合理的な規制を定めたものということができないから、憲法に違反し、無効であるとした。

4 平成元年の公衆浴場法による公衆浴場の適正配置規制に関する判決では、当該規制は公衆浴場業者が経営の困難から廃業や転業をすることを防止し、国民の保健福祉を維持するという積極的、社会経済政策的な規制目的を有するが、その手段としての必要性と合理性を有していると認められず、憲法に違反し、無効であるとした。

5 法律に別段の定めがある場合を除き、司法書士及び公共嘱託登記司法書士協会以外の者が、他人の嘱託を受けて、登記に関する手続について代理する業務及び登記申請書類を作成する業務を行うことを禁止し、これに違反した者を処罰する司法書士法の規定は、公共の福祉に合致した合理的なもので憲法に違反するものでないとした。

4
Check □□

日本国憲法に規定する財産権に関する**A～D**の記述のうち、最高裁判所の判例に照らして、妥当なものを選んだ組み合わせはどれか。

A　ため池の破損、決かいの原因となるため池の堤とうの使用行為は、憲法、民法の保障する財産権の行使のらち外にあり、これらの行為を条例によって禁止、処罰しても憲法に抵触せず、条例で定めても違憲ではないが、ため池の堤とうを使用する財産上の権利を有する者は、その財産権の行使をほとんど全面的に禁止されることになるから、これによって生じた損失は、憲法によって正当な補償をしなければならないとした。

B　インサイダー取引の規制を定めた証券取引法は、証券取引市場の公平性、公正性を維持するとともにこれに対する一般投資家の信頼を確保するという目的による規制を定めるものであるところ、その規制目的は正当であり、上場会社等の役員または主要株主に対し、一定期間内に行われた取引から得た利益の提供請求を認めることは、立法目的達成のための手段として、必要性または合理性に欠けることが明らかであるとはいえないのであるから、憲法に違反するものではないとした。

C　森林法が共有森林につき持分価額２分の１以下の共有者に民法所定の分割請求権を否定しているのは、森林の細分化を防止することによって森林経営の安定を図るとする森林法の立法目的との関係において、合理性と必要性のいずれをも肯定することができ、この点に関する立法府の判断は、その合理的裁量の範囲内であるというべきであるから、憲法に違反するものではないとした。

D　財産上の犠牲が、公共のために必要な制限によるものとはいえ、単に一般的に当然に受認すべきものとされる制限の範囲を超え、特別の犠牲を課したものである場合に、法令に損失補償に関する規定がないからといって、あらゆる場合について一切の損失補償を全く否定する趣旨とまでは解されず、直接憲法を根拠にして、補償請求をする余地が全くないわけではないとした。

1　A B　　**2**　A C　　**3**　A D　　**4**　B C　　**5**　B D

次ページへ続く

5 Check □□

日本国憲法に規定する国会に関する記述として、妥当なのはどれか。

1 予算は、先に衆議院に提出しなければならず、参議院が、衆議院の可決した予算を受け取った後、国会休会中の期間を除いて30日以内に議決しないときであっても、両院協議会を開かなければならず、直ちに衆議院の議決を国会の議決とすることはできない。

2 法律案は、両議院で可決したとき法律となるが、参議院が、衆議院の可決した法律案を受け取った後、国会休会中の期間を除いて60日以内に議決しないときは、直ちに衆議院の議決を国会の議決とする。

3 内閣総理大臣の指名について、衆議院と参議院が異なった議決をしたときは、必ず両院協議会を開かなければならず、それでも一致しないときは衆議院の議決を国会の議決とする。

4 衆議院議員の任期満了による総選挙が行われたときは、その選挙の日から30日以内に国会の特別会を召集しなければならないが、特別会の会期は両議院一致の議決で定め、会期の延長は2回に限って行うことができる。

5 両議院の議事は、憲法に特別の定めのある場合を除いては、出席議員の過半数でこれを決し、可否同数のときは、議長の決するところにより、また、議長は、いずれかの議院の総議員の4分の1以上の要求があれば、国会の臨時会の召集を決定しなければならない。

6 Check □□

日本国憲法に規定する内閣または内閣総理大臣に関する記述として、通説に照らして、妥当なのはどれか。

1 内閣は、内閣総理大臣及びその他の国務大臣で組織される合議体であり、国務大臣は内閣の構成員であると同時に、各省の長として行政事務を分担管理する主任の大臣でなければならず、無任所の大臣を置くことは認められていない。

2 内閣は、行政権の行使について、国会に対し連帯して責任を負うため、内閣を組織する国務大臣は一体となって行動しなければならず、特定の国務大臣が、個人的理由に基づき、個別責任を負うことは憲法上否定されている。

3 内閣は、衆議院で不信任の決議案を可決したときは、10日以内に衆議院が解散されない限り、総辞職をしなければならないが、死亡により内閣総理大臣が欠けたときは、総辞職をする必要はない。

4 内閣総理大臣は、国務大臣を任命するとともに、また、任意に国務大臣を罷免することができ、国務大臣の任免権は内閣総理大臣の専権に属するが、この国務大臣の任免には天皇の認証を必要とする。

5 内閣総理大臣は、法律及び政令に主任の国務大臣の署名とともに連署することが必要であるため、内閣総理大臣の連署を欠いた法律及び政令については、その効力が否定される。

7
Check □□

司法権の限界に関する記述として、判例、通説に照らして、妥当なのはどれか。

1 裁判所は一切の法律上の争訟を裁判するが、日本国憲法は、この唯一の例外として、国会議員によって行われる裁判官の弾劾裁判の規定について明文化している。

2 国会が行う立法については、立法機関としての自由裁量に委ねられているため、国会がその裁量権を著しく逸脱、濫用した場合にも、裁判所の審査権が及ぶことはない。

3 最高裁判所の判例では、衆議院の解散は、極めて政治性の高い国家統治の基本に関する行為であるが、それが法律上の争訟となり、これに対する有効無効の判断が法律上可能である場合は、裁判所の審査権に服するとした。

4 最高裁判所の判例では、自律的な法規範を持つ社会ないし団体にあっては、当該規範の実現を内部規律の問題として自治的措置に任せ、必ずしも、裁判にまつを適当としないものがあり、地方議会議員の出席停止処分は、権利行使の一時的制限に過ぎず、司法審査の対象とならないとした。

5 最高裁判所の判例では、大学の単位授与行為は、常に一般市民法秩序と直接の関係を有するものであり、純然たる大学内部の問題として大学の自主的、自律的な判断に委ねられるべきものではないため、裁判所の司法審査の対象になるとした。

次ページへ続く

8

Check □□

行政行為の瑕疵に関する記述として、通説に照らして、妥当なのはどれか。

1 違法行為の転換とは、ある行政行為が本来は違法ないし無効であるが、これを別個の行政行為として見ると、瑕疵がなく適法要件を満たしていると認められる場合に、これを別個の行政行為として有効なものと扱うことをいう。

2 行政行為の撤回は、行政行為の成立当初は適法であったが、その後に発生した事情の変化により、将来に向かってその効力を消滅させる行政行為であり、その撤回権は監督庁のみ有する。

3 行政行為の取消しとは、行政行為が成立当初から違法であった場合に、行政行為を取り消すことをいい、その効果は遡及し、いかなる授益的行政行為の場合であっても、必ず行政行為の成立時まで遡って効力は失われる。

4 行政行為の瑕疵の治癒とは、行政行為が無効であっても、その後の事情の変化により欠けていた要件が充足された場合、当該行政行為を行った処分庁が必ず当該処分を取り消すことによって、その行政行為を適法扱いすることをいう。

5 取り消しうべき瑕疵を有する行政行為は、裁判所によって取り消されることにより効力を失うものであり、取り消されるまでは、その行政行為の相手方はこれに拘束されるが、行政庁その他の国家機関は拘束されない。

9

Check □□

行政法学上の行政行為の附款に関する記述として、通説に照らして、妥当なのはどれか。

1 附款は、行政行為の効果を制限したり、あるいは特別な義務を課すため、主たる意思表示に付加される行政庁の従たる意思表示であり、法律が附款を付すことができる旨を明示している場合に限り付すことができる。

2 附款は、法律の目的を確実に実現するためのものであり、瑕疵ある附款が付けられた場合、それが本体たる行政行為から分離可能であっても、附款だけを対象に取消訴訟を提起することはできない。

3　条件とは、行政行為の効力の発生、消滅を発生確実な事実にかからしめる附款であり、条件成就により効果が発生する停止条件、効果が消滅する解除条件に区別することができる。

4　期限とは、行政行為の効力の発生、消滅を発生不確実な事実にかからしめる附款であり、事実の発生により効果が生じるものが始期、効果が消滅するものが終期である。

5　負担とは、相手方に特別の義務を命ずる附款であり、法令に規定されている義務以外の義務を課すことになるが、負担に違反しても本体たる行政行為の効力が当然に失われることはない。

10

Check □□

行政手続法に規定する行政指導に関する記述として、妥当なのはどれか。

1　行政指導に携わる者は、常に申請の取り下げを求める行政指導をしてはならず、また、その相手方が行政指導に従わなかったことを理由として、不利益な取扱いをしてはならない。

2　行政指導に携わる者は、当該行政指導をする際に、行政機関が許認可等をする権限を行使し得る旨を示すときは、その相手方に対して、当該行政指導の趣旨を示さなければならないが、当該権限を行使し得る根拠となる法令の条項を示す必要はない。

3　行政指導が口頭でされた場合において、その相手方から当該行政指導の内容及び責任者を記載した書面の交付を求められたときは、当該行政指導に携わる者は、必ずこれを交付しなければならない。

4　許認可等をする権限を有する行政機関が、当該権限を行使することができない場合においてする行政指導にあっては、行政指導に携わる者は、当該権限を行使し得る旨を殊更に示すことにより相手方に当該行政指導に従うことを余儀なくさせるようなことをしてはならない。

5　行政運営における公正の確保と透明性の向上を図るため、地方公共団体の機関が行う行政指導については、行政手続法の規定を適用するが、国の機関または地方公共団体に対する行政指導については、行政手続法の規定を適用しない。

次ページへ続く

11 行政不服審査法に規定する審査請求の記述で妥当なのはどれか。

Check □□

1 審査請求がされた行政庁は、審査庁に所属する職員のうちから審査手続を行う者である審理員を指名しなければならず、審査請求が不適法であって補正することができないことが明らかで、当該審査請求を却下する場合も同様である。
2 審査庁となるべき行政庁には、審理員となるべき者の名簿の作成が義務付けられており、この名簿は、当該審査庁となるべき行政庁及び関係処分庁の事務所における備付けにより公にしておかなければならない。
3 審査請求をすることができる処分につき、処分庁が誤って審査請求をすべき行政庁でない行政庁を審査請求をすべき行政庁として教示した場合、その教示された行政庁に書面で審査請求がされたときは、当該行政庁は審査請求書を審査請求人に送付し、その旨を処分庁に通知しなければならない。
4 処分庁の上級行政庁または処分庁である審査庁は、必要があると認める場合には、審査請求人の申立てにより執行停止をすることができるが、職権で執行停止をすることはできない。
5 審査請求人、参加人及び処分庁等並びに審理員は、簡易迅速かつ公正な審理の実現のため、審理において、相互に協力するとともに、審理手続の計画的な進行を図らなければならない。

12 行政事件訴訟法に規定する取消訴訟の記述で妥当なのはどれか。

Check □□

1 取消訴訟は、被告の普通裁判籍の所在地を管轄する裁判所または処分若しくは裁決をした行政庁の所在地を管轄する裁判所の管轄に属するが、国を被告とする取消訴訟は、原告の普通裁判籍の所在地を管轄する高等裁判所の所在地を管轄する地方裁判所にも提起することができる。
2 取消訴訟は、主観的出訴期間である処分または裁決があったことを知った日から６か月を経過したときであっても、正当な理由があれば提起することができるが、客観的出訴期間である処分または裁決があった日から１年を経過したときは、いかなる場合であっても提起することができない。
3 裁判所は、取消訴訟の審理において必要があると認めるときは、職権で、証拠調べをすることができるが、その証拠調べの結果については、当事者の意見を聞く必要はない。

4　裁判所は、取消訴訟の結果により権利を害される第三者があるときは、当事者またはその第三者の申立てにより、その第三者を訴訟に参加させることができるが、当該裁判所の職権で、その第三者を訴訟に参加させることはできない。

5　処分または裁決をした行政庁が国または公共団体に所属する場合には、処分の取消訴訟は、当該処分をした行政庁を被告とし、裁決の取消訴訟は、当該裁決をした行政庁の所属する国または公共団体を被告として提起しなければならない。

13
Check □□

国家賠償法に規定する公の営造物の設置または管理の瑕疵に基づく損害賠償責任に関する**A**～**C**の記述のうち、最高裁判所の判例に照らして、妥当なものを選んだ組み合わせはどれか。

A　道路管理者は、道路を常時良好な状態に保つように維持し、修繕し、もって一般交通に支障を及ぼさないように努める義務を負うため、故障した大型貨物自動車が87時間にわたって放置され、道路の安全性を著しく欠如する状態であったにもかかわらず、道路の安全性を保持するために必要とされる措置を全く講じていなかった場合には、道路管理に瑕疵があり、当該道路管理者は損害賠償責任を負うとした。

B　工事実施基本計画が策定され、当該計画に準拠して改修、整備がされた河川は、当時の防災技術の水準に照らして通常予測し、かつ、回避し得る水害を未然に防止するに足りる安全性を備えるだけでは不十分であり、水害が発生した場合に当該河川の改修、整備がされた段階において想定された規模の洪水から当該水害の発生の危険を通常予測することができなかった場合にも、河川管理者は損害賠償責任を負うとした。

C　校庭内の設備等の設置管理者は、公立学校の校庭開放において、テニスコートの審判台が本来の用法に従って安全であるべきことについて責任を負うのは当然として、幼児を含む一般市民の校庭内における安全につき全面的な責任を負うため、通常予測し得ない行動の結果生じた事故についても、当該設置管理者は損害賠償責任を負うとした。

1　A B　　2　A C　　3　B C　　4　A　　5　B

9th DAY

法律分野2

制限時間 60分

解答・解説は別冊71～74ページ

1 民法に規定する代理に関する記述として、通説に照らして、妥当なのはどれか。

Check □□

1 他人の代理人として契約をした者が、自己の代理権を証明できず、かつ、本人の追認を得られず、相手方の選択に従い履行または損害賠償の責任を負う場合、この責任は、他人の代理人として契約をした者の過失の有無を問わずに生じる。

2 権限の定めのない代理人は、代理の目的である物または権利の性質を変えない範囲において、その利用を目的とする行為についての権限は有するが、改良を目的とする行為についての権限は有しない。

3 代理権は、本人と代理人との間に本人の意思による代理権授与行為があった場合にのみ生じるので、本人から代理権を授与されていない者が代理人として行った行為は、すべて無権代理となる。

4 無権代理人と契約を締結した相手方は、本人に対し、相当の期間を定めて、その期間内に追認をするかどうかを確答すべき旨の催告をすることができるが、本人がその期間内に確答をしないときは、追認したものとみなす。

5 第三者に対して他人に代理権を与えた旨を表示した者は、その代理権の範囲でその他人が第三者との間でした行為については、第三者が、その他人が代理権を与えられていないことについて、善意・無過失でなくてもその責任を負う。

2 民法に規定する占有権に関する記述として、妥当なのはどれか。

Check □□

1 占有者がその占有を奪われたときは、占有回収の訴えにより、その物の返還及び損害の賠償を請求することができるが、悪意の占有者は、占有回収の訴えを提起することが一切できない。

2　善意の占有者は、占有物から生ずる果実を取得できるが、善意の占有者が本権の訴えにおいて敗訴したときは、占有開始時から悪意の占有者とみなされ、占有開始時からの果実を返還しなければならない。

3　占有者が占有物を返還する場合には、占有物の保存のために支出した必要費を回復者から償還させることができるが、悪意の占有者は、回復者に対して償還請求することができない。

4　悪意の占有者は、占有物が占有者の責めに帰すべき事由によって滅失または損傷した場合、その滅失または損傷によって現に利益を受けている限度において賠償する義務を負う。

5　占有者は、その善意、悪意を問わず、占有物の改良のために支出した有益費については、その価格の増加が現存する場合に限り、回復者の選択に従い、その支出した金額または増加額を償還させることができる。

3

Check □□

担保物権に関する記述として、妥当なのはどれか。

1　物的担保は、担保権設定者が破産したときには効力を失い、この場合担保権者は、各債権者の債権額に比例した弁済を行う破産手続により権利の行使ができる。

2　質権及び抵当権は、その目的物の売却・賃貸・滅失または損傷によって債務者が受けるべき金銭その他の物、あるいは目的物の上に設定した物権の対価に対しても、優先弁済権を及ぼすことができる。

3　民法典に規定されている留置権、質権、抵当権及び譲渡担保を典型担保、民法典上に規定がない担保を非典型担保といい、非典型担保には仮登記担保契約に関する法律に規定する仮登記担保が含まれる。

4　債務が完済されるまで担保権者が目的物を留置しうる効力を留置的効力といい、これによって間接的に債務の弁済を促そうとするもので、典型担保では留置権にのみこの効力が認められる。

5　担保物権には付従性があり、被担保債権が発生しなければ発生せず、被担保債権が消滅すれば消滅するので、被担保債権の一部の額の弁済を受けると、目的物の全部についてはその権利を行うことはできない。

次ページへ続く

4 Check □□

民法に規定する債務不履行に関する記述として、妥当なのはどれか。

1 債権者が債務の履行を受けることを拒み、または受けることができない場合、当該債権者は、履行費用の増加額を負担しなければならない。

2 債務の履行について不確定期限がある場合、債務者は、履行の請求を受けた時から遅滞の責任を負う。

3 金銭の給付を目的とする債務不履行における損害賠償額は、約定利率が法定利率を超えているときは法定利率によるものとし、その損害賠償については、必ず債権者が損害の証明をしなければならない。

4 当事者が、債務不履行について損害賠償額を予定した場合であっても、裁判所は、常にその額を増減させることができる。

5 最高裁判所の判例では、不動産の二重売買において、一方の買主に対する売主の債務は、他の買主に対する所有権移転登記が完了した時点ではなく、契約した時点で履行不能となるとした。

5 Check □□

民法に規定する物権に関する記述として、通説に照らして、妥当なのはどれか。

1 契約自由の原則から、物権は民法その他の法律に定めるもののほか、契約によって自由に創設することができるが、物権法定主義により、物権の内容を民法その他の法律に定められているものとは違ったものとすることはできない。

2 物権の客体は物であることを要し、民法において物とは有体物をいうものとされているので、物権には、有体物以外のものを客体とするものはない。

3 民法上の物権を分類すると、自分の物に対する物権である所有権と他人の物に対する物権である制限物権に分けられるが、制限物権のうち他人の物を利用する用益物権には、占有権、永小作権及び地役権が含まれる。

4 物権は絶対的・排他的な支配権であるが、物権と債権が衝突するときに、債権が物権に優先する場合がある。

5　土地に生立する樹木は、取引上の必要がある場合には、土地とは別個独立の不動産として所有権譲渡の目的とすることができ、この場合、立木登記または明認方法と呼ばれる公示方法を備えた場合に限り、有効な取引とされる。

6

Check □□

民法に規定する不法行為に関する記述として、判例、通説に照らして、妥当なのはどれか。

1　注文者は、注文または指図についてその注文者に過失があったときであっても、請負人がその仕事について第三者に加えた損害を賠償する責任を負うことはない。

2　最高裁判所の判例では、不法行為により死亡した被害者の夫の妹は、身体障害者で、長年にわたり被害者と同居してその庇護のもとに生活を維持し、将来もその継続を期待しており、被害者の死亡により甚大な精神的苦痛を受けた事実関係があるときであっても、加害者に対し慰謝料を請求できないとした。

3　動物の占有者は、その動物の性質に従い相当の注意をもって管理をした場合であっても、その動物が他人に加えた損害を賠償する責任を負うが、占有者に代わって動物を管理する者は、その責任を負わない。

4　最高裁判所の判例では、人がその品性、徳行、名声、信用等の人格的価値について社会から受ける客観的な評価である社会的名誉のみならず、人が自己自身の人格的価値について有する主観的な評価である名誉感情を毀損された場合にも、原状回復処分をもって救済するに適するとした。

5　土地の工作物の設置に瑕疵があることによって他人に損害が生じた場合、占有者が損害の発生を防止するのに必要な注意をしていたことを証明したときは、その工作物の所有者が被害者に対して、その損害を賠償しなければならない。

次ページへ続く

7 民法に規定する相続に関する記述として、妥当なのはどれか。

Check □□

1 相続は死亡によって開始するが、失踪宣告は医学上の死亡判定ができないので、相続開始の原因にならない。

2 相続は相続人の住所において開始するとされ、相続をめぐる紛争が生じた場合は、相続人の住所を基準に裁判管轄が定められる。

3 相続財産の管理に必要な費用は、相続人の過失に基づく費用も含めて相続人全体の負担となり、その相続財産の中から支弁しなければならない。

4 被相続人Aの子Bが相続を放棄した場合には、Bの子Cには代襲相続が認められる。

5 被相続人Aの子Bが相続開始以前に死亡した場合には、Bの妻Cには代襲相続は認められない。

8 民法に規定する失踪の宣告に関する記述として、通説に照らして、妥当なのはどれか。

Check □□

1 失踪の宣告によって財産を得た者は、その取消しによって権利を失うので、善意の場合であっても、法律上の原因を欠く不当な利益として、失踪の宣告によって得た財産のすべてを返還しなければならない。

2 失踪の宣告がなされると、死亡したのと同じ扱いがなされるので、不在者は、仮に生存していたとしても宣告と同時に権利能力を剥奪される。

3 失踪の宣告は一律で強力な対世的効力を持つものであるから、単に事実上の利害関係を有する債権者も、失踪の宣告を請求することができる利害関係人に含まれる。

4 不在者の生死が７年間明らかでないときは、家庭裁判所は、利害関係人の請求により、失踪の宣告をすることができ、当該宣告を受けた不在者は、失踪した時に死亡したものとみなす。

5 沈没した船舶の中に在った者の生死が船舶の沈没後１年間明らかでない場合に失踪の宣告を受けた者は、当該船舶が沈没した時に死亡したものとみなす。

9

Check □□

民法に規定する相隣関係に関する記述として、通説に照らして、妥当なのはどれか。

1 隣地の竹木の枝が境界線を越えるときは、その竹木の所有者に、その枝を切除させることができ、隣地の竹木の根が境界線を越えるときは、自らその根を切り取ることができる。

2 他の土地に囲まれて公道に通じない土地の所有者は、公道に至るため、その土地を囲んでいる他の土地を通行することができるので、その通行する他の土地の損害に対して償金を支払う必要は一切ない。

3 分割によって公道に通じない土地が生じたときは、その土地の所有者は、他の分割者の所有地を通行することができるが、一部譲渡によって公道に通じない土地が生じた場合は、譲渡した土地を通行することができない。

4 土地の所有者は、境界付近の建物の修繕が必要な場合は、隣人の承諾を得なければその住家に立ち入ることができないが、承諾が得られないときは、承諾に代わる判決を得ることによって住家に立ち入ることができる。

5 土地の所有者は、隣地の所有者と共同の費用で境界標を設けることができ、境界標の設置、保存及び測量の費用は、土地の所有者と隣地の所有者が土地の広狭にかかわらず等しい割合で負担する。

次ページへ続く

10 未遂犯に関する次の記述のうち、妥当なものはどれか。

Check □□

1 未遂犯では、法益侵害の結果が発生していないので、その刑を減軽するものとされているが、中止犯では、任意に犯罪を中止した点を評価して、刑の減軽だけでなく免除することも認められている。

2 中止犯が成立するには道徳的悔悟は必要でないので、窃盗に着手したもののその日が親の命日であったことを思い出し、翌日改めて窃取しようと考え直して犯行を中止した場合には窃盗罪の中止犯が成立する。

3 中止犯の刑の減免の根拠を違法性の減少に求めると、たとえ結果が発生した場合でも中止犯の規定を適用すべきとする見解と結びつきやすい。

4 保険金をだまし取る目的で、火災保険を掛けた自宅に放火した場合には、放火の時点で詐欺罪の未遂犯が成立する。

5 人を殺害する目的で硫黄の粉末を飲食物に混ぜてこれを人に与えた場合、身体的条件その他の事情のいかんによっては人の死の結果発生のおそれが絶対に生じないとは限らないので、殺人の不能犯ではなく未遂犯が成立する。

11 公務執行妨害罪に関する次の記述のうち、妥当なものはどれか。

Check □□

1 交代制当直勤務中の警察官が当直勤務を終わって休憩のため当直室に赴こうとする途中で、これに暴行・脅迫を加えた場合には、公務執行妨害罪が成立する。

2 公務員の指揮の下に、その手足となって職務を行う補助者に対し暴行を行っても、公務執行妨害罪は含まれない。

3 公務執行妨害罪の暴行は、公務員の身体に直接向けられたものでなければならず、いわゆる間接暴行は含まれない。

4 公務執行妨害罪が成立するためには、暴行・脅迫によって、公務員の職務の執行が現実に妨害されたことが必要である。

5 課税処分が不当なものであったとしても、その撤回要求は法律の定める方法によらなければならず、税務署長を脅迫して撤回させた場合には公務執行妨害罪が成立する。

12

Check □□

労働基準法に規定する年次有給休暇に関する記述として、判例、通説に照らして、妥当なのはどれか。

1 年次有給休暇の権利は、労働者が6カ月間の継続勤務と全労働日の8割以上の出勤という要件を充足したからといって法律上当然に生ずるものではなく、その労働者の請求によって初めて生じる。

2 年次有給休暇の利用は、使用者の干渉を許さない労働者の自由であるから、労働者は年次有給休暇をとる際にその使途を使用者に申告する必要がなく、仮に申告した使途と別の使途に用いたとしても年次有給休暇の成立に影響がない。

3 年次有給休暇は、労働者の完全な個人的使用のためのものであるから、使用者は、労働者の過半数で組織する労働組合との書面による協定によっても、年次有給休暇を与える時季に関する定めをすることが一切できない。

4 使用者は、労働者がその権利として有する年次有給休暇を享受することを妨げてはならないという不作為義務を負うが、労働者の希望する時期に年次有給休暇が実現するよう状況に応じた配慮をするという義務を負うことがない。

5 使用者は、事業の規模や年次有給休暇請求者の職場での配置などについて合理性の観点から個別具体的に判断する必要はなく、単に繁忙という理由だけで年次有給休暇の時季変更権を適法に行使することができる。

次ページへ続く

13 不当労働行為に関する次の記述のうち、妥当なものはどれか。

Check □□

1 使用者が労働組合を壊滅させるために、会社を解散して組合員を全員解雇し、事業を実際上廃止することは、不当労働行為に当たる。

2 使用者が雇用する労働者の代表者と団体交渉をすることを正当な理由なく拒否することは不当労働行為となり、また、労使双方が当該議題についてそれぞれ自己の主張・提案・説明を尽くし、これ以上交渉を重ねてもいずれかの譲歩により交渉が進展する見込みがない場合であっても、使用者側から団体交渉を打ち切ることは不当労働行為となる。

3 会社が、労働組合に対して会社施設である事務所の食堂の使用を禁止し、無許可で食堂を使用する労働組合に対して退去を求めることは、不当労働行為に当たる。

4 ストライキ参加者に対してストライキ期間についての賃金カットを行う場合であれば、たとえ使用者側に正当なストライキへの報復や組合弱体化の意図が認められる特別の事情が認められるときであっても、不当労働行為とはならない。

5 使用者が、会社が経営危機に直面してその打開策を従業員に訴えるなかで、「ストをやれば会社はつぶれる」などと発言しつつストライキの自粛を訴えた行為は、不当労働行為には当たらない。

14 労働争議に関する次の記述のうち、妥当なものはどれか。

Check □□

1 労働組合によるストライキが行われている場合に、代替要員によって操業を継続することは不当労働行為として許されない。

2 争議行為は労働組合法上の労働組合にのみ認められた権利であるので、その要件を満たしていなければ争議行為とは認められない。

3 ノーワーク・ノーペイの原則であるから、争議行為を行っている以上、その分の賃金はカットされるが、家族手当はその性質上カットの対象とはならない。

4 争議行為は労働者の労働条件の向上のために行われるものでなければならないので、政治目的による争議行為はもちろん会社の経営者の追放を主張してなされる争議行為は認められない。

5 正当な争議行為に参加したことをもって、その労働者が人事上不利益な取り扱いを受けることはないし、使用者側はそれによって受けた損害は労働組合またはその組合員に対し請求することはできない。

10th DAY

経済分野

解答・解説は別冊75～80ページ

1 Check □□

下図のように、正の効用を持つ２財Ｘ、Ｙを購入するある消費者の行動が示されるとき、下図に関する記述として、妥当なものはどれか。ただし、直線A_0B_0、A_0B_2及びA_1B_1は消費者の予算線を、曲線I_1、I_2及びI_3は無差別曲線を示し、直線A_0B_0とA_1B_1とは平行である。

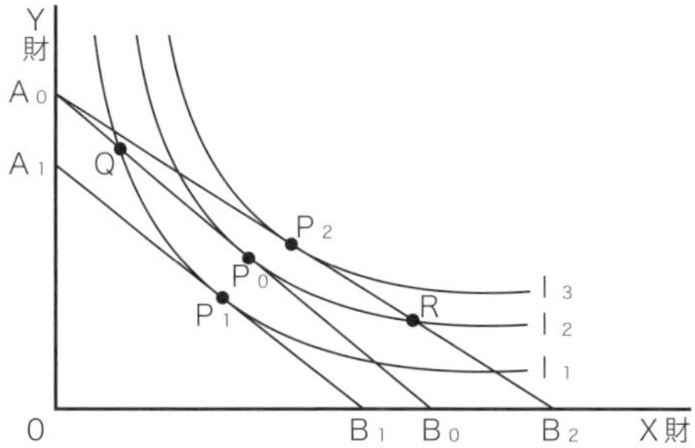

1 消費者の予算線がA_0B_0のとき、点P_0は、消費者の所得の範囲において、２財が購入できる組み合わせのうち消費者が最大の効用を得ることができる点であり、点P_0において、A_0B_0の傾きとI_2の接線の傾きとは等しい。

2 消費者の予算線がA_0B_0のとき、点Ｑは、消費者の所得の範囲において、２財を購入する消費者の最適消費点を示し、点Ｑは、点P_1より高い効用水準にある。

3 消費者の予算線がA_0B_2のとき、点Ｒは、消費者が所得の範囲において、２財が購入できる組み合わせのうち消費者が最大の効用を得ることができる点であり、点Ｒは、点P_2と同じ効用水準にある。

4 消費者の予算線がA_0B_0からA_1B_1に移動したとき、Ｘ財とＹ財との価格比は変化し、消費者は、所得の減少に伴って財の購入を制約される。

5 消費者の予算線がA_0B_0からA_0B_2に移動したとき、消費者は、最大の効用を得るために、Ｙ財の購入量を減少させた分と等しい量だけＸ財の購入量を必ず増加させる。

2

Check □□

価格の変化が需要量に与える効果に関する記述のうち、正しいものはどれか。

1　A財が下級財の場合、価格が下落すると、代替効果によって需要量が減少するが、通常は所得効果による需要量増加がそれを上回るため、全部効果は需要量を増加させる。

2　A財が上級財の場合、価格が下落した場合、代替効果によって需要量が減少するが、通常は所得効果による需要量増加がそれを上回るため、全部効果は需要量を増加させる。

3　A財がギッフェン財の場合、価格が下落した場合、所得効果による需要量の減少分が代替効果による需要量の増加分を上回るために、全部効果は需要量を減少させる。

4　A財、B財ともに上級財であり、B財の価格が一定でA財の価格が下落すると、B財は代替効果によっても所得効果によっても需要量は増加する。

5　A財とB財が連関関係にあるとする。B財の価格が一定でA財の価格が下落した場合、B財の需要量が増加するとすれば、両財は代替関係にあるといえる。

3

Check □□

完全競争市場において、ある企業の総費用関数TCは、財の生産量をqとすると次の式で与えられる。財の市場価格を130としたとき、この企業の利潤を最大にする生産量として、正しいのはどれか。

$$TC = \left(\frac{1}{3}\right)q^3 - \left(\frac{7}{2}\right)q^2 + 10q + 25$$

1　5
2　8
3　10
4　15
5　17

次ページへ続く

4 Check □□

次の図は、完全競争の下での短期の生産において、縦軸に価格・費用を、横軸に生産量をとり、ある企業の生産する製品についての平均可変費用曲線をAVC、平均費用曲線をAC、限界費用曲線をMC、限界収入曲線をMRで表し、また、限界収入曲線と限界費用曲線との交点をA、限界収入曲線と平均費用曲線との交点をB、限界費用曲線と平均費用曲線の最低点との交点をC、限界費用曲線と平均可変費用曲線の最低点との交点をD、限界費用曲線の最低点をEで表したものであるが、この図に関する記述として妥当なのはどれか。

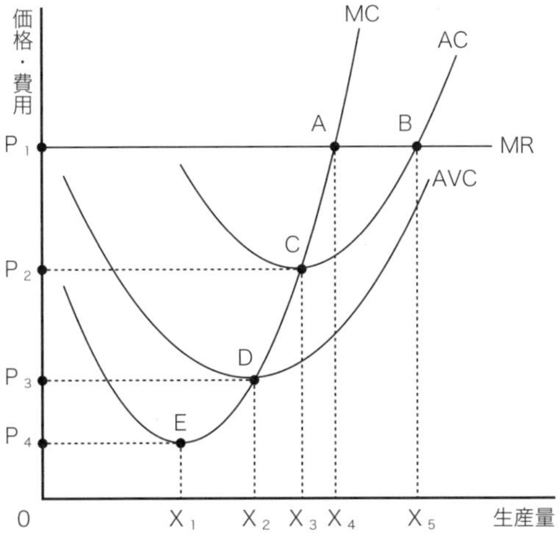

1 製品の価格がP_1であるとき、この企業が利潤を最大化するときの生産量は、X_5である。

2 製品の価格がP_2で生産量がX_3であるとき、この企業の利潤はゼロとなる。

3 製品の価格がP_3で生産量がX_2であるとき、この企業の利潤はマイナスとなるが、一時的には生産を続けるので、点Dを損益分岐点という。

4 製品の価格がP_4で生産量がX_1であるとき、この企業の利潤はマイナスとなり、生産を停止するので、点Eを操業停止点という。

5 縦軸のOP_2と点Cより右上の限界費用曲線MCが短期供給曲線である。

5 パレート最適に関する記述として、妥当なのはどれか。

Check □□

1　パレート最適の状態においては、他の個人の効用を減少させないで、ある個人の効用を増大させることが可能である。
2　２人の消費者が２財を配分するエッジワースのボックス・ダイアグラムでは、パレート最適の状態にある点の軌跡は、オファー曲線と呼ばれる。
3　パレート最適の状態においては、すべて個人の限界代替率と生産における限界代替率とが等しくなる。
4　パレート最適の状態においては、資源配分の効率化が達成されており、同時に所得分配の公平も達成されている。
5　ピグー税によって外部効果を内部化させた場合においても、パレート最適の状態は実現されない。

6 純粋公共財に関する記述として妥当なのはどれか。

Check □□

1　純粋公共財では、対価を支払わない個人をその消費から排除することが可能であり、ただ乗り現象が生じることはない。
2　純粋公共財には、教育、交通、消防などがあり、国防、警察、住宅などは含まれない。
3　純粋公共財には、民間財でありながら政府による公共財としての供給が要請される財が含まれる。
4　純粋公共財は、市場を経由しない便益がすべての人々に等しく及ぶ、外部性が100%認められる財である。
5　純粋公共財では、その消費において、ある個人の消費への参加が他の個人の消費を妨げたり減少させることがある。

次ページへ続く

7
Check □□

ある財の市場が独占企業によって支配されており、需要関数及びこの企業の費用関数が次式で示されている。この独占企業の設定する最適価格として、正しいのはどれか。

D＝10－P
C＝2X
〔D：需要量、P：価格、C：費用、X：生産量〕

1　2　　**2**　3　　**3**　4　　**4**　5　　**5**　6

8
Check □□

次の図**ア～エ**は、縦軸に価格を、横軸に需要量・供給量をとり、市場におけるある商品の需要曲線をＤＤ、供給曲線をＳＳで表したものであるが、このうちワルラス的調整過程において均衡が安定であるものを選んだ組み合わせとして、妥当なのはどれか。

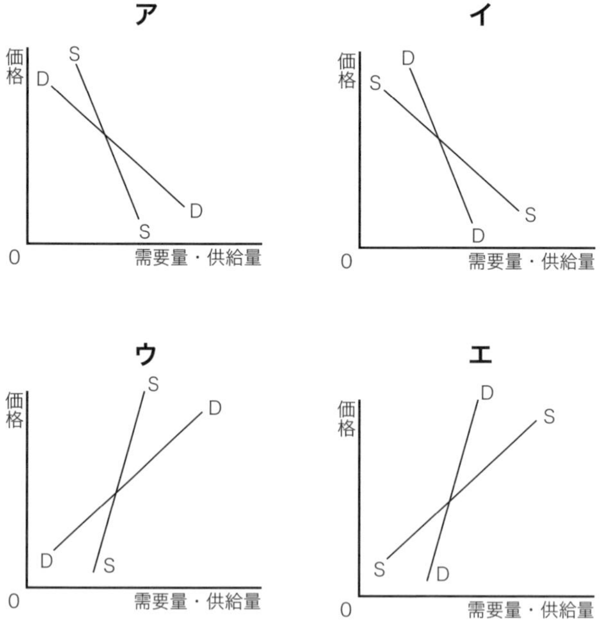

1　**ア**　**イ**　　**2**　**ア**　**ウ**　　**3**　**ア**　**エ**
4　**イ**　**ウ**　　**5**　**イ**　**エ**

9

Check □□

次の図は、縦軸に消費C及び投資Ｉを、横軸に国民所得Ｙをとり、完全雇用国民所得水準をY_0、総需要DがD＝C＋Ｉのときの均衡国民所得をY_1で表したものである。今、Y_0＝350、C＝20＋0.6Y、Ｉ＝100であるとき、完全雇用国民所得水準Y_0に関する記述として、妥当なのはどれか。

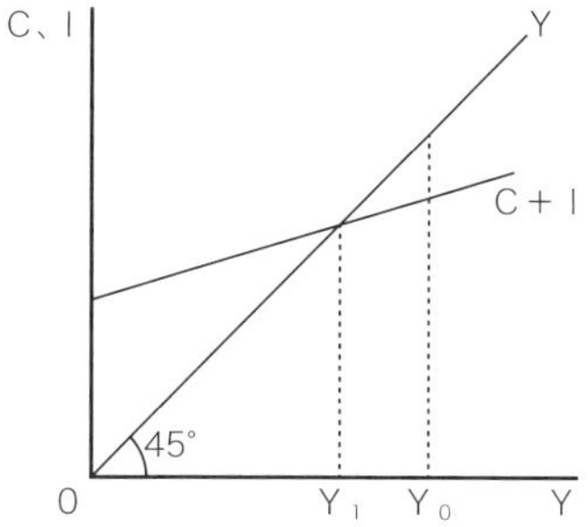

1　完全雇用国民所得水準がY_0のとき、20のインフレ・ギャップが生じている。

2　完全雇用国民所得水準がY_0のとき、50のインフレ・ギャップが生じている。

3　完全雇用国民所得水準がY_0のとき、20のデフレ・ギャップが生じている。

4　完全雇用国民所得水準がY_0のとき、50のデフレ・ギャップが生じている。

5　完全雇用国民所得水準がY_0のとき、70のデフレ・ギャップが生じている。

次ページへ続く

10 Check □□

ある経済において、マクロ経済モデルが次の式で示されている。完全雇用を実現する国民所得水準が95であるとき、完全雇用を実現するために必要となる減税額の大きさとして、正しいのはどれか。

Y＝C＋I＋G
C＝0.8(Y－T)＋10
I＝30
G＝15
T＝50
〔Y：国民所得、C：民間消費、I：民間投資、G：政府支出、T：租税〕

1 4　**2** 5　**3** 6　**4** 7　**5** 8

11 Check □□

ある経済において、マクロ経済モデルが次の式で示されている。今、貨幣供給量が12だけ減少したとすると、均衡国民所得及び均衡利子率の変化の組み合わせとして、正しいのはどれか。

C＝20＋0.8Y
I＝140－16i
L＝0.2Y＋260－8i
M＝300
P＝1
〔Y：国民所得、C：民間消費、I：民間投資、i：利子率、L：実質貨幣需要量、M：名目貨幣供給量、P：物価水準〕

	所得	利子率
1	40減少	0.5上昇
2	40増加	1.0低下
3	40減少	0.5低下
4	50増加	1.0低下
5	50減少	1.5上昇

12

Check

公衆の保有する現金通貨をC、預金通貨をD、市中銀行の支払い準備金をR、ハイパワード・マネーをH、マネー・サプライをMとする。このとき、

M＝C＋D

H＝C＋R

が成り立つものとする。

今、現金・預金比率（C／D）＝0.3、支払い準備金・預金比率（R／D）＝0.2であるとすると、ハイパワード・マネーが20億円増加された場合、貨幣乗数式に基づいて計算したときのマネー・サプライの増加額はどれか。

1　30億円　**2**　48億円　**3**　50億円

4　52億円　**5**　100億円

13

Check

フィリップス曲線及び自然失業率仮説に関する記述として、妥当なのはどれか。

1　フィリップス曲線は、名目賃金上昇率と失業率との間の正の相関関係を示す右上がりの曲線をいい、1970年代のアメリカ経済におけるスタグフレーションの生成を検証したものである。

2　フィリップス曲線は、期待インフレ率の大きさに依存しており、期待インフレ率が上昇した場合、上方にシフトする。

3　自然失業率は、有効需要の減少によって、完全雇用が成立していない場合に存在する失業率をいい、全労働者に占める現行の市場賃金で働く意思がありながらも職を見つけることができない失業者の割合である。

4　自然失業率仮説によると、政府が総需要拡大策をとった場合、企業や労働者は、現実の物価上昇率と期待物価上昇率との乖離を正しく認識できるため、短期的に失業率を下げることはできない。

5　自然失業率仮説によると、長期的には、フィリップス曲線が垂直となるため、金融政策や財政政策によって、失業率を自然失業率より下げることができる。

次ページへ続く

14 バローの公債負担についての考え方に関する記述として、妥当なのはどれか。

Check □□

1 バローは、公債発行は民間の資本ストックを減少させ、将来の生産力の低下という永続的な効果をもたらすため、租税と比較して将来世代へのマイナス効果が大きいとした。
2 バローは、世代を超えて公債の発行と償還が行われると、将来世代において償還のための課税が行われるため、現在世代よりも将来世代の消費量が減少し、将来世代に負担が転嫁されるとした。
3 バローは、公債の購入は自発的取引であるため、発行時点では負担は発生しないが、公債償還のための課税は強制的取引であるため負担が生じ、現在世代から将来世代への負担の転嫁が起こるとした。
4 バローは、経済主体が正しく期待を形成するならば、政府支出に対する財源調達としては公債と租税は同じ経済的効果を持ち、将来世代への負担の転嫁も起こらないとした。
5 バローは、公債の負担を一国全体における民間の利用可能な資源の減少と捉え、内国債の場合は負担が生じないが、外国債の場合には償還時点において民間の利用可能な資源が外国に流出するため、将来世代の負担が生じるとした。

15 わが国における国債に関する記述として、妥当なのはどれか。

Check □□

1 国債の発行については、日本銀行引受けによる発行を原則としているが、国会の議決を経た金額の範囲で、公募による発行が認められている。
2 建設国債は、年度限りの特例措置として特別に制定された法律に基づいて、公共事業費、出資金及び貸付金の財源に充てるために発行される。
3 国債の償還については、毎年度一定の資金を一般会計または特別会計から繰り入れて計画的に償還する減債基金制度がとられており、このため国債整理基金特別会計が設けられている。

4　国債の償還財源を調達するために新たに国債を発行することを借換えといい、借換債の発行に伴う収入は、一般会計の公債金収入として計上される。

5　償還期限が１年以内のものを短期国債というが、現在、短期国債は、大量の国債の償還・借換え等に円滑に対応するための政府短期証券のみが発行されている。

16　わが国の予算の種類に関する記述として、妥当なのはどれか。

Check □□

1　国の予算における一般会計予算は、国の主要な歳入歳出を総合的に管理するため設置されるもので、一般会計予算は、すべての歳入歳出を予算に編入しなければならないとする純計予算主義に基づいて作成されている。

2　国の予算における特別会計は、国が特定の事業を行う場合など、特定の歳入をもって特定の歳出に充て、一般の歳入歳出と区分して経理する必要がある場合に、法律により設置されるものである。

3　政府関係機関予算は、資本金が全額政府出資の特殊法人に関する予算であり、事業の独立性や効率性を確保するため、一般会計予算との間で、財源の繰入れや繰出しを行うことはできない。

4　暫定予算は、予算が年度開始までに成立しない事態が生じた場合に作成されるもので、当初予算が成立するまでの間の必要最小限の経費に限った予算であるから、国会の議決は必要がない。

5　補正予算は、年度途中に必要となった追加的経費の支出について作成されるものであるから、歳入の不足による予算の減額など、予算に追加以外の変更を加える補正予算を作成することはできない。

Column 2

時事問題も得点源にできる！
日々のニュースに関心を持とう

第１次試験「教養試験（基礎能力試験）」では、必ず時事的なニュース（時事問題）が出題されます。問題は、国際情勢、国内政治、経済、文化、スポーツなど、幅広い分野から出題されています。

さすがに「昨年の紅白歌合戦の大とりを務めたのはだれか？」という問題は見たことありませんが、歌手の浜崎あゆみさんについて出題されたことはあります。

とくに**国民栄誉賞に関する問題は最頻出です。またノーベル賞、世界遺産、芥川賞・直木賞なども頻出です。**さらに、政府が発行する経済財政白書、通商白書、観光白書などからも出題されています。

ただ、自ら世界中のニュースをくまなくチェックし、整理していくのは現実的ではありません。白書を１冊読むだけでも大変な労力と時間がかかります。

かといって、「時事問題」は２〜６問ありますので、最初から捨ててかかるのも得策ではありませんし、きちんと対策することでじつは時事問題は得点源にもできるのです。

なお、時事問題攻略のポイントは**あまり重く考えないこと。**毎日、新聞を切り抜いてスクラップブックを作るまでの必要はありません。聞き流しで良いのです。そして、「あれっ？」と関心を持ったときに、少し深く調べておく程度で良いのです。

日々のニュースへの関心さえあれば、時事問題は必ず得点源にできるのです。

繰り返しになりますが、公務員となる以上、日々のニュースに関心を持つことは欠かせません。**公務員の仕事は、人々の暮らしをより良くすること。**日々どこでどんなことが起こっているかに無関心では、より良くすることなど到底できません。**様ざまなことに関心を持ち、「何とかしないと」と気づけて、「どうすればいいだろう？」と考えられる公務員になってほしいのです。**

第3章

総まとめ 教養試験（知能編）

1

判断推理

試合

解くときのルール

リーグ戦（総当たり戦）では、対戦表を作成する。

（例）A～Dの４チームがリーグ戦を行った場合

・AはCに勝った
・Bは２勝１敗だった

対戦相手

	A	B	C	D	
A			○		
B					２勝１敗
C	×				
D					

AはCに勝ったので○を記入する。

つまりCはAに負けたので、
こっちには×を記入する。

「同順位がなく、引き分けがない」という条件があれば、以下のようになる。
・３勝０敗……１位
・２勝１敗……２位
・１勝２敗……３位
・０勝３敗……４位

この問題を解いてみよう

ＡからＦの６人でテニスのリーグ戦を行った。引き分けがなく、同率もなかった。Ａは３勝２敗であり、ＣはＦより順位が上であった。ＢはＣに勝った。ＣはＤに、ＥはＦに敗れた。このとき、確実にいえるのはどれか。

1　Ｂは１位であった。
2　Ｃは５位であった。
3　ＤはＢに敗れた。
4　Ｄは５勝０敗であった。
5　Ｆは１勝４敗であった。

解説

対戦表を作成する。引き分けがなく同率もないので、１位は５勝０敗、２位は４勝１敗、３位は３勝２敗…となる。
Ｆは１勝しているので、６位ではなく、５位以上。
そのＦよりＣは上位ゆえ少なくとも４位以上。ただすでに２敗しているから、残り全部勝ったとしても３勝２敗の３位。
しかし、３勝２敗はＡと決まっているので、Ｃは４位（２勝３敗）と決まる。
よって、Ｆは５位と決まり、１勝４敗とわかる。

	A	B	C	D	E	F	
A							3勝2敗
B			○				
C		×		×			Fより上位
D			○				
E						×	
F					○		Cより下位

答 5

判断推理

2 集合(キャロル表)

解くときのルール

男か女か、文系か理系か、数学が得意か苦手かという必ずどちらか一方に分類される要素3つによって整理する集合問題では、キャロル表を利用する。

キャロル表の書き方

全体を①縦2つに区分して左側・右側、②横2つに区分して上側・下側、③中に囲み枠を作り、その内側・外側で整理する。

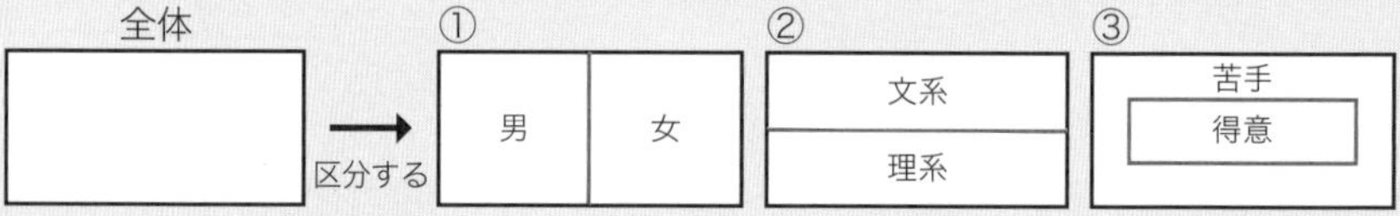

この3つを重ね合わせて、8つの区分にする。

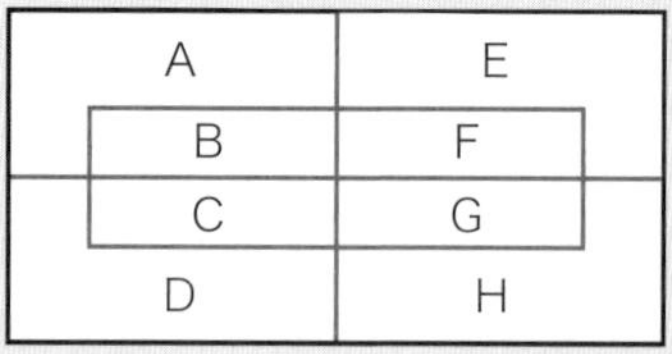

それぞれの領域の意味は次のとおり。

A：男・文系・苦手　E：女・文系・苦手
B：男・文系・得意　F：女・文系・得意
C：男・理系・得意　G：女・理系・得意
D：男・理系・苦手　H：女・理系・苦手

この問題を解いてみよう

A、B、Cの3つの国家資格の保有状況について次のことがわかっているとき、BとCを持っているがAを持っていない人は何人か。

①Aを持っている人は60人、Bを持っている人は50人いた。
②AとBを持っているが、Cを持っていない人は12人いた。
③AとCを持っているが、Bを持っていない人は15人いた。
④AもBも持っていない人は10人いたが、そのうちCを持っている人は2人いた。
⑤A、B、Cのいずれも持っていない人と、A、B、Cのすべてを持っている人は同じ数だった。
⑥Aのみを持っている人と、Bのみを持っている人は同じ数だった。

1　2人　**2**　3人　**3**　4人　**4**　5人　**5**　6人

解説

キャロル表を作成する。

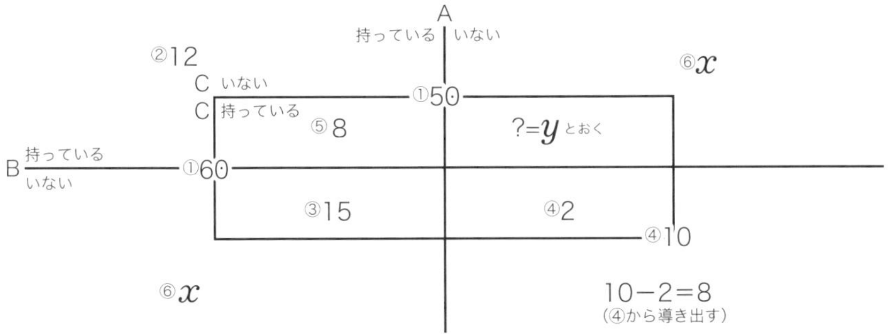

Aを持っている人、60人で式をたてる。
$12+8+15+x=60$
よって、$x=25$

Bを持っている人、50人で式をたてる。
$12+8+y+x=50$
$x=25$、ゆえ$y=5$

答 4

判断推理

3 命題

解くときのルール

1 対偶も真

$p \rightarrow q$ が真のとき、$\overline{q} \rightarrow \overline{p}$ も真となる。

2 三段論法

$p \rightarrow q$、$q \rightarrow r$ のとき、$p \rightarrow r$ となる。

3 ド・モルガンの法則

$\overline{p \land q}$ は $\overline{p} \lor \overline{q}$ とおきかえる。

・$p \land q$ 全体を否定するバーを、p と q のそれぞれを否定するバーにする。
・p と q の間の記号を $\land$ から $\lor$ に向きを変える。

$\overline{p \lor q}$ は $\overline{p} \land \overline{q}$ とおきかえる。

・$p \lor q$ 全体を否定するバーを、p と q のそれぞれを否定するバーにする。
・p と q の間の記号を $\lor$ から $\land$ に向きを変える。

この問題を解いてみよう

ある小学校の児童に好きな教科を尋ねたところ、次の**ア**、**イ**のことがわかった。

ア　国語が好きな児童は、社会科も理科も好きである。
イ　算数が好きでない児童は、社会科も好きではない。

以上から判断して、この小学校の児童に関して確実にいえるのはどれか。

1　国語が好きな児童は、算数も好きである。
2　社会科が好きでない児童は、算数も好きでない。

解説

ア、**イ**を記号化する。p → qのとき$\overline{\text{q}}$ → $\overline{\text{p}}$も成立するので、書いておく。

ア　①国 → 社∧理　対偶を作ると　②$\overline{\text{社∧理}}$ →$\overline{\text{国}}$

②は、ド・モルガンの法則により、次のように変形できる
↓
②'$\overline{\text{社}}$∨$\overline{\text{理}}$ → $\overline{\text{国}}$　と変形できる。

イ　③$\overline{\text{算}}$ → $\overline{\text{社}}$　対偶を作ると
④$\overline{\overline{\text{社}}}$ → $\overline{\overline{\text{算}}}$のことなので、社 → 算　といえる

選択肢１からみる。
①より、国 → 社∧理
ゆえに、国語が好きな児童は社会が好きであることがわかる。

④より、社 → 算ゆえ、三段論法で国 → 社 → 算といえる。
よって、国 → 算が成り立つ。

選択肢２をみる。
②' より$\overline{\text{社}}$→$\overline{\text{国}}$まではいえるが、その先につなげられる式はなく、「算数が好きでない」かどうかは判断できない。

答 **1**

判断推理

4 暗号

解くときのルール

1 原文と暗号の文字の対応関係を調べる。
文字と暗号の数が合わないときは、ローマ字や英語に変換してみる

（例） 原文：ねこ

暗号： ○ △　○ △ □　○ △ □ ☆

ね こ　c a t　n e k o

2 「かな」であれば50音表、「英字」であればアルファベット表の中で、規則性を探す

（例） 原文：アフリカ　暗号： 1 a 6 c 9 b 2 a

ア フ リ カ

対応する暗号を50音表に書き入れ、表中の規則性を考える。

	ア	カ	サ	タ	ナ	ハ	マ	ヤ	ラ	ワ
ア	1 a	2 a								
イ									9 b	
ウ						6 c				
エ										
オ										

縦軸のア、イ、ウ、エ、オがa、b、c、d、e、
横軸のア、カ、サ、タ……が1、2、3……10という規則で並んでいると推理できる。

この問題を解いてみよう

ある暗号の規則に従うと、徳島は「D e B c C b G a」と表すことができる。
同じ法則で愛媛はどう表すか。

解説

原文と暗号との文字の対応関係を調べる。
「徳島」をかなにして「とくしま」として、

D e	B c	C b	G a
と	く	し	ま

という対応を予想する。「かな」なので50音表を作る。

	あ	か	さ	た	な	は	ま	や	ら	わ
あ							G a			
い			C b							
う		B c								
え										
お				D e						

規則性を推理して上の表の空欄を埋める。

		A	B	C	D	E	F	G	H	I	J
		あ	か	さ	た	な	は	ま	や	ら	わ
a	あ							G a			
b	い			C b			F b				
c	う		B c								
d	え	A d						G d			
e	お				D e						

縦軸がa〜e、横軸がA〜Jと容易に推理できる。
愛媛を「えひめ」として、この表にあてはめると、
「A d、F b、G d」となる。

答 AdFbGd

5 軌跡

判断推理

解くときのルール

1 四角形が直線上をすべることなく、右に回転していくときのPの軌跡の書き方

①回転させて次に止まる位置の図を書き、新しい図におけるPを探し、P_1とする。

回転させたときの回転の中心となった点をO_1とする。

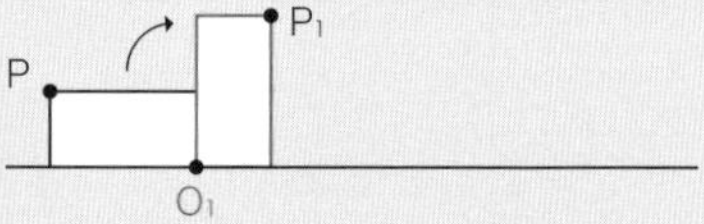

②O_1とP、O_1とP_1をそれぞれ直線で結ぶ。

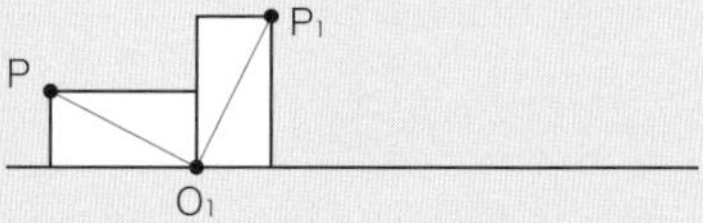

③中心をO_1、半径をO_1P、O_1P_1とする円弧を書く。この円弧が軌跡である。

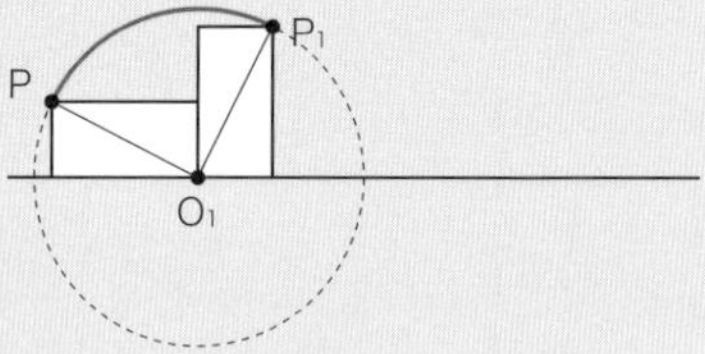

④さらに四角形を回転させて、軌跡を書き進める。

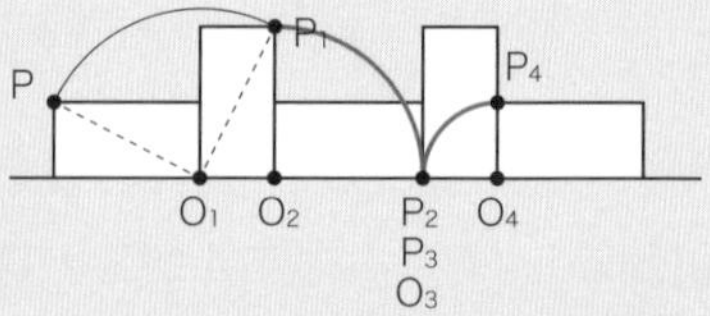

2 1つ軌跡を書いたら選択肢をチェックして、誤りと判断できる選択肢を消去していく

この問題を解いてみよう

右図のように斜辺の長さ$2a$の直角三角形が、矢印の方向に回転して直線ℓにぶつかったときの頂点Pが描く軌跡の長さを求めなさい。

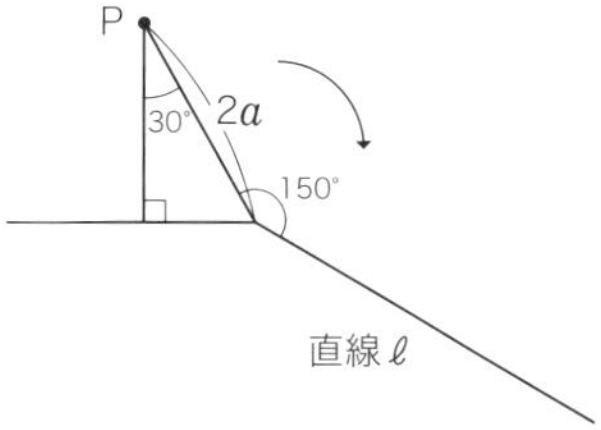

解 説

軌跡の図の書き方に従って点Pの軌跡を書く。

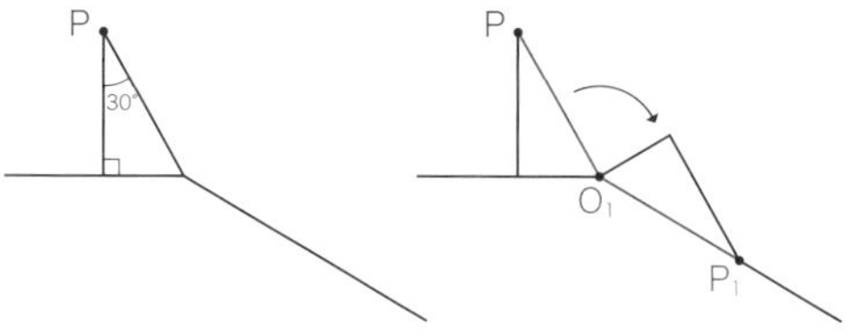

①直角三角形を回転させ、線にぶつかって止まったところの図を書く。
②新しい図の中で、点Pを探し、P_1と書く。
③図を回転させたときの回転の中心を探し、O_1とする。

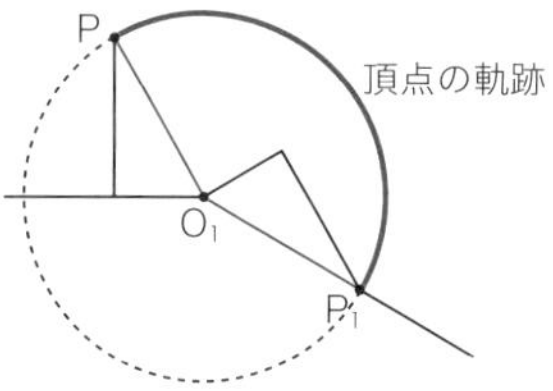

④回転の中心O_1とP、P_1をそれぞれ直線で結ぶ。
⑤中心をO_1、半径O_1P、O_1P_1の円弧を書く。

P→P_1の軌跡の長さを求める。P→P_1は、O_1を中心とする半径O_1Pの円の円周の一部なので、
円O_1の中心角150°の扇形の円弧の長さ(円周×$\frac{中心角}{360}$)を求める。

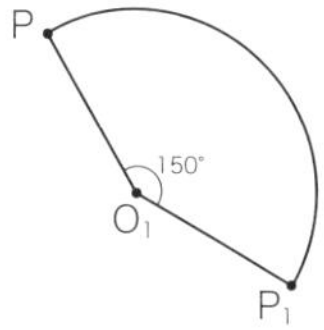

・中心角150°
・半径$O_1P=2a$
であることは問題に、条件として提示されている。

$$\underset{直径}{2a}\times2\times\pi\times\frac{150}{360}=4\pi a\times\frac{5}{12}=\frac{5\pi}{3}a$$

答 $\frac{5\pi}{3}a$

6
判断推理

サイコロの問題

解くときのルール

1 サイコロを転がすとき
真上から見た図を描いて転がすと良い

・真上から見た図(平面サイコロ)

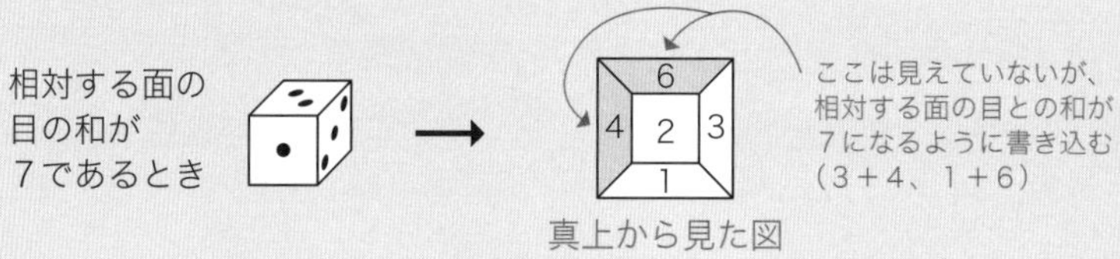

・転がしたときの真上から見た図

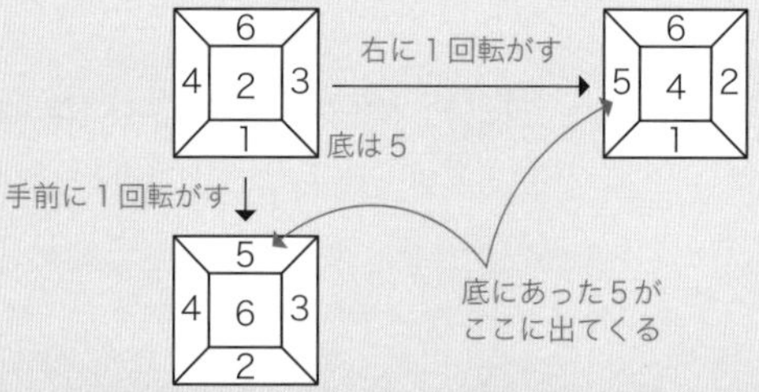

2 サイコロの展開図
面を90°回転させて動かすことができる

・展開図の基本形

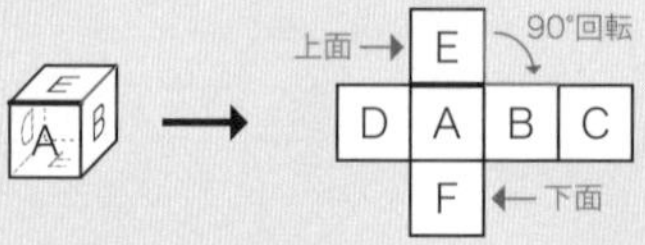

・面の動かし方

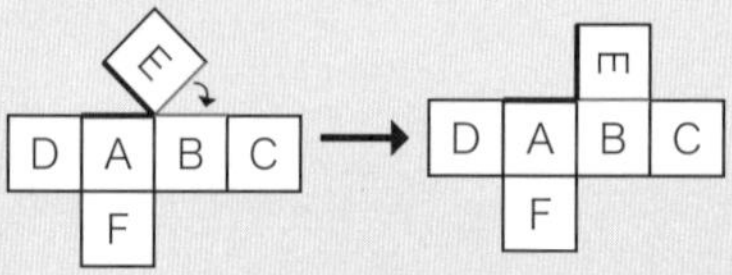

この問題を解いてみよう

次の図Ⅰのような展開図のサイコロがある。このサイコロ２個を、互いに接する面が同じ目になるように、図Ⅱのように並べたとき、Ａの位置にくる目の数はどれか。

図Ⅰ

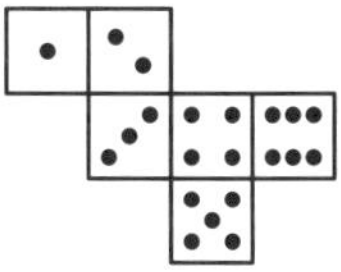

図Ⅱ

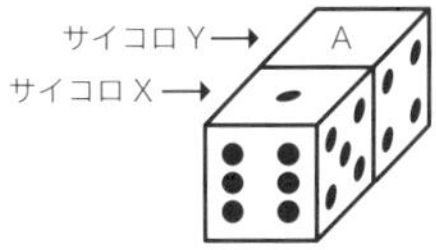

解説

①まずは図Ⅰのサイコロを組み立てるために、この展開図を基本形にする。

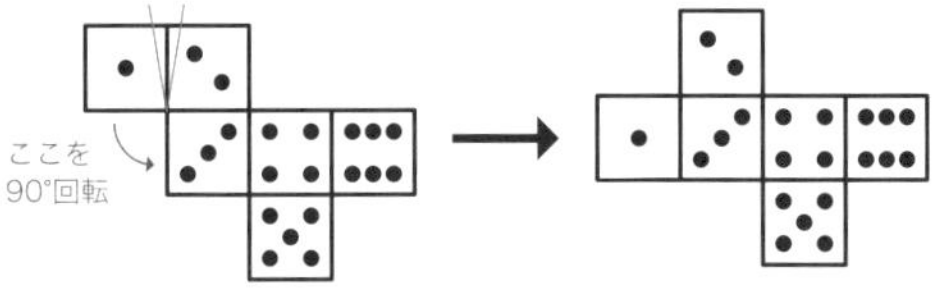

②基本形にして組み立て、
真上から見た平面サイコロを描く。

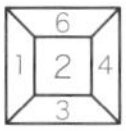

③図Ⅱに合う形にする。

（ｉ）１を真上に持ってくる。　（ii）６を左側に持ってくる。

（iii）２つ目のサイコロも描くと

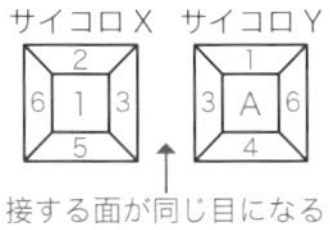

接する面が同じ目になるので、Ｙの左側面は３となる。３の反対側は６である。また、４の向かい側は１である。

（iv）（iii）のサイコロＹを左に１回まわすと、まわりの４つの目は基本形と同じになるので、Ａ＝２とわかる。

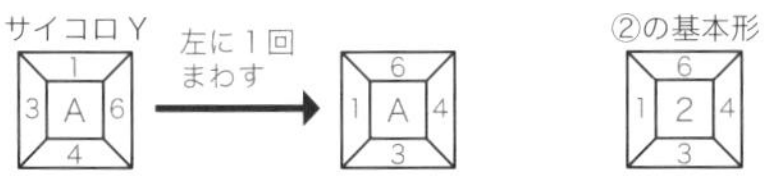

答 2

7
判断推理

正多面体

解くときのルール

正多面体には、正四面体、正六面体、正八面体、正十二面体、正二十面体の５種類しかない

覚えておくポイントは、
①展開図の基本形
②展開図で各ピースを動かせる角度
・正四面体……180°　・正六面体……90°
・正八面体……120°

1 正四面体の特徴と展開図

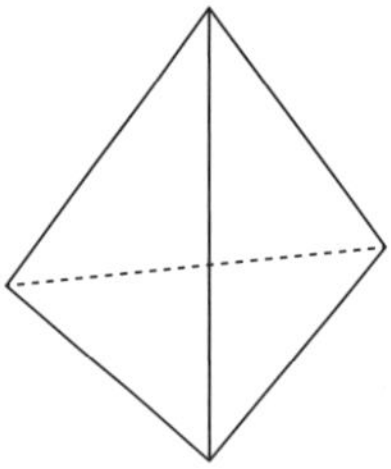

・面の数……４面
・面の形……正三角形
・頂点の数……４個

〈展開図〉

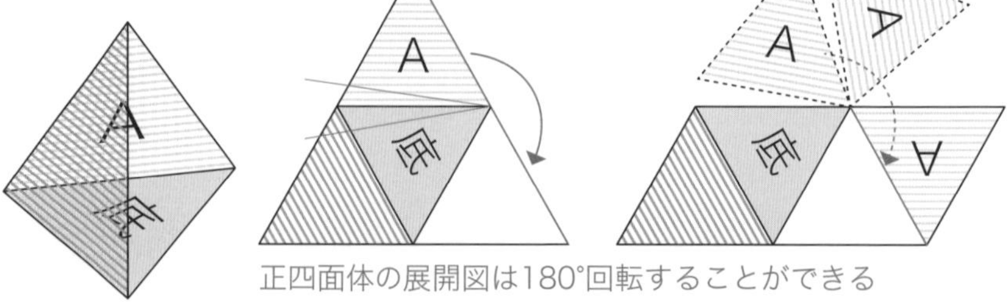

正四面体の展開図は180°回転することができる

2 正六面体の特徴と展開図

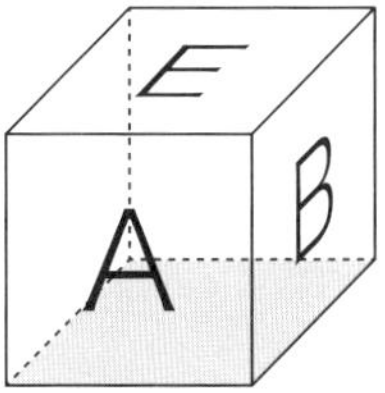

・面の数……6面
・面の形……正方形
・頂点の数……8個

〈展開図〉

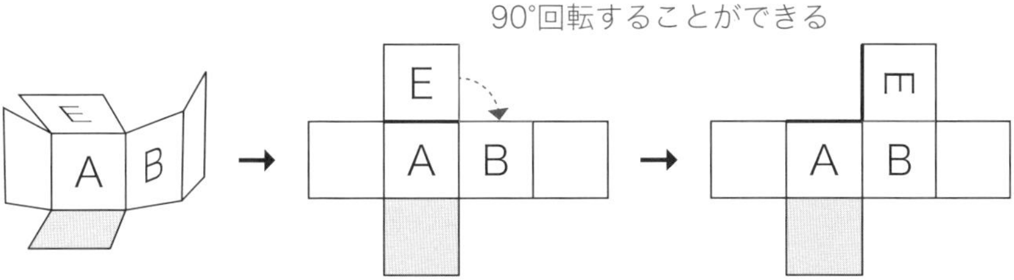

3 正八面体の特徴と展開図

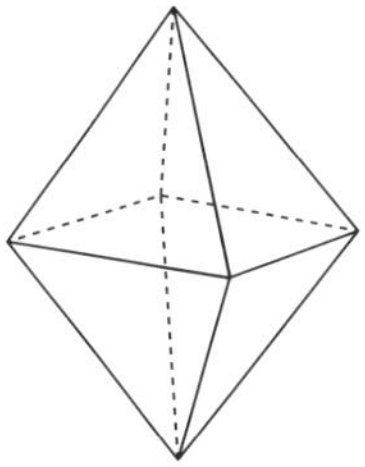

・面の数……8面
・面の形……正三角形
・頂点の数……6個

〈展開図〉

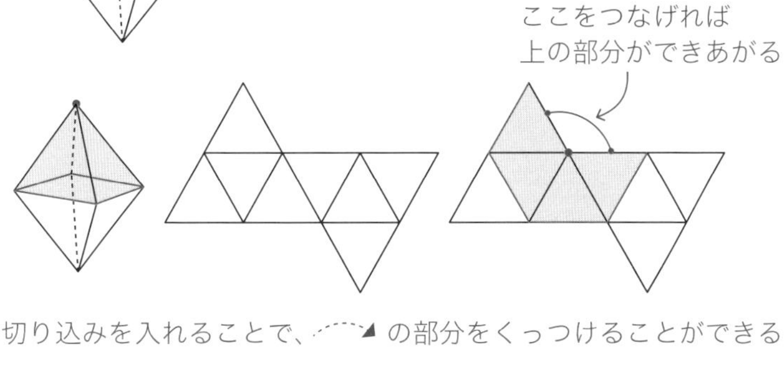

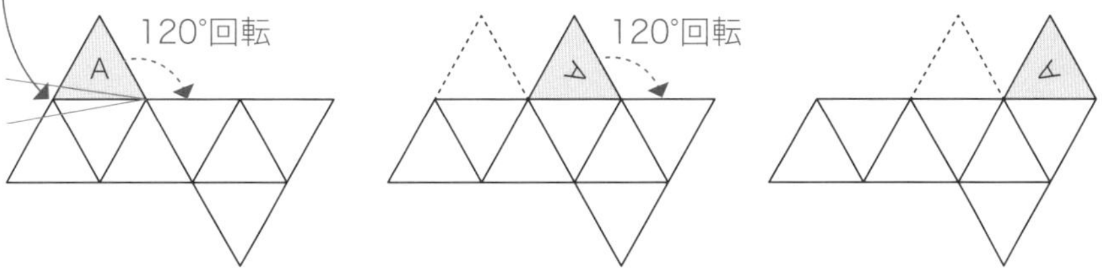

判断推理

8 一筆書き・折り紙

解くときのルール

1 一筆書きができるのは、
奇点の数が0個または2個の図のみである

（例）

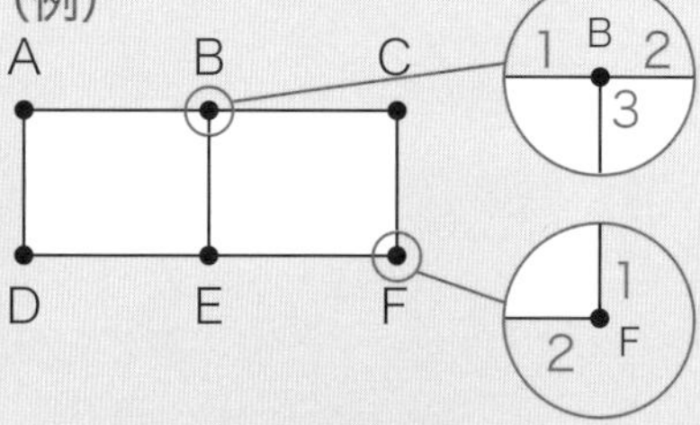

点Bからは3本（奇数本）の直線が出ているので、奇点

点Fからは2本（偶数本）の直線が出ているので、偶点

→この図は奇点が点B、点Eの2個なので、一筆書きができる。

2 折り紙を開くときのポイント

①1つ前の図を描く
②折った線を軸として、線対称の図を描く

この問題を解いてみよう1

次の図で一筆書きができるか答えなさい。

1

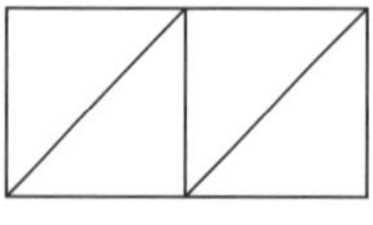

2

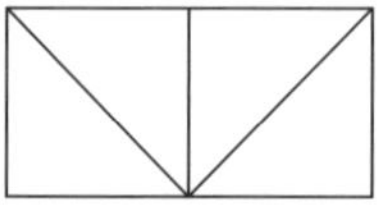

解説

1 各点から出ている直線の数は、下図のとおりである。

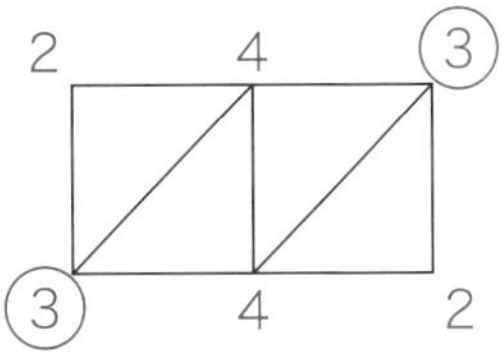

この図は奇点が
２個なので、
一筆書きができる。

答 できる

2 各点から出ている線の数は、下図のとおりである。

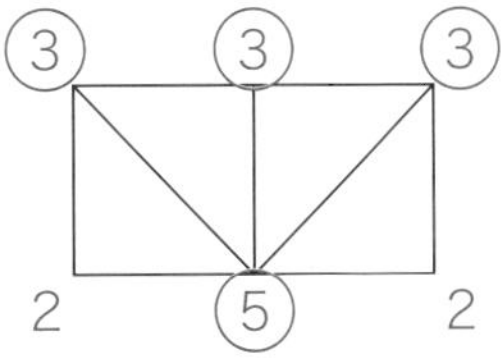

この図は奇点が
４個なので、
一筆書きができない。

答 できない

この問題を解いてみよう２

下図のように、正方形の紙を点線に従って折り、黒色で示した部分を切り落として、残りの部分をもとのように開いた図を書きなさい。

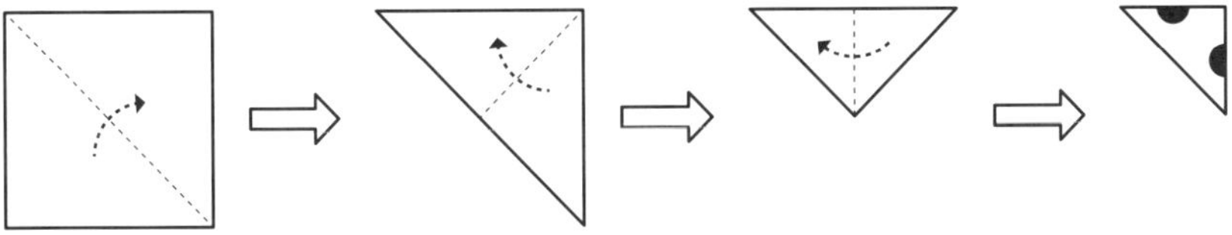

解説

最後の図から順番に、１つ前の図に開く。その際は折った線を軸に、線対称の図を描く。下図のとおりになる。

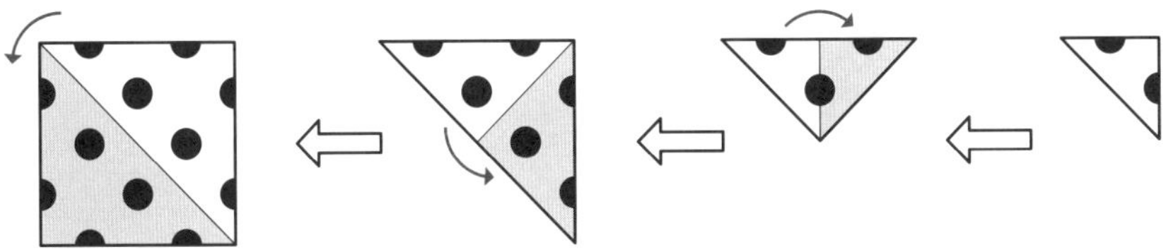

9 魔方陣

数的推理

解くときのルール

1 等しくなる縦・横・対角線の和を求める

（1列の和）＝（マス目に入る数字のすべての和）÷（列の数）

2 1～16までの整数を1個ずつ使う4×4の方陣の場合

中心について対称の位置にある2つの数字の和は17になる

（例）

16	5	2	11
3	10	13	8
9	4	7	14
6	15	12	1

・16＋1＝17
・10＋7＝17
・5＋12＝17
・13＋4＝17
・2＋15＝17
⋮

この問題を解いてみよう

下の図に1～25までの数字をいれて縦、横、斜めの合計が等しくなるようにするとき、**A**＋**B**はいくらか。

17	24	1	8	**B**
	5	7	14	16
4			20	22
		A		
11	18	25		9

1　30　　**2**　32　　**3**　34　　**4**　36　　**5**　38

解 説

等しくなる縦、横、斜めの各合計を求める。

$$(1+2+\cdots\cdots\cdots\cdots+24+25)\div\underbrace{5}_{\text{列の数}}=\frac{(1+25)\times25}{2}\div5=65$$

よって、横1列の合計(①)は65。

ゆえに、一番上の行は、
17＋24＋1＋8＋B＝65
∴B＝15

②より、
15＋16＋22＋C＋9＝65
∴C＝3

同様にして、
③よりD＝2、④よりE＝21、⑤よりF＝13、⑥よりA＝19

以上より、A＋B＝19＋15＝34

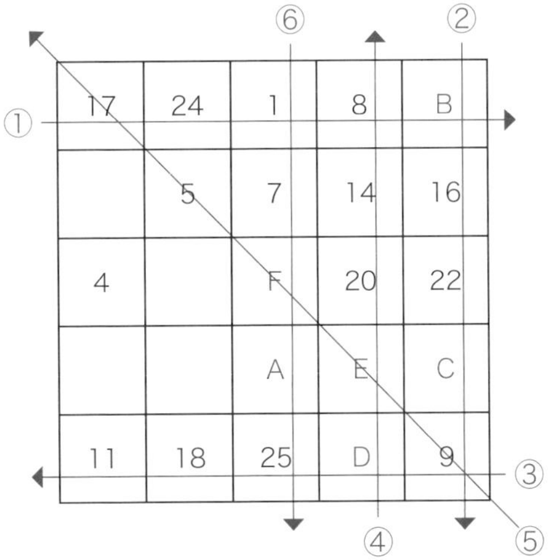

答 **3**

10

数的推理

約数の問題

解くときのルール

1 素因数分解をする

素因数分解とは素数に分解すること。
素数とは、これ以上分解できない数のこと。
1は素数ではない。

（例）2、3、5、7、11、13は素数
8は2×4や2×2×2に分解できるので素数ではない

2 それぞれの素数の個数に1を加えてかけあわせる

この問題を解いてみよう1

360の約数の個数として正しいのはどれか

1 12個　**2** 24個　**3** 34個　**4** 36個　**5** 40個

解説

360を素因数分解する。

2) 360
2) 180
2) 90
3) 45
3) 15
5

$360 = 2^3 \times 3^2 \times 5^1$となる。
素数の「2」が3個、「3」が2個、「5」が1個である。
それぞれの個数に1を加えて、それらをかけあわせた値が、約数の個数となる。

$$(\underset{\text{2の個数}}{\underline{3}}+1)\times(\underset{\text{3の個数}}{\underline{2}}+1)\times(\underset{\text{5の個数}}{\underline{1}}+1)=4\times3\times2=24$$

答 2

この問題を解いてみよう2

4950の約数の個数として正しいのはどれか。

1　36個　　**2**　48個　　**3**　52個　　**4**　64個　　**5**　68個

解説

4950を素因数分解する。

```
2 ) 4950
3 ) 2475
3 )  825
5 )  275
5 )   55
      11
```

$4950 = 2^1 \times 3^2 \times 5^2 \times 11^1$となる。
素数の「2」が1個、「3」が2個、「5」が2個、「11」が1個である。

$$(\underset{\text{2の個数}}{\underline{1}}+1)\times(\underset{\text{3の個数}}{\underline{2}}+1)\times(\underset{\text{5の個数}}{\underline{2}}+1)\times(\underset{\text{11の個数}}{\underline{1}}+1)=2\times3\times3\times2=36$$

答 1

11 商と余りの問題

数的推理

解くときのルール

1 「余り」を式にとり込む

$x \div a = b$ 余り c ⇒ $x = a \times b + c$

（例）16 ÷ 5 ＝ 3 余り 1 ⇒ 16 ＝ 5 × 3 ＋ 1

2 掛け算の項を作って公倍数を探す

この問題を解いてみよう1

５で割っても９で割っても３余る自然数のうち、最も小さい数の各位の数字の和はどれか。

1 9　**2** 10　**3** 11　**4** 12　**5** 13

解　説

求める自然数を x とおく。問題文から、

$x \div 5 = a$ 余り 3 ……①

$x \div 9 = b$ 余り 3 ……②

> a と b は商だから整数。
> ５で割るのと９で割るのでは商は当然異なってくる。

「余り」を式にとり込む。

①は、$x = 5a + 3$ ……①'

②は、$x = 9b + 3$ ……②'

次に、①'と②'の右辺の「＋３」を左辺に移項する。

①'は、$x-3=5a$　……①"
②'は、$x-3=9b$　……②"

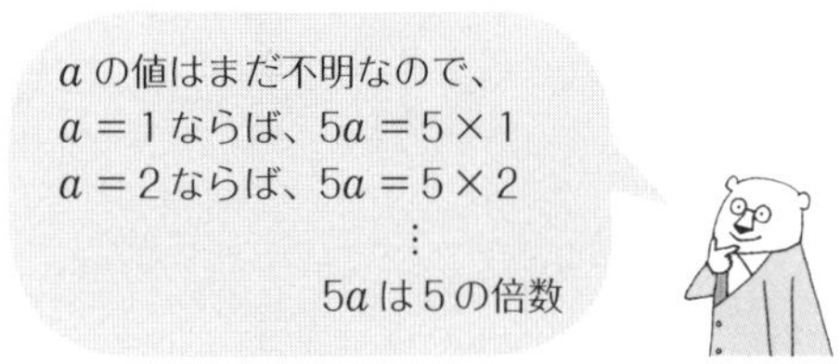

$x-3$は、①"より5の倍数、②"より9の倍数であり、つまり5と9の公倍数。
条件より「最も小さい数」なので、$x-3$は5と9の最小公倍数45とわかる。
よって、$x-3=45$　⇒　$x=48$
従って、各位の数字の和は、$4+8=12$である。

答 4

この問題を解いてみよう2

6で割ると4余り、8で割ると6余る自然数のうち、最も小さい数の各位の数字の積はどれか。

1 2　**2** 4　**3** 6　**4** 8　**5** 9

解説

この自然数をxとおく。問題文から
$x\div6=a$余り4　……①
$x\div8=b$余り6　……②

「余り」を式にとり込む
$x=6a+4$　……①'
$x=8b+6$　……②'
①'、②'ともに両辺に2を足す。
$x+2=6a+4+2$　→　$6a+6=6(a+1)$　……①"
$x+2=8b+6+2$　→　$8b+8=8(b+1)$　……②"
①"②"より、$x+2$は6と8の最小公倍数とわかる。
$x+2=24$　⇒　$x=22$
各位の数字の積は、$2\times2=4$となる。

答 2

12 売買と割合

数的推理

解くときのルール

1 原価(仕入値) ＋ 利益 ＝ 定価

2 定価 − 割引額 ＝ 売価

3 総売上額 − 仕入費用 ＝ 利益

4 割引の計算

（例）・定価3000円の２割引で売る場合
3000 − 3000×0.2 ＝ 2400(円)
・「定価の２割引で売る」ということは、
「定価の８割で売る」ということ

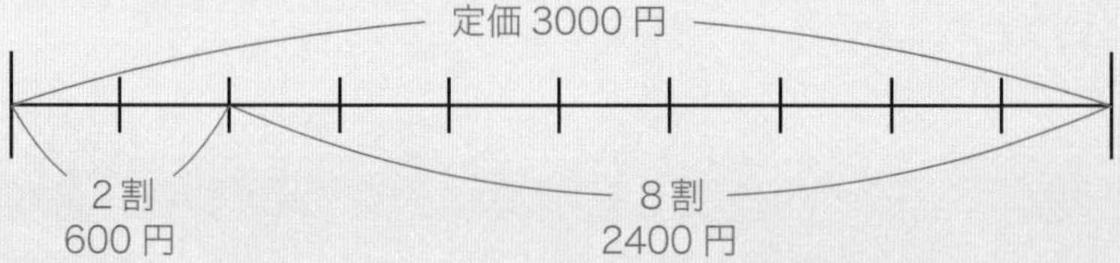

下の関係をしっかり
覚えておこう

・10割＝１＝100%
・５割＝0.5＝50%
・１割＝0.1＝10%

この問題を解いてみよう

ある商品を70個仕入れ、定価1個900円で売ったところ20個しか売れなかったので、3割引で残りの50個を売りきったら、合計の利益が7500円であった。この商品1個あたりの仕入れ価額はいくらか。

1　540円　　**2**　560円　　**3**　580円
4　600円　　**5**　620円

解説

1個あたりの仕入値をx円とおく。
定価900円の3割引は、900－900×0.3＝630(円)
問題文でわかっていることを整理すると、
・定価900円で20個売れた　⇒　900×20＝18000(円)
・定価の3割引で50個売れた　⇒　630×50＝31500(円)
・仕入費用は、x×70＝70x(円)
・利益は、7500円

以上から、総売上額－仕入費用＝利益　の式を立てる。

定価で売ったぶん　3割引で売ったぶん　仕入れ費用　利益

$$\begin{aligned}(18000 + 31500) - 70x &= 7500\\ 49500 - 7500 &= 70x\\ 42000 &= 70x\\ x &= 600\end{aligned}$$

よって、1個あたりの仕入れ額は600円である。

答 4

「定価900円の3割引」の場合、基本的には、
900－900×0.3＝900－270＝630(円)
で計算するが、3割引ということは「7割で売った」ということなので、
900×0.7＝630(円)
で計算するほうが、簡単で早いのでオススメ。

13

数的推理

n進法

解くときのルール

1 10進法をn進法で表す

nで次々と割って、n未満となるときの最後の商とそれまでの余りの数字を、最後から順番に書く。

（例）10進法の14を2進法で表す
2で次々と割って、2未満となるときの最後の商とそれまでの余りの数字を最後から順番に書く。

14 ⇒
2）14
　　7余り0

⇒
2）14
2）　7余り0
　　3余り1

⇒
2）14
2）　7余り0
2）　3余り1
　　1余り1

⇒1110(2)
2進法

14÷2＝7余り0　　7÷2＝3余り1　　3÷2＝1余り1

2 n進法を10進法で表す

n進法の数値の各位について、一の位から順にn^0、n^1、n^2、n^3、……を掛けて、各位を足し合わせる。

（例）2進法の1011(2)を、10進法で表す場合

一の位から順に、2^0、2^1、2^2、2^3を掛ける。

1	0	1	1
×	×	×	×
2^3	2^2	2^1	2^0

$n^0 = 1$である

各位を足し合わせると、
$1\times2^3+0\times2^2+1\times2^1+1\times2^0=8+0+2+1=11$
10進法

3 2進法を3進法で表す

①2進法の数値を10進法で表す。
②その10進法の数値を3進法で表す。

4 n進法どうしでの足し算や掛け算

まずそれぞれ10進法にしてから計算する。

この問題を解いてみよう

3進法で111と表された数と5進法で333と表された数の和を7進法で表すといくつか。

解説

足し算をするために、3進法、5進法で表された数をそれぞれ10進法で表す。

$$\begin{array}{ccc} 1 & 1 & 1_{(3)} \\ \times & \times & \times \\ 3^2 & 3^1 & 3^0 \\ \parallel & \parallel & \parallel \\ 9 & 3 & 1 \end{array} \qquad 9+3+1=13_{(10)}$$

$$\begin{array}{ccc} 3 & 3 & 3_{(5)} \\ \times & \times & \times \\ 5^2 & 5^1 & 5^0 \\ \parallel & \parallel & \parallel \\ 75 & 15 & 3 \end{array} \qquad 75+15+3=93_{(10)}$$

よって、2つの数の和は、$13+93=106$ となる。 これを7進法に直す。

7) 106
7) 15 余り 1
2 余り 1 ⇒ $211_{(7)}$

答 $211_{(7)}$

14 数的推理 濃度

解くときのルール

1 食塩水の濃度(%)＝$\dfrac{\text{食塩の重さ}}{\text{食塩の重さ＋水の重さ}}$×100

（例）100 gの水に25 gの食塩を入れたときの濃度

$$\frac{\cancel{25}^{\,1}}{\cancel{125}_{\,5}}\times 100=\frac{1}{\cancel{5}_{\,1}}\times\cancel{100}^{\,20}=20\%$$

2 濃度の異なる食塩水を混ぜる → てんびんの解法

腕の部分を濃度、おもりを食塩水の重さに見立てて解く。

（例）5％の食塩水200 gと10％の食塩水300 gを混ぜたときの濃度

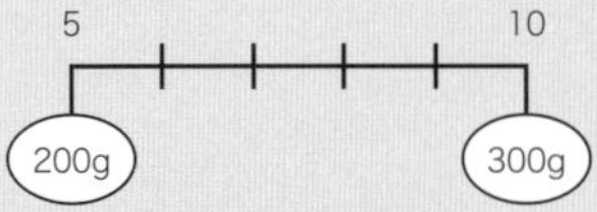

てんびんがつり合う点を探す。
真ん中だと
つり合わない。

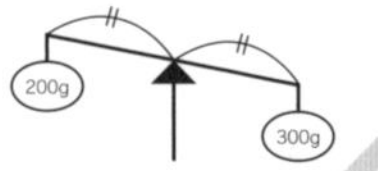

おもりの比と腕の長さの比が逆比となる。
上図の場合、おもりの比が200：300＝2：3ゆえ、腕の長さがその逆比の3：2となるところが混ぜた後の濃度となる。

よって、下図のとおり、8％となる。

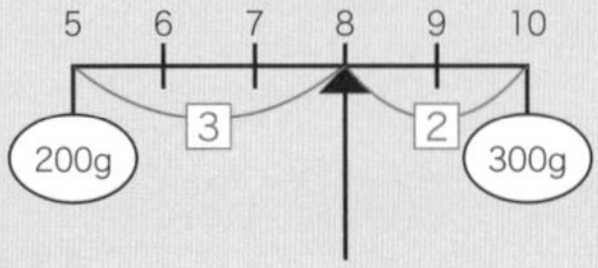

この問題を解いてみよう

６％の食塩水100ｇと15％の食塩水350ｇを加えてよく混ぜ合わせると何％の食塩水ができるか。

1　11％　　**2**　12％　　**3**　13％
4　14％　　**5**　15％

解 説

てんびんで表すと下図のとおりになる。

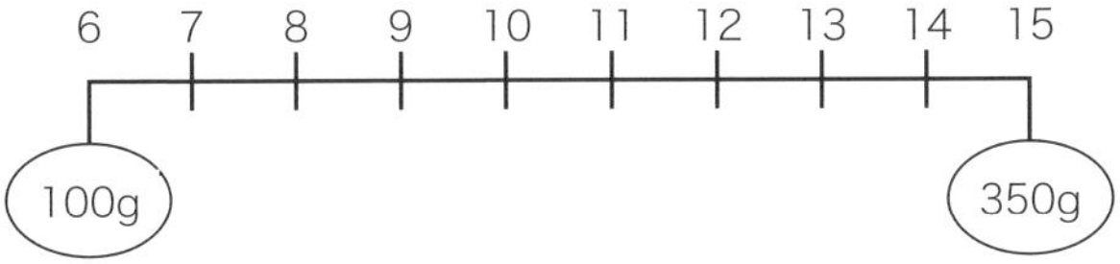

おもりの比は＝100：350＝２：７
よって、腕の長さの比が７：２になるところがつり合う点となり、混ぜた後の濃度である。

腕の長さは、15－６＝９
９を７：２に分ける点は、下図のとおり、13となる。

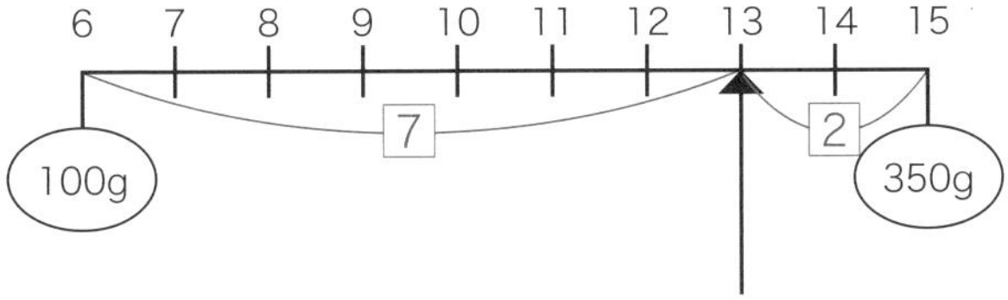

よって、混ぜた後の濃度は13％。

答 3

15

数的推理

仕事算

解くときのルール

1 仕事算

仕事の全体量を１とおき、各人の１日あたりにこなす仕事量から考える。

2 ニュートン算

（もともとの行列の人数）＋（新たに行列に並んだ人数）＝（受付で処理した人数）

という式が成り立つとき、列がなくなる。

「並んだ人数」と同じだけの人数を「受付で処理した」のだから当然なくなる。

この問題を解いてみよう１

Aが１人で行うと20日で完了する仕事を、Bが１人で行うと30日かかるという。AとBが２人で一緒にこの仕事を行うと何日かかるか。

1　10日　　**2**　12日　　**3**　15日　　**4**　18日　　**5**　20日

解説

全体の仕事量を１とおくと、

・Aが１日あたりにこなす仕事量

$$1 \div 20 = \frac{1}{20}$$

・Bが１日あたりにこなす仕事量

$$1 \div 30 = \frac{1}{30}$$

AとBが2人一緒に仕事をすると、1日あたりでは、

$$\frac{1}{20}+\frac{1}{30}=\frac{3}{60}+\frac{2}{60}=\frac{5}{60}=\frac{1}{12}$$

の仕事量をこなす。
よって、全体量1の仕事を完成させる日数は次の式で求められる。

$$1\div\frac{1}{12}=1\times\frac{12}{1}=12$$

よって、12日。

答 2

この問題を解いてみよう2

映画館で切符を売り始めたとき、すでに行列ができており、毎分20人の割合で人が行列に加わるものとする。窓口が1つのときは1時間で行列がなくなり、窓口を5つにすると6分で行列がなくなる。切符を売り始めたときに並んでいた人数はどれか。ただし、どの窓口も1分間にさばける人数は一定である。

1 920人　**2** 960人　**3** 1000人　**4** 1040人　**5** 1080人

解説

切符を売り始めたときに並んでいた人数をx人、窓口1つが1分間にさばく人数をy人とすると、次の式が成り立つ。

・窓口が1つのときは1時間で行列がなくなる。

$$x_{\text{人}} + 20_{\text{人/分}}\times 60_{\text{分}} = y_{\text{人/分}}\times 1_{\text{つ}}\times 60_{\text{分}} \quad \cdots\cdots①$$

もともとの行列　60分で新たに加わった人数　窓口1つで60分処理した人数

・窓口が5つのときは6分で行列がなくなる。

$$x_{\text{人}}+20_{\text{人/分}}\times 6_{\text{分}}=y_{\text{人/分}}\times 5_{\text{つ}}\times 6_{\text{分}} \quad \cdots\cdots②$$

・①と②を連立してxを求める。①−②×2でyを消去して

$$\begin{array}{rrcr} & x-60y & = & -1200 \\ -) & 2x-60y & = & -240 \\ \hline & -x & = & -960 \\ & x & = & 960 \end{array}$$

よって、切符を売り始めたときに並んでいた人数は960人。

答 2

16 速さ

数的推理

解くときのルール

1 距離の求め方

速さ×時間＝距離

2 時間の求め方

$\frac{\text{距離}}{\text{速さ}}$ ＝時間

3 速さの求め方

$\frac{\text{距離}}{\text{時間}}$ ＝速さ

4 流水算

流れる川を移動する船の速さは次のとおり。

- 上流から下流へ下るとき
  船の速さ＝船自体の速さ＋川の流れの速さ
- 下流から上流へ上るとき
  船の速さ＝船自体の速さ－川の流れの速さ

5 通過算における距離のポイント

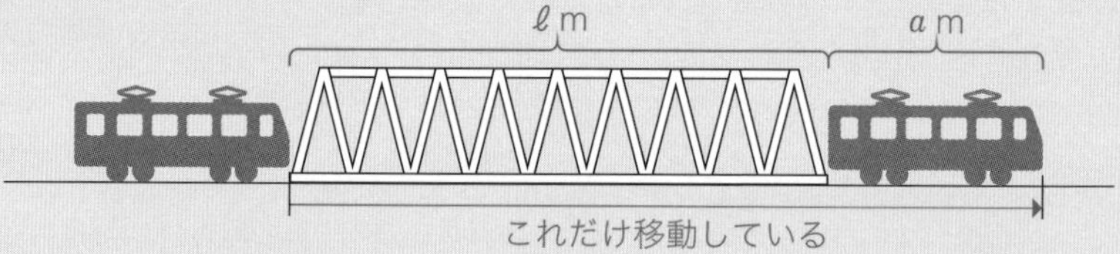

長さ a mの列車が長さ ℓ mの鉄橋に入り始めてから渡りきるまでの距離：$(\ell + a)$m

6 時間を用いる際は単位をそろえる

- 1時間＝60分＝3600秒
- $\frac{1}{60}$ 時間＝1分＝60秒

この問題を解いてみよう

一定の速度で進む列車がある。この列車の最前部がトンネルにさしかかってから、最後部がトンネルに入りきるまでに9秒かかった。また、長さ300 mの鉄橋にさしかかってから渡りきるまでに21秒かかった。この列車の速度はいくらか。

1　時速85km　　**2**　時速90km　　**3**　時速95km
4　時速100km　　**5**　時速105km

解説

列車の長さをa(m)、列車の速さをx(m／秒)とおく。
「最前部がトンネルにさしかかってから、最後部がトンネルに入りきるまでに9秒かかった」

x(m／秒)×9(秒)＝a(m)………①
（速さ　時間　距離）

「長さ300 mの鉄橋にさしかかってから渡りきるまでに21秒かかった」

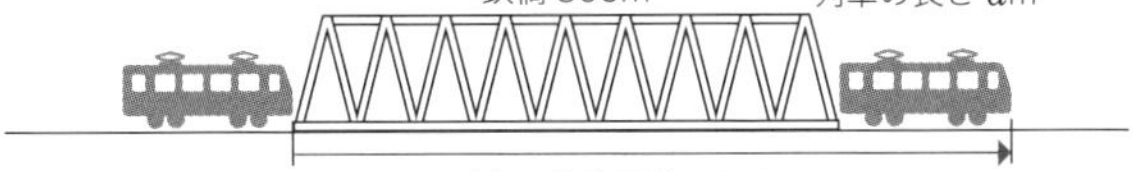

x(m／秒)×21(秒)＝300＋a(m)………②
（速さ　時間　距離）

①と②を連立して解くと、aを消去して、
$21x = 300 + 9x$　　$12x = 300$　　$x = 25$(m／秒)
25(m／秒)を時速に直す。
25(m／秒)×60×60＝90000(m／時)
90000(m／時)をkm／時に直す。
90000(m／時)÷1000＝90(km／時)
よって、列車の速度は時速90kmである。

答 2

数的推理

17 旅人算

解くときのルール

1 出会い：2人はお互いの速さの和で急接近する

（例）ℓ m離れているAとBの2人が、それぞれa(m/分)、b(m/分)の速さで歩くときの出会うまでの時間tの求め方

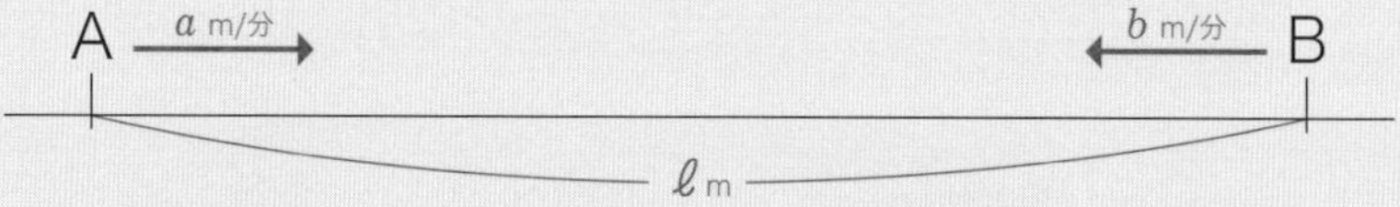

$$2\text{人が出会うまでの時間} = \frac{\text{AとBの距離}}{\text{Aの速さ}+\text{Bの速さ}} = \frac{\ell}{a+b}$$

2 追いつき：2人はお互いの速さの差で接近、もしくは離れる

（例）Aがℓ m先を歩いているBに追いつくまでの時間tの求め方

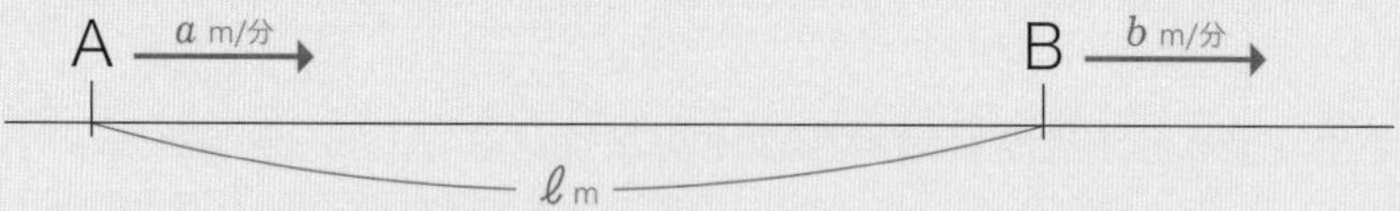

Aの速さがBの速さよりも大きければ、AはBに追いつく

$$\text{AがBに追いつくまでの時間} = \frac{\text{AとBの距離}}{\text{Aの速さ}-\text{Bの速さ}} = \frac{\ell}{a-b}$$

この問題を解いてみよう

A、B２台の自動車が、１周５kmのコースを、同一の地点から同じ向きに同時に走り出すとAは15分ごとにBを追い越し、逆向きに同時に走り出すとAとBは３分ごとにすれ違う。このときのAの速さはどれか。

1　0.8 km／分　　**2**　0.9 km／分　　**3**　1.0 km／分
4　1.1 km／分　　**5**　1.2 km／分

解説

同じ向きに同時に走り出すとAは15分ごとにBを追い越す。

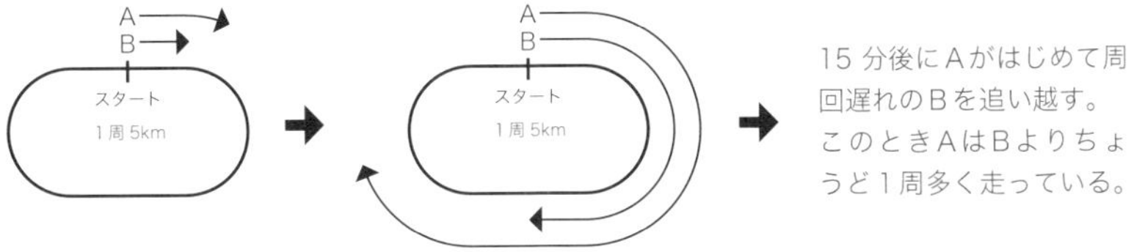

AとBの速さをそれぞれ$a$km／分、$b$km／分とおく。
AとBは１分間あたり$(a-b)$kmずつ差がつく。
15分間で１周（５km）の差がつくのだから、

$(a-b)$km／分×15分＝５km　………①
速さ　　時間　　距離

逆向きに同時に走り出すとAとBは３分ごとにすれ違う。

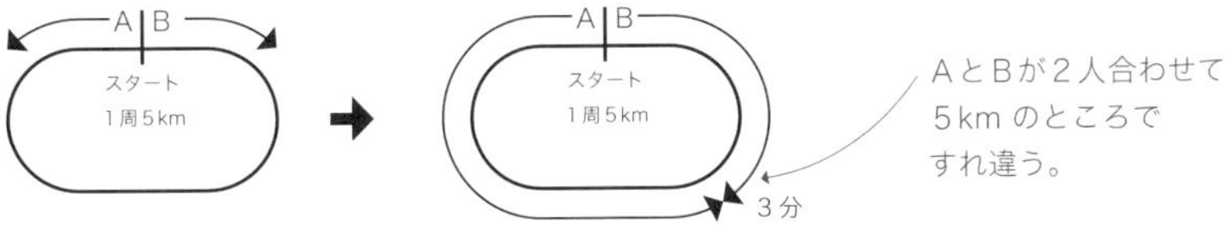

$(a+b)$km／分×３分＝５km　………②
速さ　　時間　　距離

①と②を連立させて解く。

求めるのはaなので、
①＋②×５でbを消去して、

$$
\begin{array}{rl}
 & 15a-15b=5 \\
+) & 15a+15b=25 \\
\hline
 & 30a \qquad\;\; =30 \\
 & a=1
\end{array}
$$

よって、a＝1.0 km／分

答 3

18 数的推理 順列

順列のまとめ

1 順列と組み合わせの違い

・並べる順番が異なったとき
　別の並べ方としてカウントするのが順列

・並べる順番は関係なく
　ペアリングの違いだけをカウントするのが組み合わせ

●順列：
A、B、Cの３人から
２人を選んで並べる並べ方

先頭　２番目
A――B
B――A
A――C
C――A
B――C
C――B
⋮
6通り

●組み合わせ：
A、B、Cの３人から
２人を選ぶ選び方

A――B
A――C
B――C
⋮
3通り

※A―BとB―A、A―CとC―A、
B―CとC―Bは同じと考える

2 順列の種類

①順列
n人からr人を選んで並べる順列……${}_nP_r$で求める。

(例) 5人から2人を選んで並べる場合

${}_5P_2 = 5 \times 4 = 20$(通り)
（5から→2つ順に掛ける）

(例) 6人から5人を選んで並べる場合

$${}_6P_5 = \underbrace{6\times5\times4\times3\times2}_{} = 720\text{(通り)}$$

5つ順に掛ける

(例) A、B、C、Dの4人全員の並べ方の数を求める場合

$${}_4P_4 = \underbrace{4\times3\times2\times1}_{} = 24\text{(通り)}$$

4つ順に掛ける　　$4\times3\times2\times1$を4!(4の階乗)とも書く

②円順列

n人を円形状に並べる順列……$(n-1)!$

(例) A、B、C、Dの4人を円形に並べるときの並べ方は何通りか。

$$(4-1)! = 3! = 3\times2\times1 = 6\text{(通り)}$$

③じゅず順列

n個の異なる色のビーズでじゅずを作るときの色の配列の順列

$$\frac{(n-1)!}{2}$$

(例) 赤、白、黄、青のビーズが1個ずつある。これでブレスレットを作るとき、色の配列の異なる並べ方は何通りか。

$$\frac{(4-1)!}{2} = \frac{3!}{2} = \frac{3\times2\times1}{2} = 3\text{(通り)}$$

④同じものを含む順列

n個のものがそれぞれp個、q個、r個の異なる種類に分かれているとき、それらn個をすべて使って並べる順列。

$$\frac{n!}{p!\,q!\,r!}$$

(例) 赤いボールが2個、白いボールが3個、黄色いボールが2個ある。これらすべてを1列に並べるとき、色の配列の違う並べ方は何通りか。

$$\frac{7!}{2!\,3!\,2!} = \frac{7\times6\times5\times4\times3\times2\times1}{\underbrace{2\times1}_{\text{赤}}\times\underbrace{3\times2\times1}_{\text{白}}\times\underbrace{2\times1}_{\text{黄}}} = 210\text{(通り)}$$

19 数的推理 組み合わせ

解くときのルール

異なるn個のものからr個をとる組み合わせ… ${}_nC_r$

$${}_nC_r=\frac{{}_nP_r}{{}_rP_r}=\frac{n\times(n-1)\times\cdots\cdots(n-r+1)}{r\times(r-1)\times\cdots\cdots2\times1}$$

（例）7個の異なる球から3個をとるときの組み合わせ

①組み合わせだからCを使う。
②7個から3個とるので${}_7C_3$となる。
③${}_7C_3$の右側の3を先頭に3×2×1と1まで掛けたものを分母に入れる。

$${}_7C_3=\frac{}{3\times2\times1}$$

④分子にはCの左側の7から、6、5、……と分母と同じ数だけ掛ける。

$${}_7C_3=\frac{7\times6\times5}{3\times2\times1}$$

分母が3×2×1と3つ掛けているから分子も3つ掛ける

$${}_7C_3=\frac{7\times6\times5}{3\times2\times1}=35(通り)$$

この問題を解いてみよう1

1 12人の中から5人を選ぶ組み合わせは何通りあるかを求めよ。

2 5冊の本の中から2冊を選ぶ組み合わせは何通りあるかを求めよ。

解説

1 $${}_{12}C_5 = \frac{\overset{3}{\cancel{12}}\times 11\times \overset{2}{\cancel{10}}\times \overset{3}{\cancel{9}}\times \overset{4}{\cancel{8}}}{\cancel{5}\times \cancel{4}\times \cancel{3}\times \cancel{2}\times 1} = 3\times 11\times 2\times 3\times 4 = 792\text{(通り)}$$

答 792通り

2 $${}_5C_2 = \frac{5\times \overset{2}{\cancel{4}}}{\cancel{2}\times 1} = 5\times 2 = 10\text{(通り)}$$

答 10通り

この問題を解いてみよう2

7人が3人と4人に分かれてチームを作るとき、チームの作り方は何通りあるか。

1 20通り　**2** 25通り　**3** 30通り
4 35通り　**5** 40通り

解説

7人の中から3人を選んでチームを作り、残った4人が別のチームと考える。
つまり、7人の中から3人の選び方(組み合わせ)ゆえ、

$${}_7C_3 = \frac{7\times \cancel{6}\times 5}{\cancel{3}\times \cancel{2}\times 1} = 7\times 5 = 35\text{(通り)}$$

答 4

20 確率

数的推理

解くときのルール

1 1つのサイコロを1回振って4の目が出る確率は

$\frac{1}{6}$　←4の目は、1つしかないので1
　　←目の出方は、1～6の6通りなので6

2 1つのサイコロを1回振って奇数の目が出る確率は

$\frac{3}{6}$　←奇数の目は1、3、5の3通りなので3
　　←目の出方は、1～6の6通りなので6

$$確率＝\frac{求めることが起こる場合の数}{起こりうるすべての場合の数}$$

この問題を解いてみよう1

赤球3個と白球2個の入った袋がある。このとき、次の確率を求めよ。

1 1個取り出したとき、それが赤球である確率。

2 同時に2個取り出したとき、それが2個とも赤球である確率。

解説

1 $\dfrac{\text{赤球の取り出し方（3通り）}}{\text{玉の取り出し方（5通り）}}=\dfrac{3}{5}$

答 $\dfrac{3}{5}$

2 起こりうるすべての場合の数$={}_5C_2=\dfrac{5\times\overset{2}{\cancel{4}}}{\cancel{2}\times 1}=10$(通り)

赤球２個の取り出し方$={}_3C_2=\dfrac{3\times\cancel{2}}{\cancel{2}\times 1}=3$(通り)

答 $\dfrac{3}{10}$

この問題を解いてみよう２

赤球７個、白球３個の合計10個の球が入っている袋の中から、同時に３個の球を取り出したとき、そのうち少なくとも１個が白球である確率はどれか。

1 $\dfrac{7}{24}$　**2** $\dfrac{11}{24}$　**3** $\dfrac{13}{24}$　**4** $\dfrac{17}{24}$　**5** $\dfrac{19}{24}$

解説

まず起こりうるすべての場合の数は、10個の中から３個の球の取り出し方なので、

$${}_{10}C_3=\frac{10\times\overset{3}{\cancel{9}}\times\overset{4}{\cancel{8}}}{\cancel{3}\times\cancel{2}\times 1}=120\text{(通り)}$$

「少なくとも１個が白球」の場合を数えるより、「３個とも赤球」の場合を数えて、すべての場合の数から引いたほうが早いので、「３個とも赤球」である取り出し方を考える。赤球７個の中からの３個の選び方なので、

$${}_7C_3=\frac{7\times\cancel{6}\times 5}{\cancel{3}\times\cancel{2}\times 1}=35\text{(通り)}$$

以上より、「白球が１個も含まれていない」確率は、

$$\frac{35}{120}=\frac{7}{24}$$

「少なくとも１個が白球である」確率は、それ以外なので、

$$1-\frac{7}{24}=\frac{17}{24}$$

答 **4**

21
数的推理
図形

図形のまとめ

1 三角形

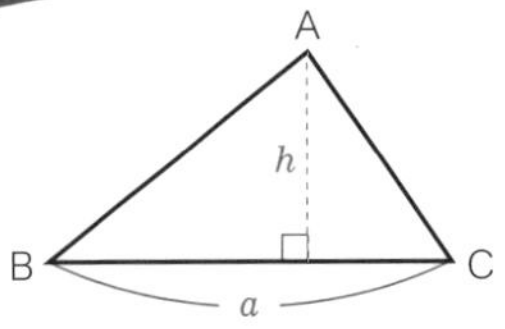

・△ＡＢＣの面積：$a \times h \times \frac{1}{2}$

・三角形の内角の和：∠Ａ＋∠Ｂ＋∠Ｃ＝180°

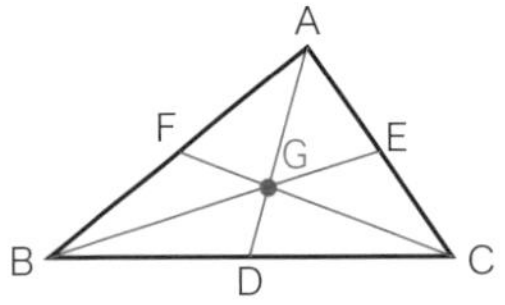

・頂点Ａ、Ｂ、Ｃから向こう側の各辺の中点Ｄ、Ｅ、Ｆを結ぶ線(中線)は１点で交わり、その点を重心という(図中の点Ｇ)。
・重心は中線を2：1に内分する。
ＡＧ：ＧＤ＝ＢＧ：ＧＥ＝ＣＧ：ＧＦ＝2：1

2 三平方の定理

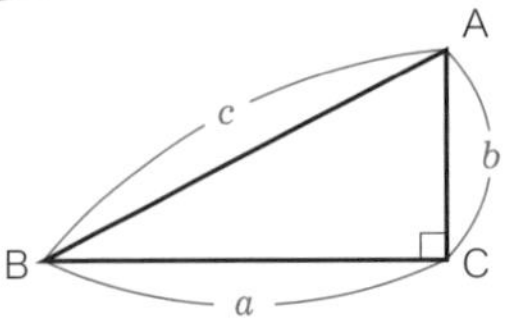

直角三角形ＡＢＣの各辺の長さがa、b、cであるとき、$a^2+b^2=c^2$が成り立つ。

3 正三角形

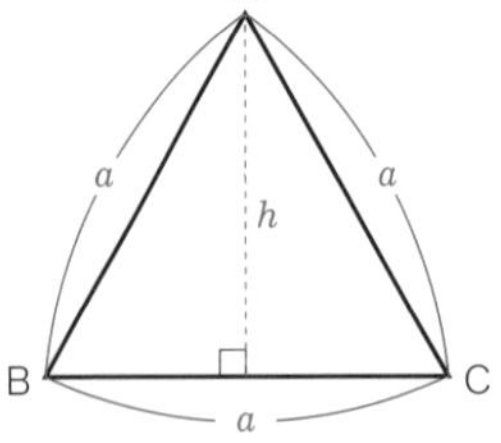

・正三角形とは、３辺の長さが等しい三角形のこと。
・∠Ａ＝∠Ｂ＝∠Ｃ＝60°
・正三角形の底辺をaとするとき、

高さ$h=\frac{a}{2}\sqrt{3}$

面積＝$a \times \frac{a}{2}\sqrt{3} \times \frac{1}{2}$

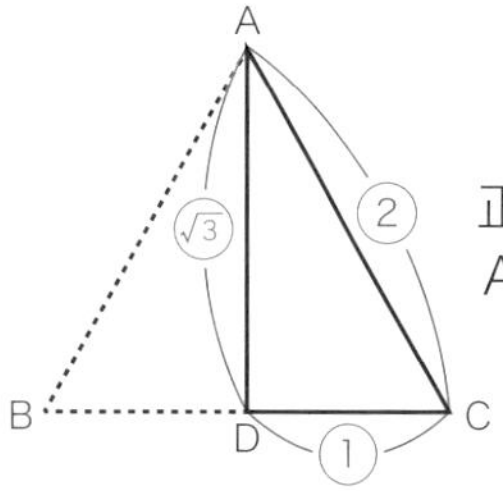

正三角形を半分にした△ＡＤＣの各辺の比は、
ＡＣ：ＣＤ：ＤＡ＝２：１：$\sqrt{3}$

4 直角二等辺三角形

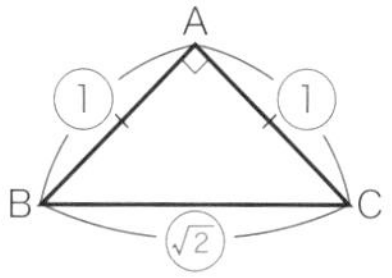

直角二等辺三角形の３辺の長さの比は、
ＡＢ：ＡＣ：ＢＣ＝１：１：$\sqrt{2}$

5 相似（形は同じだけど大きさが違う）

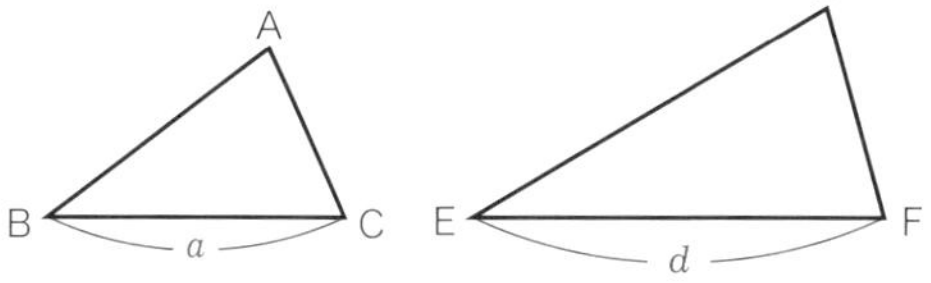

△ＡＢＣ∽△ＤＥＦのとき、
相似比a：d
面積比はa^2：d^2

6 四角形

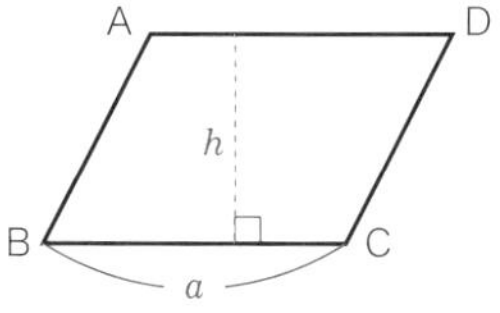

①長方形・正方形の面積：縦×横

②平行四辺形の面積：$a \times h$

7 円

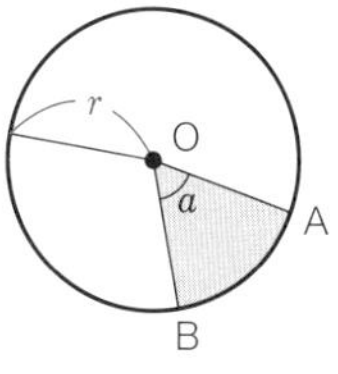

・円の面積（半径r）：$r \times r \times \pi$

・中心角a度の扇形の面積：$r \times r \times \pi \times \dfrac{a}{360}$

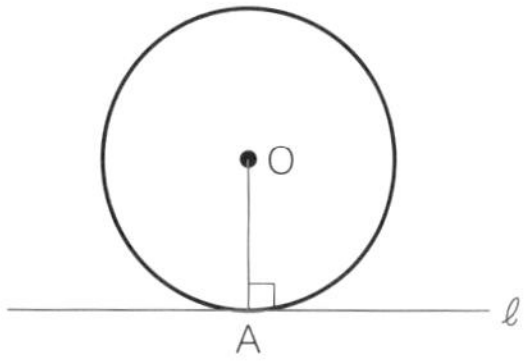

円と１点Ａで接する接線ℓと
半径ＯＡは、垂直に交わる

22

資料解釈

資料解釈

資料解釈のまとめ

1 増加数・増加率

①対前年増加数：今年の値は、昨年の値よりどれだけ増加したか

（今年の値）－（昨年の値）

②対前年増加率：昨年からの増加数が昨年の値の何％ぶんに当たるか

$$\frac{(\text{今年の値})-(\text{昨年の値})}{(\text{昨年の値})}\times 100$$

（例）公務員の受験者数が昨年300人、今年450人の場合

①対前年増加数は、450 － 300 ＝ 150（人）

②対前年増加率は、$\dfrac{450-300}{300}\times 100 = 50$（％）

※対前年増加率の式は、次のように変形することができる。

$$\frac{(\text{今年の値})-(\text{昨年の値})}{(\text{昨年の値})}\times 100=\left(\frac{\text{今年の値}}{\text{昨年の値}}-\frac{\text{昨年の値}}{\text{昨年の値}}\right)\times 100$$

$$=\left(\frac{\text{今年の値}}{\text{昨年の値}}-1\right)\times 100$$

項目別の対前年増加率の大小を比較するだけであれば、

$\dfrac{\text{今年の値}}{\text{昨年の値}}$ だけを比較すれば良い。

（例）下の表は、商品AとBの販売個数である。対前年増加率が大きいのはAとBのどちらか。

	昨年	今年
商品A	667	725
商品B	784	806

●商品Aの$\dfrac{\text{今年の値}}{\text{昨年の値}}$

$$\frac{725}{667}=1.08\cdots\cdots$$

●商品Bの$\dfrac{\text{今年の値}}{\text{昨年の値}}$

$$\frac{806}{784}=1.02\cdots\cdots$$

以上より、対前年増加率が大きいのは商品Aとわかる。

2 指数

ある時点での値を100として、その値との比率で表したもののこと。

（例）下の表で平成28年を100とすると、平成29年と平成30年の指数はどのように表せるか。

	平成28年	平成29年	平成30年
商品A	531	506	572

●平成29年の指数をxとすると、次のように求められる。

$$531:506=100:x \quad \Rightarrow \quad x=\frac{506\times100}{531}\fallingdotseq 95.3$$

●平成30年の指数をyとすると、次のように求められる。

$$531:572=100:y \quad \Rightarrow \quad y=\frac{572\times100}{531}\fallingdotseq 107.7$$

Column 3

住んだことのない地方自治体の受験は不利？
合否は試験の結果で判断される！

　地方から大学進学を機に上京し、あるマンモス大学に進学。自分が通う学部のキャンパスは埼玉県。大学の近くで部屋を借りたので、大学時代に住んでいたのも埼玉県。でも東京23区（特別区）を受験したいケースで考えてみましょう。

　この学生は東京都区内に住んだことがありません。しかも、大学時代の生活の中心は東京ではなく、埼玉県内。つまり、特別区（東京23区）とは何のゆかりもありません。せいぜい新宿や渋谷に買い物や遊びに出かけたくらいです。
　さて、このような学生が特別区（東京23区）を受験した場合、はたして合格するのでしょうか。

　結論からいってしまうと、試験の得点が良ければ合格します。住んでいるか否かは関係ありません。
　そこ（東京23区）に住んでいるからといって、仕事ができるとはかぎりません。つまり、採用側が評価するポイントは、「住んでいるか否か」より、「仕事ができそうか否か」「一生懸命頑張る人か否か」なのです。

　ちなみに喜治塾の塾生には、こんな学生もいました。

●鹿児島生まれ、鹿児島育ち、鹿児島の大学に進学したA君
　どうしても東京で働きたいという一心で、特別区（東京23区）を受験して見事合格。現在は東京の某区役所で働いています。

●東京生まれ、東京育ちで都内の大学に通っていたB君
　地元である東京の公務員になるために喜治塾で勉強をしていました。しかし、夏休みにサークルの合宿で訪れた沖縄の海でサンゴが死んでいるのを見て、「サンゴを守る仕事がしたい！」と急きょ沖縄県庁に志望を変更。見事合格し、現在は沖縄県庁で働いています。

　２人の熱意が面接官の心を動かしたのだと思います。本気で働きたいという熱意があれば、その思いは伝わるのです。

第4章

総まとめ
教養試験
（知識編）

1

社会科学

政治

重要ポイント

国会

●国会は、国権の最高機関であって、国の唯一の立法機関である。

●衆議院議員の任期は４年とする。衆議院解散の場合にはその期間満了前に終了する。

●参議院議員の任期は６年とし、３年ごとに議員の半数を改選する。

●両議院の議員は、法律の定める場合以外は、国会の会期中逮捕されない(法律の定める場合とは、議院の許諾がある場合、院外の現行犯の場合)。会期前に逮捕された議員は、その議院の要求があれば、会期中これを釈放しなければならない。

●両議院の議員は、議院で行った演説、討論又は表決について、院外で責任を問われない。これを国会議員の免責特権という。

●国会は会期制。常会、臨時会、特別会がある。

●衆議院が解散されたときは、参議院は、同時に閉会となる。但し、内閣は、国に緊急の必要があるときは、参議院の緊急集会を求めることができる。緊急集会において採られた措置は、臨時のものであり、次の国会開会の後10日以内に、衆議院の同意がない場合にはその効力を失う。

●両議院は、各々国政に関する調査を行い、これに関して、証人の出頭及び証言並びに記録の提出を要求することができる。これを国政調査権といい、拒否した場合には過料などの制裁がある。

衆議院の優越

●国会は衆議院と参議院の二院制をとるが、両院で意見が割れたときのために規定が置かれている。

法律案

●衆議院で可決し、参議院でこれと異なった議決をした法律案は、衆議院で出席議員の３分の２以上の多数で再び可決したときは法律となる。

- 参議院が、衆議院の可決した法律案を受け取った後、国会休会中の期間を除いて60日以内に、議決しないときは、衆議院は、参議院がその法律案を否決したものとみなすことができるので、以降の手続きは異なった議決をした場合と同じ。

予算の議決

- 参議院で衆議院と異なった議決をした場合に、法律の定めるところにより、両議院の協議会を開いても意見が一致しないとき、又は参議院が、衆議院の可決した予算を受け取った後、国会休会中の期間を除いて30日以内に、議決しないときは、衆議院の議決を国会の議決とする(条約の承認も同じ)。

内閣総理大臣の指名

- 衆議院と参議院とが異なった指名の議決をした場合に、法律の定めるところにより、両議院の協議会を開いても意見が一致しないとき、又は衆議院が指名の議決をした後、国会休会中の期間を除いて10日以内に、参議院が、指名の議決をしないときは、衆議院の議決を国会の議決とする。

内閣

- 内閣は、首長たる内閣総理大臣及びその他の国務大臣でこれを組織する。
- 内閣は、行政権の行使について、国会に対し連帯して責任を負う。
- 内閣総理大臣は、国会議員の中から国会の議決で指名する。
- 内閣総理大臣は、国務大臣を任命する。その過半数は、国会議員の中から選ばれなければならない。
- 内閣総理大臣は、任意に国務大臣を罷免することができる。
- 衆議院で内閣不信任の決議案を可決し又は信任の決議案を否決したときは、内閣は10日以内に衆議院を解散するかもしくは総辞職をしなければならない。

内閣の権限

- 条約を締結すること(但し、事前に、時宜によつては事後に、国会の承認を経ることを必要とする)。
- 予算を作成して国会に提出すること。
- この憲法及び法律の規定を実施するために、政令を制定すること。但し、政令には、特にその法律の委任がある場合を除いては、罰則を設けることができない。

世界の政治制度

大統領制	半大統領制	議院内閣制
アメリカ	フランス	イギリス・ドイツ
行政と立法が対等に分立	大統領制＋議院内閣制	行政が立法に責任を負う

議院内閣制と大統領制の違い

権利等内容	議院内閣制	大統領制
議会に内閣不信任決議権	あり	なし
内閣に法案・予算案提出権	あり	なし
首相に議会への出席権・出席義務	あり	なし
首相に議会解散権	あり	なし

アメリカ

●行政部の最高責任者を直接国民が選ぶ大統領制を採用。大統領は国家元首、行政最高責任者そして陸海空軍最高司令官としての役割を果たす。

●任期は４年間で３選は禁止。罷免は上院による弾劾裁判のみによる。大統領選挙人による間接選挙で選ばれるが、実質は直接選挙に近い。

フランス

●議院内閣制的要素を含む大統領制（半大統領制）を採用。国家元首である大統領は、首相任命権、議会解散権、国民投票付託権など強大な権限を持つ。一方、下院には政府不信任決議権が与えられている。

イギリス・ドイツ

●日本と同じ議院内閣制を採用。行政最高責任者の首相を議会が選出するため、議会と行政とが協働し、行政府が議会に責任を負うのが特徴。

●日本との違いは次のとおりである。

①イギリス：上院は貴族院、議員は国王に任命され、任期がない。

②ドイツ：間接選挙で選ばれ、形式的な存在である大統領の存在。

中 国

●三権分立制を採らず、最高権力機関である全国人民代表大会（全人代）に立法権と行政権を集中させる民主集中制を採用。

●国家元首である国家主席や行政責任者の国務院総理は全人代によって選出、任期は５年。

国際連合

●第一次世界大戦後　国際連盟発足

きっかけ　アメリカのウィルソン大統領が提案した平和原則14か条

〈国際連盟の失敗の理由〉
①アメリカの不参加　②ドイツ、日本の脱退
③経済制裁のみで軍事制裁なし　④全会一致制

●第二次世界大戦後　国際連合発足

きっかけ　1945年、サンフランシスコ会議での国際連合憲章

組 織

- **国連総会**：1国1票の多数決制。決議に法的拘束力なし。
- **安全保障理事会**：15か国中9か国以上の賛成が必要。決議に法的拘束力あり。

※常任理事国に拒否権あり。

〈制裁〉
●非軍事的制裁 ――― 経済制裁
●軍事的制裁 ――― 国連軍(一度も発動なし)
――― 多国籍軍

〈PKO〉
●平和維持のための活動
●派遣先の国の同意要

	国際連盟	国際連合
常任理事国	英・仏・伊・日(+独・ソ)	米・英・仏・露・中
制裁	経済制裁のみ	軍事制裁も加わる
議決方法	全会一致制	多数決制(安保理は15分の9)

2
社会科学

経済

重要ポイント

経済用語

インフレーション(インフレ)

●物価が持続的に上昇し、貨幣価値が下落すること。

デフレーション(デフレ)

●物価が持続的に下落し、貨幣価値が上昇すること。

スタグフレーション

●インフレ(物価上昇)と景気停滞が共存した状態。

デフレスパイラル

●経済不況下の物価下落が、さらに不況を誘引する悪循環のこと。

GNP(国民総生産、Gross National Product)

●国民によって生産された付加価値の合計。国内の外資系企業の付加価値は除外、海外の日系企業の付加価値は含む。

GDP(国内総生産、Gross Domestic Product)

●一国の領土内で生産された付加価値の合計。国内の外資系企業の付加価値は含み、海外の日系企業の付加価値は除外。

国民純生産(NNP)

●GNP－減価償却費(資本減耗引当分)

国民所得(NI)

●NNP－間接税＋補助金

国民総支出(GNE)

●民間最終消費支出＋政府最終消費支出＋国内総固定資本形成＋在庫品増加＋純輸出

日銀の三大金融政策手段

①政策金利操作

②公開市場操作(オープンマーケットオペレーション)

③支払(預金)準備率操作

組織の結合形態

①**カルテル**：同業種の企業同士が協定を結ぶ。

②**コンツェルン**：異業種の企業を資本的につなぐ。戦前の財閥。

③**コングロマリット**：関連のない企業を合併・買収し、多角経営を図る。

経済史（主な経済学派と経済学者）

16世紀	重商主義	トーマス・マン ●植民地獲得、保護貿易による富の蓄積。
18世紀	重農主義	ケネー「経済表」 ●農業による国家財政の立て直し。
	古典派経済学	アダム・スミス「国富論」 ●重商主義を批判。自由主義経済を提唱。
19世紀	マルクス経済学	マルクス「資本論」 ●資本主義を批判。社会主義、共産主義。
20世紀	ケインズ経済学	ケインズ「雇用・利子および貨幣の一般理論」 ●政府による積極的な経済介入を主張。
	新古典派経済学	マネタリズム ●物価や経済の安定のためには、大きな政府は必要なく、金融政策を重視。 ●ミルトン・フリードマンが提唱。 サプライサイド経済学 ●従来の需要重視なマクロ経済に対して、供給を重視する考え方。具体的には企業の減税、規制緩和などで民間の投資を増やし、生産向上を図る。

景気変動の波

●**キチンの波（短期）**：在庫投資調整による変動。約40か月周期。
●**ジュグラーの波（中期）**：設備投資の盛衰による変動。約10年周期。
●**クズネッツの波（長期）**：建設投資の盛衰による変動。約20年周期。
●**コンドラチェフの波（超長期）**：技術革新による変動。約50年周期。

3
人文科学

日本史 重要ポイント

鎌倉時代

北条氏による執権政治

系統	北条氏	出来事
初代	時政	源頼朝の死後、頼家を２代将軍とし、実権を握る。
２代	義時	承久の乱で後鳥羽上皇を破り、六波羅探題を設置。
３代	泰時	連署・評定衆の設置。御成敗式目の制定。
５代	時頼	引付衆の設置。
８代	時宗	文永の役・弘安の役。異国警固番役・石塁を設置。
９代	貞時	霜月騒動を収め、北条氏による得宗専制体制を確立。

室町時代

足利氏による支配体制

- 将軍を補佐する管領は、細川氏・斯波氏・畠山氏が務めた(三管領《さんかんれい》)。
- 侍所の所司は、京極氏・山名氏・赤松氏・一色氏が務めた(四職)。

系統	足利氏	出来事
初代	尊氏	建武式目の制定。観応の擾乱で弟直義を滅ぼす。
３代	義満	南北朝の合一。勘合貿易がはじまる。北山文化。
６代	義教	赤松満祐《あかまつみつすけ》に嘉吉《かきつ》の乱《らん》で討たれる。
８代	義政	応仁の乱より将軍の後継問題へ発展。東山文化。
15代	義昭	織田信長に追放され、室町幕府滅亡。

江戸時代

幕府体制

- 将軍——(大老)
  - 老中
    - 大目付(大名の監察)
    - 勘定奉行(財政を担当)
    - 町奉行(主要都市の行政・司法を担当)
    - 若年寄(老中の補佐)——目付(旗本・御家人の監察)
  - 寺社奉行(寺社を統制)
  - 京都所司代(朝廷・西国の監視)

三大改革

- **享保の改革**：８代吉宗。上米の制、足高の制、相対済し令、目安箱。
- **寛政の改革**：松平定信。旧里帰農令、囲米、七分積金、寛政異学の禁。
- **天保の改革**：水野忠邦。倹約令、人返し令、株仲間解散。

大正・昭和時代

主要な内閣と出来事

首相	年代	出来事
桂太郎	1912〜13	第一次護憲運動により大正政変が起こる。
大隈重信	1914〜16	第一次世界大戦参戦。二十一カ条の要求。
加藤高明	1924〜26	普通選挙法・治安維持法を制定。
犬養毅	1931〜32	満州事変。血盟団事件。五・一五事件。
広田弘毅	1936〜37	二・二六事件により成立。日独防共協定。
幣原喜重郎	1945〜46	五大改革指令。
吉田茂	1948〜54	サンフランシスコ平和条約。日米安全保障条約。
鳩山一郎	1954〜56	日ソ共同宣言。国連に加盟。
岸信介	1957〜60	新安全保障条約を締結。
池田勇人	1960〜64	国民所得倍増計画。東京オリンピック開催。
佐藤栄作	1964〜72	日韓基本条約。小笠原諸島・沖縄返還。
田中角栄	1972〜74	日中共同声明。日本列島改造。石油ショック。

4
人文科学

世界史

重要ポイント

絶対王政

王と商人が手を結び、常備軍と官僚制によって実現した。

●**スペイン**：フェリペ２世「太陽の沈まぬ国」。
●**イギリス**：ヘンリー８世、エリザベス１世。英国国教会。
●**フランス**：ルイ14世。
●**ドイツ**：フリードリヒ２世。
●**オーストリア**：マリアテレジア。
●**ロシア**：エカテリーナ２世。

市民革命

イギリス

●**ピューリタン革命**：対チャールズ１世。クロムウェルの独裁へ。
●**名誉革命**：国王ジェームズ２世追放。権利の章典採択。

アメリカ

●**アメリカ独立戦争**：対イギリス。独立宣言採択。

フランス

●**フランス革命**：対ルイ16世。ロベスピエールの恐怖政治→ナポレオン時代→ウィーン体制（メッテルニヒ中心）。

帝国主義

●1840～42年：アヘン戦争→南京条約（五港開港、香港割譲）。
●1856～60年：アロー戦争→北京条約（外国公使の北京駐在権等承認）。
●1857～59年：インド大反乱→ムガル帝国滅亡→英国領インド帝国成立。
●1894～95年：日清戦争→朝鮮における日本の影響力増大。

●1899～1900年：義和団事件→北京議定書（外国軍隊の北京駐留権承認）。
●1899年：アメリカ政府（ジョン・ヘイ）が門《もん》戸《こ》開放宣言。
●1904年：日露戦争勃発→血の日曜日事件、第一次ロシア革命。
●1911年：辛亥革命（孫文率いる革命派が独立を宣言）→中華民国成立。

第一次世界大戦

●三国協商（英・仏・露）＋日（日英同盟）・米・伊 VS 三国同盟（独・墺・伊）。
※伊は1915年に連合国側へ
●1919年：パリ講和会議→ヴェルサイユ体制→民族自決（欧のみ）。
●1920年：国際連盟発足→英・仏・伊・日が常任理事国、米加盟せず。

第二次世界大戦

●連合国（米・英・仏・中・露・蘭……）VS 枢軸国（日・独・伊）。
●1939年：独ソ不可侵条約→ドイツのポーランド侵攻→大戦開始。
●1945年8月15日：日本のポツダム宣言受諾→終戦。

東西冷戦

●1946年：イギリスのチャーチル元首相が「鉄のカーテン」演説。
●1947年：トルーマン・ドクトリン発表→ギリシャ・トルコへの援助。
●1948年：ベルリン危機勃発→翌年、ドイツは東西に分離し独立。
●1950年：朝鮮戦争開始（～53年）　北朝鮮（ソ・中）vs 大韓民国（米）。
●1951年：サンフランシスコ講和会議→日本が主権を回復し、独立。
●1956年：ソ連のフルシチョフがスターリン批判開始。
●1962年：キューバ危機　米vsソ→ホットライン協定。
●1965年：ベトナム戦争北爆開始（73年にニクソンが撤退）。
●1986年：ソ連のゴルバチョフ書記長がペレストロイカ開始。
●1989年：東欧諸国で共産主義政権崩壊→米・ソが冷戦終結宣言。
●1990年：ベルリンの壁崩壊（1989年）→東西ドイツ統一。
●1991年：ロシア中心に独立国家共同体（CIS）結成→ソ連解体。

人文科学

5 地理

世界の大地形

それぞれの特徴と分布

- **安定陸塊**：先カンブリア時代（46億～5億4200万年前）
  長年の浸食作用で広大で平坦な台地や平原。卓状地や楯状地。
- **古期造山帯**：古生代（5億7000万～2億5000万年前）
  浸食により、低くなだらかな山地。ウラル山脈など。
- **新期造山帯**：中生代～新生代（2億5000万年前～）
  高く険しい山脈で火山帯・地震帯と一致。環太平洋造山帯など。

平　野

2つの平野の違い

- **浸食平野**：長い間の浸食・風化作用による平坦な大規模な平野。
  ①準平原（山が平坦化した平野）
  ②構造平野（地層が浸食した平野）
- **沖積平野**：河川や海の沖積作用で形成された比較的小規模な平野。
  ①洪積台地（更新世）
  ②沖積平野（完新世）

海岸地形

名称と特徴

- **フィヨルド（峡湾）**：氷河で削られたU字谷で形成された深い入り江。
- **リアス海岸**：のこぎりの歯のような海岸線を持つ地形。三陸海岸など。
- **エスチュアリー（三角江）**：大河川の河口が沈水してできた入り江。

世界の農業

それぞれの特徴と盛んな地域

- ●**遊牧**：乾燥・ツンドラ地域で行われる。羊やヤギなど。
- ●**焼畑**：熱帯地域で行われる。森林を焼き、草木灰を肥料とする。
- ●**オアシス農業**：乾燥地域で行われる。カナートなどの地下水路。
- ●**アジア式農業**：労働集約的農業。熱・温帯では稲作、冷涼地域では畑作。
- ●**混合農業**：作物栽培＋家畜飼育。西欧で中世の三圃式農業から発展。
- ●**酪農**：冷涼湿潤な地域。乳製品を生産する。
- ●**地中海式農業**：夏は耐乾性作物(オリーブ、ブドウ)、冬は穀物栽培。
- ●**園芸農業**：都市近郊で野菜や花を栽培。オランダのポルダー。
- ●**企業的農業**：小麦栽培やプランテーションなど。新大陸等で発達。

ケッペンの気候区分

各気候区と特徴、地域

	気候区	特 徴	地 域
熱帯	熱帯雨林	●年中高温多雨、スコール ●常緑広葉樹林 ●ラトソル(やせ地)、セルバ(森林)	・赤道付近 ・アマゾン流域 ・シンガポール
	熱帯モンスーン	●弱い乾季あり、ラトソル ●アジアの稲作地帯	・インドシナ ・アマゾン河口
	サバナ	●雨季と乾季、草原と疎林 ●ラトソル、レグール土(肥沃) ●テラロッサ(肥沃)	・コンゴ盆地 ・デカン高原 ・ブラジル高原
乾燥	ステップ	●雨季と乾季、草原と疎林 ●ラトソル、レグール土(肥沃) ●テラロッサ(肥沃)	・ウランバートル ・テヘラン ・ダカール
	砂漠	●月降水量20mm以下 ●南・北回帰線付近	・カイロ ・ラスベガス
温帯	地中海性	●夏：高温乾燥、冬：温暖湿潤 ●硬葉樹林、テラロッサ(肥沃)	・カリフォルニア州 ・ローマ
	温帯夏雨	●夏：高温多雨、冬：小雨 ●照葉樹林、モンスーン	・中国南部 ・インド北部
	温暖湿潤	●夏：高温湿潤、冬：寒冷乾燥 ●モンスーン、褐色森林土(肥沃)	・東京 ・ニューヨーク
	西岸海洋性	●夏・冬とも温和 ●暖流と偏西風、落葉広葉樹	・西ヨーロッパ ・ロンドン
冷帯	冷帯湿潤	●平均した降水 ●針葉樹、ポドゾル(やせ地)	・シベリア西部 ・カナダ
	冷帯夏雨	●夏：降水多、冬：寒冷乾燥 ●シベリア高気圧、タイガ	・中国東北 ・シベリア東部

6
人文科学

倫理

重要ポイント

ギリシャ哲学

●**ソクラテス**：ギリシャ哲学の祖。無知の知、対話法、知徳合一。
●**プラトン**：ソクラテスの弟子。イデア論、哲人王、アカデメイア。
●**アリストテレス**：プラトンの弟子。個物＝形相＋質料、中庸。

近代哲学

大陸合理論

●**デカルト**：方法的懐疑、演繹法、物心二元論、『方法序説』。

イギリス経験論

●**ベーコン**：「知は力なり」、帰納法、４つのイドラ（偏見）。

社会契約論

●**ホッブス**：「万人の万人に対する闘争」、王政擁護。
●**ロック**：「白紙（タブラ＝ラサ）」、抵抗権（革命権）、間接民主制。
●**ルソー**：「自然へ帰れ」、一般意思、直接民主制。

ドイツ観念論

●**カント**：「目的の王国」、「人格は手段でなく目的」、『純粋理性批判』。
●**ヘーゲル**：弁証法、絶対精神、人倫、絶対的観念論、『精神現象学』。

現代哲学

実存主義

●**キルケゴール**：単独者、美的実存→倫理的実存→宗教的実存、有神論。
●**ヤスパース**：限界状況→包括者に身を委ねる、実存的交わり。
●**ハイデガー**：「存在は時間と共にある」、世界内存在、『存在と時間』。
●**サルトル**：「実存は本質に先立つ」、アンガージュマン（社会参加）。

その他

●**ニーチェ**：「神は死んだ」、超人、権力(力)への意志。
●**ベンサム**：功利主義。快楽計算、「最大多数の最大幸福」。
●**ミル**：功利主義。精神的自由を強調、『自由論』。
●**デューイ**：プラグマティズム。道具主義。

中国思想

儒家

●**孔子**：儒家の祖。仁と礼、君子による徳治主義、『論語』。
●**孟子**：性善説、四徳＝仁義礼智、易姓革命。
●**荀子**：性悪説、礼至上主義。

道家

●**老子**：道＝無、無為自然、小国寡民、柔弱謙下。
●**荘子**：万物斉同、自在の境地、真人。

その他

●**墨子**：平和主義、兼愛説、非攻。
●**韓非子**：法治主義、信賞必罰。

日本思想(仏教史)

時代	宗派	人物名	キーワード	著作
平安	天台宗	最澄	比叡山延暦寺。鎮護国家。	
	真言宗	空海	高野山金剛峰寺。密教。曼荼羅。	
鎌倉	浄土宗	法然	専修念仏。「南無阿弥陀仏」。	『選択本願念仏集』
	浄土真宗	親鸞	絶対他力、悪人正機説。	『教行信証』
	時宗	一遍	踊念仏。	
	臨済宗	栄西	公案(禅問答)、看話禅。	『興禅護国論』
	曹洞宗	道元	只管打坐、黙照禅。	『正法眼蔵』
	日蓮宗	日蓮	法華経。「南無妙法蓮華経」。	『立正安国論』

7 人文科学

文学・芸術

世界文学（主な作家と作品）

英米文学	シェークスピア		『ハムレット』、四大悲劇。
	ヘミングウェイ		『老人と海』、失われた世代。
フランス文学	ロマン主義	ユゴー	『レ・ミゼラブル』、人道主義。
	写実主義	バルザック	『ゴリオ爺さん』、人間喜劇。
	自然主義	ゾラ	『居酒屋』、貧民社会を描写。
	実存主義	サルトル	『嘔吐』、不条理。
		カミュ	『異邦人』
ドイツ文学	ロマン主義	ゲーテ	『ファウスト』『若きウェルテルの悩み』
	20世紀	カフカ	『変身』、寓話的手法。
ロシア文学	ゴーゴリ		『外套』、弱者への共感。
	ドストエフスキー		『罪と罰』、エゴイズムの克服。
	トルストイ		『戦争と平和』、歴史的大河小説。

西洋絵画（主な画家と作品）

ルネサンス	レオナルド・ダ・ビンチ	『最後の晩餐』『モナリザ』
	ミケランジェロ	『最後の審判』『ダヴィデ像』
	ボッティチェリ	『ヴィーナスの誕生』
バロック	レンブラント	『夜警』『風車』
ロマン派	ドラクロア	『民衆を率いる自由の女神』
印象派	モネ	『印象・日の出』『睡蓮』
	マネ	『草上の昼食』
ポスト印象派	セザンヌ	『サント・ヴィクトワール山』
	ゴッホ	『星月夜』『ひまわり』

日本文学（主な作品と作家）

三大和歌集	『万葉集』（奈良時代）		現存最古の歌集。撰者は大伴家持。	
	『古今和歌集』（平安時代）		醍醐天皇の命で紀貫之らが編纂。	
	『新古今和歌集』（鎌倉時代）		後鳥羽上皇の命で藤原定家らが編纂。	
鎌倉・室町時代	『方丈記』	鴨長明	『徒然草』	吉田兼好
	『風姿花伝』	世阿弥	『十六夜日記』	阿仏尼
江戸時代	『日本永代蔵』	井原西鶴	『東海道中膝栗毛』	十返舎一九
	『曽根崎心中』	近松門左衛門	『南総里見八犬伝』	滝沢馬琴
	『奥の細道』	松尾芭蕉	『おらが春』	小林一茶
	『古事記伝』	本居宣長	『東海道四谷怪談』	鶴屋南北
明治時代以降	『小説神髄』	坪内逍遥	『金色夜叉』	尾崎紅葉
	『たけくらべ』	樋口一葉	『みだれ髪』	与謝野晶子
	『破戒』	島崎藤村	『蒲団』	田山花袋
	『暗夜行路』	志賀直哉	『或る女』	有島武郎
	『伊豆の踊子』	川端康成	『蟹工船』	小林多喜二
	『金閣寺』	三島由紀夫	『細雪』	谷崎潤一郎

日本文化

飛鳥文化	推古天皇の治世	法隆寺、金堂釈迦三尊像
白鳳文化	天武・持統天皇の治世	興福寺仏頭、薬師寺東塔
天平文化	聖武天皇の治世	東大寺法華堂、不空羂索観音像
室町文化	北山文化	金閣（寝殿造・禅宗様）、五山文学、能楽
	東山文化	銀閣（書院造）、水墨画、茶道、花道、連歌
元禄文化	綱吉の文治政治	装飾画、浮世絵、浮世草子、浄瑠璃
化政文化	家斉の治世	錦絵、美人画、風景画、洒落本、滑稽本

8

自然科学

数学

重要ポイント

数と式

展開・因数分解と指数の公式

展開・因数分解	$m(a+b)=ma+mb$
	$(a+b)^2=a^2+2ab+b^2$
	$(a-b)^2=a^2-2ab+b^2$
	$(a+b)(a-b)=a^2-b^2$
	$(x+a)(x+b)=x^2+(a+b)x+ab$
	$(ax+b)(cx+d)=acx^2+(ad+bc)x+bd$
	$(a+b)^3=a^3+3a^2b+3ab^2+b^3$
	$(a-b)^3=a^3-3a^2b+3ab^2-b^3$
	$(a+b)(a^2-ab+b^2)=a^3+b^3$
	$(a-b)(a^2+ab+b^2)=a^3-b^3$
指数	$a^m \times a^n=a^{m+n}$
	$a^m \div a^n=a^{m-n}$
	$(a^m)^n=a^{mn}$

２次方程式

２次方程式の解法

①因数分解する

（例）$x^2-(\alpha+\beta)x+\alpha\beta=0$の解を求める。

$(x-\alpha)(x-\beta)=0$と因数分解すると、解は次のようになる。

$x=\alpha$、β

②解の公式を利用する

（例）$ax^2+bx+c=0\ (a\neq 0)$の解を求める。

解の公式により、解は次のようになる。

$$x=\frac{-b\pm\sqrt{b^2-4ac}}{2a}$$

２次方程式の解の判別

● ２次方程式$ax^2+bx+c=0$に（$a\neq 0$、a、b、cは共に実数）おいて、判別式は$D=b^2-4ac$で表される。このとき、次のことが成り立つ。

①$D>0$のとき：異なる２つの実数解が存在する。
②$D=0$のとき：１つの実数解が存在する。
③$D<0$のとき：異なる２つの虚数解が存在する。

２次方程式の解と係数の関係

● ２次方程式$ax^2+bx+c=0$において、解をα、βとすると、次のことが成り立つ。

$$\alpha+\beta=-\frac{b}{a}\qquad \alpha\beta=\frac{c}{a}$$

9 自然科学

物理

重要ポイント

運動の種類

等加速度直線運動

- 一定の加速度で運動する物体は直線運動を行う。

- 時間 t 後の速度 $v = v_0 + at$　時間 t 後の移動距離 $x = v_0 t + \frac{1}{2}at^2$

  ※ v_0：初速度、a：加速度

自由落下

- 重力による運動の場合、質量によらず重力加速度 g (9.8 m／s ^{2})は一定である。

- 時間 t 後の速度 $v = gt$　落下距離 $y = \frac{1}{2}gt^2$

鉛直投射

- 物体を初速度 v_0 で真上に投げた場合、物体には鉛直下向きの重力加速度が生じる。

- 時間 t 後の速度 $v = v_0 - gt$　時間 t 後の移動距離 $x = v_0 t - \frac{1}{2}gt^2$

水平投射

- 物体を初速度 v_0 で水平方向に投げた場合、水平方向では初速度が v_0、加速度が0となり、鉛直方向では初速度が0、加速度が下向きに g (重力加速度)となる。

運動の種類

物体は外的な力を受けなければ、エネルギーの総和は一定である。

運動エネルギー

- 運動している物体が持っているエネルギー。
- $K=\frac{1}{2}mv^2$　※K：運動エネルギー、m：質量、v：速さ

重力による位置エネルギー

- 高いところにある物体が持っているエネルギー。
- $U=mgh$　※U：位置エネルギー、g：重力加速度、m：質量、h：高さ

電気回路

オームの法則

- 導線の両端に電圧をかけると、そこに流れる電流は電圧の大きさに比例する。電圧を大きくすればするほど、電流も大きくなる。
- 電圧V＝電流Ｉ×抵抗R　※電圧Vの単位：V、抵抗Rの単位：Ω、電流Ｉの単位：A

抵抗の大きさ

- ２つの抵抗は１つの抵抗とみなすことができるが、つなぎ方により、抵抗の大きさの関係は次のように異なる。

①**直列接続**：$R=R_1+R_2$

②**並列接続**：$\frac{1}{R}=\frac{1}{R_1}+\frac{1}{R_2}$

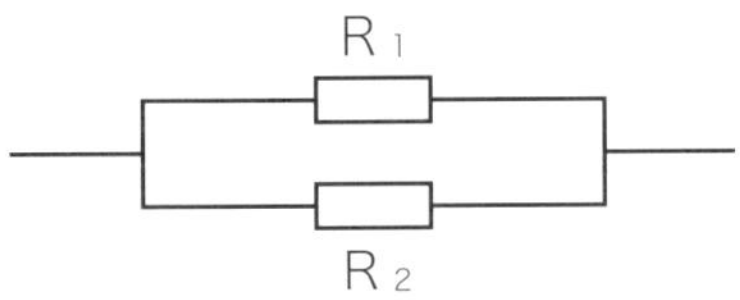

電力量と電力

- **電力量**：電流がした仕事の量
  電力量W＝電流Ｉ×電圧V×時間ｔ
- **電力**：単位時間当たりの電力量
  電力P＝電力量W÷時間ｔ＝電流Ｉ×電圧V

10 自然科学

化学

周期表

- 元素を原子番号順に並べ、化学的性質の類似した元素が縦に並ぶように配列した表。
- 縦の列を族、横の列を周期という。

3～11族を遷移元素、それ以外を典型元素

族／周期	1	2	3～11	12	13	14	15	16	17	18	
1	H									He	
2	Li	Be			B	C	N	O	F	Ne	
3	Na	Mg			Al	Si	P	S	Cl	Ar	
4	K	Ca		Zn						Kr	

□ 金属元素
■ 非金属元素
▨ 希ガス

原子番号と質量数

原子番号

- 原子核中の陽子の数。原子番号により元素の種類が決まる。

質量数

- 原子核中の陽子と中性子の数の和。

同位体(アイソトープ)

- 原子番号(陽子数)は同じだが、中性子数が異なるため、質量数が異なる原子のこと。

同素体

- 構造や結合様式の異なる単体のこと。1つの元素に、性質の異なる単体が2種類以上存在するとき、これらを互いに同素体という。

(例)炭素C：ダイヤモンド、黒鉛
　　酸素O：酸素、オゾン
　　リンP：赤リン、黄リン
　　硫黄S：斜方硫黄、単斜硫黄

炎色反応

●物質を炎の中で加熱したとき生じる発光のこと。
●炎色反応の色は、元素の種類に特有である。

元素	元素記号	炎色
リチウム	Li	赤
ナトリウム	Na	黄
カリウム	K	赤紫
カルシウム	Ca	橙赤
ストロンチウム	Sr	深赤
バリウム	Ba	黄緑
銅	Cu	青緑

化学結合

共有結合

●原子が価電子を共有することによる、非常に強い結合。
(例)ダイヤモンド、黒鉛、石英

イオン結合

●クーロン力(静電気的引力)による結合。
(例)塩化カルシウム、塩化カリウム

金属結合

●各原子の自由電子がすべての原子に共有され、動き回ることでできる結合。
●自由電子があるため、金属光沢、電気や熱の良導体、光電効果、展性、延性といった特徴を持つ。
(例)ナトリウム、水銀、鉄、銅、アルミニウム

分子間結合

●分子からなる物質における、分子間に働く分子間力(ファンデルワールス力)と呼ばれる、弱い力で分子を互いに結びつけている結合。
●結合力が弱いので、融点や沸点は低い。
(例)ヨウ素、ドライアイス

結合の強さ

●共有結合＞イオン結合＞金属結合≫分子間結合

11 生物

自然科学

重要ポイント

脳

- **大脳**：感覚、随意運動、感情などの高次な精神活動の中枢。
- **間脳**：視床と視床下部から成り、自律神経系の中枢は視床下部にある。
- **中脳**：眼球運動、瞳孔の調節、姿勢を保つ中枢。
- **小脳**：平衡感覚、筋肉運動の中枢。
- **延髄**：心臓の拍動、呼吸運動など、生命維持に関する機能。

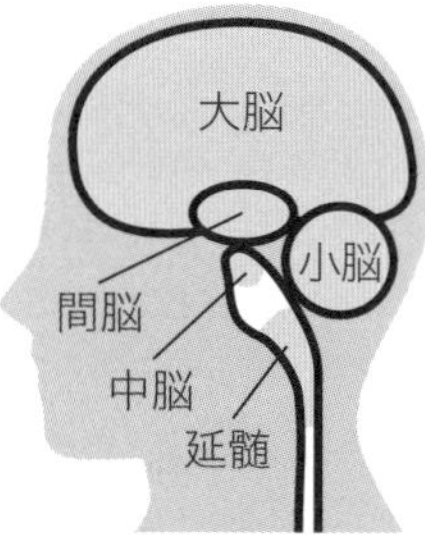

自律神経

自律神経には、体の緊張性を保持し、活動しやすい状態を作り出す交感神経と、体の疲労回復・栄養補給などに働き、安静状態を保つ副交感神経がある。

交感神経系

- 心臓の拍動を促進、血管を収縮、血圧を上昇、瞳を拡大といったように、一般に促進的に働くが、消化系には抑制的に働く。副交感神経はその逆に働く。

	精神活動	分泌物	心拍	呼吸	血管	消化器	筋肉	血圧・血糖
交感神経	活発	ノルアドレナリン	増加	増加	収縮	抑制	緊張	上昇
副交感神経	リラックス	アセチルコリン	低下	低下	拡張	促進	弛緩	降下

腎臓

人の腎臓は、腹腔の背側に左右1対あり、その大きさは、握りこぶし程度である。

- **腎臓の皮質**：腎小体、毛細血管、細尿管からなる腎単位が集まってできている。
- **腎小体**：糸球体とボーマンのうから成る。
- **腎臓の働き**：尿を生成することにより、老廃物の排出や体液浸透圧の調節を行う。
- **ろ過**：血液が糸球体を通過するときに、血球やタンパク質などの大きな成分以外は、血管壁を通してボーマンのうへ、ろ過される。このろ液を原尿という。
- **再吸収**：原尿は細尿管を通過する間に、グルコースのすべて、水や無機塩類の大部分、尿素の一部が毛細血管へ再吸収される。なお、水は集合管でも再吸収される。

肝臓

人の肝臓は右上腹部にあり、三角形状の約1～1.5kgある、最も重い臓器である。

- **血糖量の調節**：血中のグルコースからグリコーゲンを合成し、貯蔵して血糖量を下げたり、逆にグリコーゲンをグルコースに分解して血糖量を上げたりして調節する。
- **解毒作用**：血液中に含まれる有害な物質を、酸化あるいは分解して無害な物質に変化させる。
- **胆液の生成**：脂肪の消化を手助けする消化酵素を持たない消化液である胆液を生成する。
- **体温の維持**：活発な化学反応に伴って発生する熱で体温を維持する。
- **血液の循環量の調整**：多量の血液を貯蔵し、血液の循環量を調節する。

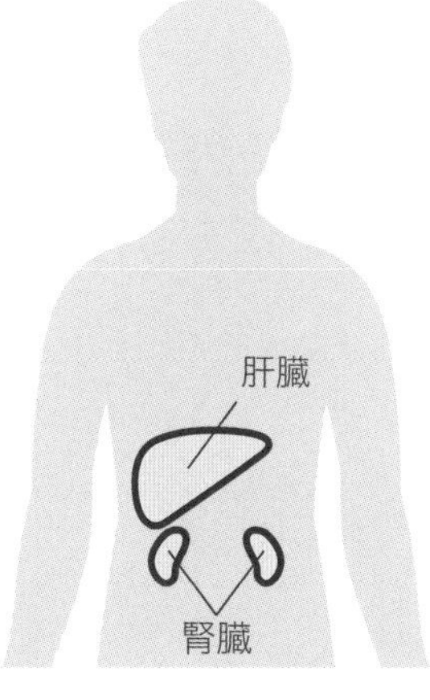

12 地学

自然科学

地球型惑星と木星型惑星

太陽系の惑星は、質量や半径、平均密度などをもとにして、地球型惑星と木星型惑星に分類できる。

	地球型惑星 水星・金星・地球・火星	**木星型惑星** 木星・土星
質量	小さい	大きい
密度	大きい	小さい
自転	遅い	速い
衛星	少ない	多い
環	無	有
大気組成	・二酸化炭素 ・窒素 ・酸素(地球)	・水素 ・メタン ・ヘリウム ・アンモニウム

地球内部の構造

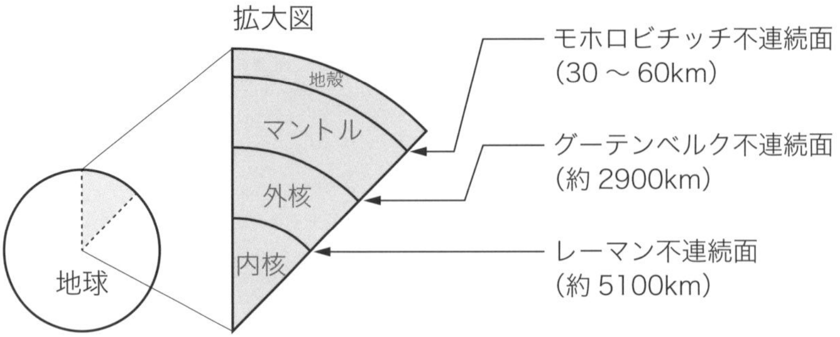

地震

地震の揺れは、地震波として岩石中を伝わる。

地震波の種類	波の種類	速度	伝わる場所	揺れの大きさ
Ｐ波	縦波	速い	固体と液体 （地殻・マントル・外核）	小
Ｓ波	横波	遅い	固体のみ （地殻・マントル）	大

揺れの種類

地震波は、初めにＰ波が到着し、次にＳ波が到着する。

- **初期微動**：Ｐ波の揺れで、揺れは小さい。
- **主要動**：Ｓ波の揺れで、揺れは大きい。

※地震波は、モホ面（地殻とマントルの間）で急増する。

海溝型地震（プレート境界型地震）

- 海洋プレートと大陸プレートが衝突する場所では、密度の大きい海洋プレートが密度の小さい大陸プレートの下に沈み込んでいる。
- 沈み込む際、摩擦により、歪みが生じるが、その歪みが限界に達すると、大陸プレートが跳ね上がり、巨大地震が発生する。

日本付近の震源の分布

- 日本付近では、４つのプレートが入り込んでいるので、地震が多発。
- 震源の深さは太平洋側よりも、日本海側のほうが深い。

Column 4

公務員試験に受かりやすい学部はあるの？

学部は関係なく様ざまな知識が必要！

ときどき、「公務員試験に受かりやすのは何学部ですか？」と質問してくる人がいます。

しかし、公務員試験は大学の学部などをまったく無視した形で、あらゆる科目が出題されます。「法学部の学生が受けやすい、受かりやすい」と思う人も多いようですが、これは違います。例えば県庁などの出題科目と出題数を見ればすぐにわかりますが、法学部生が大学で学んでいる法律科目は、全体の半分もありません。

そもそも公務員試験は、大学での勉強とは関係なく、公務員になる以上、これくらいの勉強はしてきてほしいという試験です。よって、文学部、教育学部、経済学部、商学部など、どの学部に属していたかはまったく関係ないのです。裏返せば、公務員になるための準備として、様ざまな知識が必要とされているともいえます。

公務員の仕事は、市民が安全に安心して日々暮らしていけるように、少しでもより良い豊かな暮らしができるようにすることです。高齢化や少子化、そして異常気象による災害など、日々新たな問題が起きています。

公務員は、そのときどきで必要なことを学び、どうすればいいかを必死で考え、行動に移すことが求められます。そのためにも幅広く、様ざまなことを知っておく必要があるのです。

例えば法律だけ知っていても、文化財の持つ歴史的意義や価値がわからなければ良い政策を立てられないでしょう。逆に歴史にだけ詳しくても、それを守る政策を提案できません。

何か新しい課題にぶつかったとき、「わかりません」「前例がありません」とできない理由を並べたてるのではなく、どうすればいいのかを必死に考え、何かを見つけて行動できる公務員になってほしいと期待しています。そのための基礎力を、試験を通じて養っているのだと自分に言い聞かせ、頑張りましょう！

第5章

総まとめ 専門試験

1
行政分野

政治学

重要ポイント

政党・圧力団体

政党とは、政治上の主義や主張を同じくする人々が、政権の獲得・維持を目的として結成する任意団体をいう。

政党の機能

- **利益集約機能**：社会の多様な利害や要求を集約し、整序する。
- **利益表出機能**：社会の多様な利益や要求を議会に表出する。
- **政治的指導者の補充**：政治的役職に就く人を探し、養成する。
- **政治教育**：啓蒙活動等により、国民の政治意識の向上を図る。

圧力団体とは、特定の利益の擁護や増進を目的とし、議会や政府に圧力をかける団体のことをいう。
利害の多様化や政党の寡頭制化、積極国家の進展などを理由に台頭した。

圧力団体の機能

- **利益表出機能**：政党レベルで表出されにくい諸利益をくみあげる。
- **情報提供機能**：政策決定の材料となる情報の提供を行う。
- **社会的統合機能（政治教育機能）**：原子化した大衆を組織し、政治的有効感覚を取り戻させる。

政党類型論

サルトーリは政党制を以下のように分類した。

非競合的政党制

- **一党制**：一党独裁で、他党の存在が許されない。ナチスドイツなど。
- **ヘゲモニー政党制**：他党の存在は許されるが、主導権を握った１党が固定的に支配を続ける。中国や北朝鮮などでみられる。

競合的政党制

- **一党優位制**：複数の政党が存在するが、一党が支配的で長期的に政権を担当する。55年体制の日本がこれに当たる。

- **二大政党制**：アメリカやイギリスなどでみられ、２つの大政党が競合し、政権交代の可能性が常にある。
- **穏健な多党制**：政党数が３～５で、政党間のイデオロギーの相違が小さく、連合政権軸が２極しかない。ドイツ、フランスなど。
- **極端な多党制**：政党数が６以上で政党間のイデオロギーの相違が大きく、連合政権軸も３極以上存在し、反体制政党も存在。ワイマールドイツや戦後のイタリアなど。
- **原始的状況**：極度の混乱期に無数の政党が乱立する。

社会契約論

社会契約論とは、自由・平等・独立な個人の自発的かつ相互的な契約に基づき、国家が成立したとする理論。王権神授説に代わるイデオロギーとして、ホッブズ、ロック、ルソーらによって唱えられた。

	ホッブズ 1588－1679	ロック 1632－1704	ルソー 1712－78
時代	ピューリタン革命	名誉革命	フランス革命前夜
著作	『リヴァイアサン』	『市民政府二論』	『社会契約論』
人間本性	自己保存の欲望 利己的存在	理性的	理性・情愛
自然状態	万人の万人に対する闘争	自由・平等	自由平等で情愛に満ちた状態
社会契約	自己保存のため、理性の勧告により自然権を全面的に放棄し、主権者に移譲	平和状態維持のため、自然権の一部を国家に移譲	個人利益を放棄し、共通の利益だけを心がける一般意志を創出
革命	否定	政府の信託違反として、抵抗権に基づく革命を肯定	当時の国家に対する革命を肯定

2

行政分野

行政学

重要ポイント

官僚制理論

官僚制とは、頂点に独裁制の長を置き、その下にいくつもの階層(ヒエラルキー)を持ち、次第に末広がりに広がるピラミッド型の階層制構造を持つ組織のことをいう。

ウェーバーによる官僚制の特質

- **規則による規律の原則**：業務は規則に従って継続的に行われる。
- **明確な階層制構造の原則**：上下の指揮命令系統が一元的に確立。
- **文書主義の原則**：最終的決定はすべて文書形態で保存。
- **資格任用制の原則**：メリットシステム、公開競争試験の実施。

マートンによる官僚制の逆機能

マートンは、官僚制に必要な諸原則を職員が内面化し、その態度が場所や場合を選ばずに表出すると逆機能が生じるとした(訓練された無能力)。

- **規則による規律の原則**⇒法規万能主義(目的の転移)。
- **明確な階層制構造の原則**⇒権威主義：強圧抑制の循環現象。
- **文書主義の原則**⇒繁文縟礼《はんぶんじょくれい》：必要以上に煩瑣な書類の提出を要求。
- **明確な権限の原則**⇒セクショナリズム：縄張り主義・たらい回し。

技術的行政学と機能的行政学

技術的行政学：ウィルソン「行政の研究」(1887)。19世紀末、行政の腐敗や非効率など、猟官制の弊害を除去することを目的として技術的行政学が興った。

- 行政を政治から峻別された技術的領域とみなす。
- 最少のコストで最大の効果を上げる機械的能率観を提唱。
- 定型組織(フォーマル組織)を重視。

機能的行政学

20世紀に入ると、アメリカのニューディール政策(1933〜)を経て、行政国家化、積極国家化が進み、政治・行政融合論が生まれた。
- 行政と政治は峻別することができない。
- 組織における人間は心情的側面を持つとする。
- 自発的な非定型組織（インフォーマル組織）の存在を重視。

科学的管理法と人間関係論

科学的管理法

組織構成員を合理的存在としてみる機械的人間論に基づいて、効率性を追求する立場である。19世紀末、アメリカで工業化が進む中、テイラーは作業の要素動作研究と最短時間研究を通して作業の標準化を図った。しかし、ホーソン工場実験を機に、科学的管理法は衰退する。

人間関係論

メイヨーとレスリスバーガーによるホーソン工場実験（1924～32）において、「職場内の物理的な作業環境を整備すれば、能率が向上する」と仮定したが、実験の結果、環境と作業能率の間には明確な関係が認められなかった。このことから、職場内の人間関係が労働者のモラール（労働意欲）に影響を与えるということが明らかになった。

このように、人間関係論では非定型組織（インフォーマル組織）に着目し、全体としての人間の主体性を回復することを目的とする。

行政責任論（ＦＦ論争）

20世紀の行政国家下における行政責任のあり方について、新理論を唱えたフリードリヒとファイナーとの間で論争が起きた。

	フリードリヒ（新理論）	ファイナー（旧理論）
呼 称	内在的責任論	外在的責任論
理論背景	現代行政国家現象への対応	伝統的な憲法原理重視
争 点	行政内部からの責任追及重視	議会からの責任追及重視
重視する責任	応答責任：国民に対する応答 機能的責任＋政治的責任	弁明責任：議会に対する弁明 →制度的責任
行政理論	政治・行政融合論 機能的行政学	政治・行政峻別論 技術的行政学

社会学 重要ポイント

集団類型論

組織集団について、さまざまな類型化がなされている。

提唱者	集団類型	意味
クーリー	第一次集団	対面的な直接的接触による親密な結合と協力を特色とする。家族や遊び仲間等。
	第二次集団	間接的接触に基づいて目的別に形成。国家、政党など。クーリーの後継者が発案。
テンニース	ゲマインシャフト	愛情、了解といった、人間にとって本質的なものを表す本質意志に基づく結合のあり方(共同社会)。
	ゲゼルシャフト	人為的、作為的に形成される形成意志(選択意志)に基づく、打算的でインパーソナルな結合のあり方(利益社会)。
マッキーバー	コミュニティ	一定の地域において営まれている自生的な共同生活。全体的関心を共有する。
	アソシエーション	ある特定の関心(部分的関心)を追求し、特定の目的を実現するために人為的に生成される。家族、組合、国家など。コミュニティの一機関である。
サムナー	内集団	自分がそこに所属し、そこに所属する人々を「われわれ」と意識しうる集団。帰属感や愛着心を持つ。
	外集団	そこに所属する人々を「彼ら」としてしか意識できない集団。違和感や敵意を持つ。
メイヨー	フォーマル・グループ	明示化された目標、地位、役割を持って人為的に形成された集団。
	インフォーマル・グループ	フォーマル・グループ内部で自生的に感情を伴って形成される非制度的集団。暗黙の集団規範を作る。職場での仲間集団など。

アノミー論

アノミーとは、社会規範が崩壊し、人々の欲求が無規制状態になること。ここから自殺や犯罪などの反社会的行動が起きる。

デュルケム『自殺論』

- **自己本位的自殺**：社会の凝集性が低下し、個人主義が行き過ぎた社会で起こりやすい。
- **集団本位的自殺**：凝集性が高く、個人が社会に埋没している社会に起こりやすい自殺。前近代社会によくみられる。自己犠牲、切腹など。
- **アノミー的自殺**：社会の急激な変化によって欲望の無規則に陥って起きる。凝集性の低い社会に起こりやすい。

マートンの逸脱行動論

マートンは、逸脱行動を分析するために、社会の成員によって追求されるべきと認められている目標である「文化的目標」と、文化的目標を達成するために制度的に認められている手段である「制度的手段」との乖離から、アノミー状態に陥り逸脱行動が起きるとした。この文化的目標と制度的手段の受け容れの組み合わせにより、人々が取りうる5つの行動様式(同調、革新、儀礼主義、逃避主義、反抗)を類型化した。

	同 調	革 新	儀礼主義	逃避主義	反 抗
文化的目標	受 容	受 容	放 棄	放 棄	拒 否
制度的手段	受 容	拒 否	受 容	放 棄	拒 否
例	エリート	犯罪者	小市民	浮浪者	革命家

都市論

ワース 「アーバニズム」

アーバニズムとは、都市に特徴的な生活様式のこと。以下の３つの側面から捉えられる。

①人間生態学：第二次接触の増大、社会移動。

②社会組織：家族的絆・近隣結合の弱体化、自発的集団の続出。

③社会心理学：アノミー増大、無関心の態度、主体性喪失。

4 行政分野　国際関係

国連の組織及び活動

国連総会

●国連の基本的な運営に係る事項を決議する。

安全保障理事会

●常任理事国(英・米・露・仏・中)と非常任理事国(総会で10か国選出・任期2年・再選不可)からなる。常任理事国には拒否権がある。

経済社会理事会

●理事国54か国、任期3年。経済、社会、文化、教育、保健に関する事項につき研究・報告を行い、総会や加盟国、関連機関に勧告する。

国連事務局

●事務総長(任期5年、安保理の勧告に基づき総会が任命)と事務局職員(事務総長が任命)で構成される。

国際司法裁判所

●裁判官15名(任期9年、総会と安保理が選挙)で構成され、国際法上の紛争、国境や漁業権に関する紛争について、国家を当事者として裁判を行う。全当事者が裁判に紛争を付託する意思表示を行うことが必要。

EU(欧州連合)

発足時加盟国

仏・西独・伊・蘭・ベルギー・ルクセンブルク

＋英・アイルランド・デンマーク(1973)＋ギリシャ(81)＋スペイン・ポルトガル(86)＋オーストリア・スウェーデン・フィンランド(95)＋ポーランド・スロバキア・チェコ・ハンガリー・スロベニア・キプロス・マルタ・エストニア・ラトビア・リトアニア(2004)＋ブルガリア・ルーマニア(07)、クロアチア(13)

＊2020年に英国が離脱。

シェンゲン協定

ヨーロッパの国家間において国境検査なしで国境を越えることを許可する協定。26か国が参加。

環境

- 1971　ラムサール条約採択：水鳥等の生息地となる湿地保護を目指す
- 1973　ワシントン条約採択：絶滅の恐れのある野生動物の国際取引を禁止。
- 1985　オゾン層保護のためのウィーン条約
  ⇒87　モントリオール議定書採択
- 1992　地球サミット開催（リオデジャネイロ）
  気候変動枠組条約（地球温暖化防止条約）採択（94年発効）
  大気中の温室効果ガス濃度の増加に伴う気候変動を防止。
  ⇒気候変動枠組条約締約国会議（ＣＯＰ）が意思決定機関
- 1997　国連気候変動枠組条約第３回締約国会議（ＣＯＰ３ 京都会議）
  ⇒京都議定書採択（05年発効）
  温室効果ガス削減のための国際協定。
- 2015　ＣＯＰ21でパリ協定採択
  発展途上国を含め、全196か国に温室効果ガス削減のための目標設定と対策を義務づけた。
  しかし、目標達成の義務化は見送られ、2017年にはアメリカのトランプ政権がパリ協定からの離脱を表明した。

軍縮の動向

- 1991　ソ連解体⇒独立国家共同体（ＣＩＳ）
  第一次戦略兵器削減条約（ＳＴＡＲＴⅠ）：米ソの核弾頭数を削減
- 1993　第二次戦略兵器削減条約（ＳＴＡＲＴⅡ）：未発効
- 1996　包括的核実験禁止条約（ＣＴＢＴ）⇒米が批准拒否で未発効
- 1997　化学兵器禁止条約発効
- 1999　対人地雷全面禁止条約発効
- 2008　クラスター爆弾禁止条約採択⇒2010年発効
- 2010　新戦略兵器削減条約調印（米ロ）
- 2017　核兵器禁止条約採択⇒日本は不参加

法律分野

5 憲法

重要ポイント

試験によく出る違憲判決

- 尊属殺人(親殺し)を普通殺人よりも重く処罰すること自体は合理性がある。
  しかし、その法定刑を死刑又は無期懲役という極めて重い罰に限定する点は、普通殺人が３年以上の懲役刑(当時)としていることと比べ著しく不合理であり、憲法14条に反し無効。

- 薬局の開設等の許可基準として適正配置規制を定めたことは、憲法22条１項に違反し、無効。

- 女性について６か月の再婚禁止期間を定める民法の規定のうち、100日を超えて再婚禁止期間を設ける部分は、憲法14条、24条に反する。

- 森林の細分化を防止して森林経営の安定を図ることを目的として、持分価格２分の１以下の共有者の分割を禁止する森林法の規定は、憲法29条２項に反する。

- 衆議院議員選挙に際し、外国に居住する日本国民の選挙権の行使を比例代表選出議員の選挙に限定し、小選挙区選出議員の選挙についてはその措置を取らないことは、憲法15条に反する。

- 法定相続分について、嫡出でない子は嫡出子の２分の１とする規定は憲法14条に反する。

- 県が玉串料等を靖国神社や護国神社に奉納したことは、憲法20条３項が禁止する「宗教的活動」に当たり、憲法違反である。

司法権に関する重要判例

●民事裁判、刑事裁判、行政事件の裁判を含め、すべての裁判作用を司法権としてこれを通常裁判所に属するとし、特別裁判所の設置を禁止した。

●家庭裁判所は、特別裁判所ではない。裁判員制度は、地方裁判所に属するものであり、その第一審判決に対しては控訴・上告が認められており、特別裁判所には当たらない。

●現行の制度の下においては、特定の者の具体的な法律関係につき紛争の存する場合においてのみ、裁判所にその判断を求めることができる。裁判所が具体的事件を離れて、抽象的に法律・命令等の合憲性を判断する権限は有しない。

●地方議員の出席停止の懲罰について司法審査は及ばない。
地方議員の除名処分に関する争いは司法審査の対象となる。

●大学で学生が科目を履修し、試験に合格したことを確認する単位認定について司法審査は及ばない。
専攻科修了認定に関する争いは司法審査の対象となる。

●政党の党員処分が一般市民法秩序と直接の関係を有しない内部的な問題にとどまる限り、裁判所の審査権は及ばない。
一般市民としての権利利益を侵害し、裁判所の審査が及ぶ場合でも、党員処分が適正な手続に則ってなされたか否かの審理に限られる。

●法律上の争訟として裁判所による法律的な判断が理論的には可能であるが、直接国家統治の基本に関する高度に政治性のある国家行為は、事柄の性質上、司法審査の対象から除外される。これを統治行為という。この理屈で安保条約の合憲・違憲の判断、衆議院解散の効力についての判断は、司法審査の対象から除外された。

●国会議員の立法行為は、立法の内容が憲法の一義的な文言に違反しているにもかかわらず、国会があえて当該立法を行うというごとき例外的な場合を除き、国家賠償法１条１項の規定の適用上、違法の評価を受けない。

6

法律分野

行政法

重要ポイント

行政の活動

●行政の活動は、公共の福祉のために(つまり多くの国民を守るために)、個々の国民の自由・権利を制限する活動になる場合が多いため、行政の活動は国会で定める「法律」によらなければならない。これを法律による行政の原理という。
行政活動は法律に違反してはならないこと(法律優位の原則)はもちろん法律の根拠がなければならない(法律留保の原則)。

●国会(法律)では、行政政策の目的や要件などの大枠を定め、その具体的な詳細事項は行政機関に委任し、行政機関が定める(「命令」という)。内閣が定めれば政令、各省大臣が定めれば省令と呼ぶ。
法律の委任は白紙委任(一般的授権)ではなく、具体的な委任でなければならない。
そして行政機関の命令は、当該法律の委任の範囲で定めなければならない。
他方、直接国民の権利・義務を規律するのではなく、行政機関内部で取扱の統一を期すための命令(訓令・通達)は、組織内部間のものであり、法律の根拠はいらない。

●法律そしてその法律を具体化する命令に基づいて、行政機関が行う行為を行政行為という。
許可、特許、認可、確認、免許など、その性質に応じて分類されている。行政行為には、公定力、不可争力などの性質がある。

●行政機関は法律で決められたことだけではなく、国民に任意の協力を求める形でもそのときどきの行政需要に応じて行政活動を行う(行政指導)必要もある。
ただ、法律の根拠もなく、任意という形で、実質的には強制することになってしまう可能性もあるため、行政手続法で、行政指導はあくまでも相手方の任意の協力によってのみ実現されるものであること、など細かく注意を促している。

●国民に行政上の義務を課しても履行されない場合には、義務の履行を強制する。その義務が、代替的作為義務であれば、行政代執行法によって行政機関が代わりにその義務を実行し、その費用を本人から徴収する。これを代執行という。
履行しない場合に制裁を加え、その威嚇効果で履行を促す場合もある。これを行政罰といい、刑事裁判などの刑事手続にのっとる行政刑罰(懲役、禁錮、罰金、科料)と、刑事手続は不要で直接行政機関が科す行政上の秩序罰(過料)がある。

国民を救済する制度

行政不服審査法

●①行政庁の処分に不服がある場合、②法令の申請に基づき処分についての申請をしたのに相当期間を経過しても何らの処分をしないとき(不作為)は、当該処分庁の最上級行政庁に審査請求できる。
審理手続は、審査請求を受けた審査庁とは別の審理員が進め、審理が終結したときは審査庁は行政不服審査会へ諮問をする。
審査会は調査審議をして答申をする。
答申、審理員の意見を踏まえて審査庁は結論をだす。

行政事件訴訟法

●行政事件訴訟には(１)抗告訴訟、(２)当事者訴訟、(３)民衆訴訟、(４)機関訴訟の４つの類型がある。抗告訴訟には、①処分の取消の訴え、②裁決の取消の訴え、③無効等確認の訴え、④不作為の違法確認の訴え、⑤義務付けの訴え、⑥差止の訴えの６つの訴えがある。

国家賠償法

●国又は公共団体の公権力の行使に当たる公務員が、その職務を行うについて、故意又は過失によって違法に他人に損害を加えたときは、国民は加害行為を行った公務員ではなく、国又は公共団体に賠償を求めることができる。
ただし、その公務員の行為が故意・過失に基づくことを必要とする。
●道路、河川その他の公の営造物の設置又は管理に瑕疵があったために他人に損害を生じたときは、国又は公共団体は無過失責任を負う。

法律分野

7 民法

重要ポイント

制限行為能力者保護制度

● **行為能力**：単独で有効に法律行為をなし得る資格。

● **制限行為能力者**：能力が劣った者を保護するため、保護機関がつけられる一方、単独で契約などを行うことを制限されている。

制限行為能力者の類型

<table>
<tr><th></th><th>未成年者
（4条）</th><th>成年被後見人
（8条）</th><th>被保佐人
（11条）</th><th>被補助人
（15条）</th></tr>
<tr><td>保護機関</td><td>親権者又は、後見人</td><td>成年後見人</td><td>保佐人</td><td>補助人</td></tr>
<tr><td>原則</td><td>契約には保護機関の同意が必要</td><td>単独で契約不可。後見人が代理</td><td colspan="2" rowspan="2">単独で契約可</td></tr>
<tr><td>効果</td><td>同意のない場合は取り消しうる</td><td>単独で行った行為は取り消しうる</td></tr>
<tr><td>例外</td><td>単に権利を得たり、処分を許された財産の処分は可。営業許諾を得たとき、婚姻したときは行為能力を付与</td><td>日常生活に関する行為、身分行為は単独でできる</td><td>不動産など重要な財産に関する契約、訴訟、借財等には保護機関の同意が必要</td><td>左のうち一部を裁判所が指定</td></tr>
</table>

物権変動

所有権の移転は、売買契約等の意思表示と同時に起きる（意思主義、176条）。しかし、所有権の移転を第三者に対抗するには、対抗要件を具備しなければならない。この対抗要件は不動産の場合は登記（177条）、動産の場合は占有移転である（178条）。

不動産の二重売買が行われたときには、売買の先後ではなく登記の先後で優劣を決める。この際、後に譲り受けた者が既に売買がなされていることを知っていても良いが、信義に反する背信的悪意者は登記を有していても保護されない。ただし、背信的悪意者からさらに権利を譲り受けた者は、自己が背信的悪意者でない限りは所有権を取得しうる。

債務不履行

契約を結び債務を負ったにもかかわらず、債務者が債務の本旨に従った債務の履行をしないことを債務不履行という。

債務不履行の類型

	履行遅滞 (415条前段)	履行不能 (415条後段)	不完全履行 (明文なし)
内容	履行期を徒過	契約後に履行が不能	契約後に履行が不能
要件	債務者に帰責事由(故意・過失)があること		
効果	①損害賠償(415条)、②契約の解除(541、542条)、③強制履行(414条)		

相続分

●①遺言によって指定していればそれに従う(902条　指定相続分)
●②指定がなければ法律の規定による(900条　法定相続分)
⇓

❶子がいれば、子が相続＋配偶者も(1／2ずつ)
❷子がいなければ、孫が代襲相続(取り分は子と同じ)
❸子も孫もいなければ、親が相続(1／3)＋配偶者も(2／3)
❹子・孫・親がいなければ兄弟が相続(1／4)＋配偶者も(3／4)
❺兄弟がいなければ、兄弟の子が代襲相続(取り分は兄弟と同じ)

●血族には①子、②直系尊属、③兄弟姉妹という順番が付けられ、前者がいない場合にのみ後者が相続人となる(887条、889条)。
●配偶者は常に第1順位で、共同相続人が②③と順位が下がるにつれ取り分の割合が増える。
●①、③がおらずその子がいるときには、代襲相続が生じる。再代襲はひ孫の場合のみ生じる。
●同順位者が複数いる場合には、頭数で平等に分割する。

8
法律分野

刑法

罪刑法定主義

●**意義**：犯罪と刑罰をあらかじめ法律で定めること。
●**目的**：国民の行動の自由を保障する。
●**内容**：①「あらかじめ」……事後法（事後処罰）の禁止 。
②「法律で」……法律主義（国会が決める）。
●**派生原則**：
①慣習刑法の排除　ただし、条文の文言を解釈する際に慣習を考慮することは許される。
②類推解釈の禁止　ただし、被告人に有利となる類推解釈は許される。
③絶対的不定期刑の排除　ただし、刑の長期と短期とが定まっている、「相対的」不定期刑は認められる。
④刑罰法規不遡及の原則……実行のときに犯罪とされていない行為は、その後の法律により犯罪とされても、遡って処罰されることはない。
⑤明確性の原則……刑罰法規の文言は明確でなければならない。
●**罪刑法定主義と他の原則**：
①一事不再理の原則……一度処罰される危険にさらされたならば、重ねて刑事上の責任を問うてはならない（二重の危険の禁止）。
②責任主義……行為者に非難が可能な場合にのみ処罰するという原則。

公務執行妨害罪

公務員が職務を執行するに当たり、これに対して暴行又は脅迫を加えた者は、３年以下の懲役若しくは禁錮又は50万円以下の罰金に処する。
●本条は、公務員を特別に保護する趣旨の規定ではなく、公務員によって執行される公務そのものを保護するものである。
●暴行、脅迫により現実に職務執行妨害の結果が発生したことを必要としない。
●直接公務員の身体に対して加えられる場合に限らず、当該公務員の指揮に従いその手足となって、その職務の執行に関与する補助者に対してなされた場合を含む。

財産犯

財産犯とは、個人の財産を保護法益とする犯罪類型である。
行為の客体が財物である「財物罪」と、行為の客体が財産上の利益である「利得罪」（2項犯罪）とに分かれる。

財産犯の類型

<table>
<tr><th></th><th>客体</th><th>行為</th><th colspan="2">犯罪類型</th></tr>
<tr><td>窃盗罪
(235)</td><td rowspan="4">他人の
占有する物</td><td>窃取：相手方の意思に反して財物の占有を移転する行為のうち、暴行・脅迫を手段としないもの</td><td rowspan="2">盗取罪</td><td>利益窃盗は不可罰</td></tr>
<tr><td>強盗罪
(236)</td><td>強取：相手方の反抗を抑圧するに足りる暴行・脅迫を手段として占有を奪う行為</td><td rowspan="3">利得罪も有</td></tr>
<tr><td>詐欺罪
(246)</td><td>騙取：他人を騙して錯誤に陥れ、財物を交付させること</td><td rowspan="2">交付罪</td></tr>
<tr><td>恐喝罪
(249)</td><td>喝取：被害者の反抗を抑圧するに足りない暴行・脅迫によって、人を畏怖させ、財物を交付させること</td></tr>
<tr><td>横領罪
(252)</td><td>自己の
占有する物</td><td>横領：自己の占有する他人の物をほしいままに処分する行為(不法領得の意思の発現行為すべて)</td><td colspan="2">非移転罪</td></tr>
<tr><td>背任罪
(247)</td><td>全体財産</td><td>背任：他人の事務を処理する者が、任務に違背すること</td><td colspan="2">物・利益</td></tr>
</table>

9

法律分野

労働法

重要ポイント

労働者を守るために、労働契約法、労働基準法、労働組合法が定められている。

労働契約法

労働契約法

- 労働者の保護を図りつつ、個別の労働関係の安定に資することを目的として、労働契約は、労働者及び使用者の自主的な交渉の下で、合意により成立し、又は変更されるという合意の原則を定める。
- 合意があっても、就業規則で定める基準に達しない労働条件を定める労働契約は、その部分については、無効とし、無効となった部分は、就業規則で定める基準によるとした。
- 期間の定めのない労働契約の場合、30日前予告で解雇できる。ただし、その場合であっても、客観的に合理的な理由を欠き、社会通念上相当であると認められない場合は、解雇はその権利を濫用したものとして、無効とする。

労働基準法

- 労働者を保護するために最低基準をこの法律で決めている。
この法律で定める労働条件の基準は最低のものであるから、労働関係の当事者は、この基準を理由として労働条件を低下させてはならないことはもとより、その向上を図るように努めなければならない。

(1)賃金

賃金は、①通貨で、②直接労働者に、③その全額を、④毎月1回以上、⑤一定の期日を定めて支払わなければならない。

・通貨払いの原則には例外がある。労働者の同意があれば銀行振込でもよい。

・直接払わなければならないので、使用者は、労働者に対する債権で賃金債権を相殺することは許されない。
・賃金債権の譲渡は認められないので、たとえ通知・承諾があっても債権の譲受人への支払いは賃金債権の支払いにはならない。
・全額払いの原則には法令などの例外がある。法令による控除として所得税の源泉徴収、社会保険料。労使協定によるチェックオフ。

(2)年次有給休暇

使用者は、その雇入れの日から起算して、①6か月間継続勤務し、②全労働日の8割以上出勤した労働者に対して、継続し、又は分割した10労働日の有給休暇を与えなければならない。
・有給休暇は上記の要件を満たせば権利として発生する。
・いつ行使するかの時季指定権は労働者にある。
・ただし、請求された時季に有給休暇を与えることが事業の正常な運営を妨げる場合においては、使用者は他の時季にこれを与えることができる(時季変更権)。
・労使協定で有給休暇の日数のうち5日を超える部分については、その定めにより有給休暇を与えることができる(有給休暇の計画的付与制度)。

労働組合法

●この法律で「労働組合」とは、労働者が主体となって自主的に労働条件の維持改善その他経済的地位の向上を図ることを主たる目的として組織する団体又はその連合団体をいう。ただし、以下のものは除く。

1　使用者の利益を代表する者の参加を許すもの。
2　使用者の経理上の援助を受けるもの。ただし、以下のものは除く。
　①労働者が労働時間中に時間又は賃金を失うことなく使用者と協議し、又は交渉することを使用者が許すこと。
　②厚生資金又は経済上の不幸若しくは災厄を防止し、若しくは救済するための支出に実際に用いられる福利その他の基金に対する使用者の寄附。
　③最小限の広さの事務所の供与。
3　共済事業その他福利事業のみを目的とするもの。
4　主として政治運動又は社会運動を目的とするもの。

10 経済原論

経済分野

ミクロ経済理論

消費者行動

● **効用最大化条件**：X財とY財の消費において、

価格比＝限界効用の比(限界代替率) $\frac{Px}{Py}=\frac{MUx}{MUy}$

● **代替効果と所得効果**：代替効果は相対価格の変化が需要量に及ぼす効果のこと。相対価格が低下した財の需要量は増加し、相対価格が上昇した財の需要量は減少する。
所得効果は、実質所得の変化が需要量に及ぼす効果のことで、所得の変化と需要量の変化が正の相関関係にある財を上級財(正常財)、負の相関関係にある財を下級財(劣等財)という。

● **ギッフェン財**：下級財であって、価格変化による代替効果を所得効果が上回ることによって、価格と需要量が正の相関関係として表される財(右上がりの需要曲線)。

完全競争企業

● **完全競争企業の利潤最大化条件**：価格＝限界費用(p＝ＭＣ)

＊独占企業の利潤最大化条件は、限界収入＝限界費用。

● **損益分岐点**：利潤(＝総収入－総費用)がゼロとなる生産水準。
価格＝限界費用＝平均費用(p＝ＭＣ＝ＡＣ)

● **操業停止点**：総収入と総可変費用が等しく、固定費用全額が損失となる生産水準。
価格＝限界費用＝平均可変費用(p＝ＭＣ＝ＡＶＣ)

市場均衡と効率性

● **パレート最適**：経済のある状態において、その状態を変更した場合に他の経済主体の状態を悪くすることなく、ある経済主体の経済状態を良くすることは、もはやできないような状態を、「パレート最適である(パレート効率的である)」という。

● **厚生経済学の基本定理**：完全競争下の市場均衡において実現する資源配分はパレート最適である。

市場の失敗

- **公共財の定義**：消費の非競合性（共同消費性）と非排除性（排除コスト大）という２つの特徴を併せ持つ特殊な財。
- **外部性とピグー税**：ある企業（あるいは消費者）の行動が市場を介せず第三者である経済主体に不利益をもたらす場合（外部不経済）や利益をもたらす（外部経済）場合、外部性が存在するという。
  前者の場合には企業に課税したり、後者の場合には企業に補助金を与えるなどすることで資源配分の効率性を回復することができ、このような政策をピグー税（ピグー的課税）という。

マクロ経済理論

国民経済計算

- **ＧＤＰの三面等価**：生産面からみたＧＤＰは分配面（付加価値）や支出面からみても同じ価値となり、ＧＤＰ＝付加価値の合計＝総支出。
- **総支出の構成**：総支出＝民間最終消費支出＋政府最終消費支出＋国内総資本形成＋財・サービスの純輸出。
- **ＧＤＰとＧＮＰ**：ＧＮＰ（国民総生産）＝ＧＤＰ＋海外からの所得の純受取。
- **ＮＮＰ（国民純生産）**：ＮＮＰ＝ＧＮＰ－固定資本減耗。
- **ＮＩ（国民所得）**：ＮＩ＝ＮＮＰ－間接税＋補助金。

ＩＳ－ＬＭモデル

縦軸に利子率を、横軸に国民所得をとると、一般的には、財市場均衡を表すＩＳ曲線は右下がりに、貨幣市場均衡を表すＬＭ曲線は右上がりに描かれる。両市場が同時に均衡する両曲線の交点で、均衡利子率と均衡国民所得が決まる。

- **拡張的財政政策**：ＩＳ曲線は右にシフト→利子率は上昇し、国民所得は増加。
- **金融緩和政策**：ＬＭ曲線は下方へシフト→利子率は低下し、国民所得は増加。
- **金融引締政策**：ＬＭ曲線は上方へシフト→利子率は上昇し、国民所得は減少。
- **流動性のわな**：ケインズの流動性選好説において、貨幣需要の利子弾力性が無限大となるとき、非常に低い利子率のもとでＬＭ曲線が水平に描かれるケース。この場合、金融政策は無効となり、国民所得を増加させることはできない。

11 経済分野

財政学

重要ポイント

租税体系

直接税と間接税

- **直接税**：法律上の納税義務者と担税者(最終的に税を負担する者)が一致することを、立法者が予定している税。所得税、法人税、贈与税など。
- **間接税**：法律上の納税義務者が税を価格に上乗せすることによって税を負担せず、最終的な購入者が税を負担するものと立法者が予定している税。消費税、酒税、たばこ税など。

普通税と目的税

- **普通税**：所得税や法人税など、一般的な財政支出に充てられる税。
- **目的税**：税収入の使途が特定されている税。

租税理論

利益税と能力税

- **利益税(応益税)**：政府が提供する公共財・公共サービスから受ける便益の大きさに応じて税を負担すべきとする考え。
- **能力税(応能税)**：納税者の租税負担能力(経済的能力など)の大きさに応じて税を負担すべきとする考え。
- 課税の基本原則は、公平性・中立性・簡素性の３つである。
  累進所得課税は、高所得者層の税率をより高くして低所得者層へ再分配し、垂直的公平性を確保しようとするものであるが、過度の累進税率によって勤労意欲が阻害されると、資源配分の効率性の観点からみた中立性の原則が損なわれる。

負の所得税

- **負の所得税**：一定の所得水準に満たない低所得者に対しては、所得税を徴収する(正の所得税)のではなく、公的扶助として政府が所得補助(負の所得税)をするというアイデア。M.フリードマンによる。

ラムゼーの最適課税原理

- 間接税によって、ある一定額の税収入を確保しようとする場合、資源配分上の歪みを最小にするためには(中立性の原則を損なわないためには)、どのように税率を決定すべきか。
- **ラムゼー・ルール**：個別の財に対する税率は、その財に対する「需要の価格弾力性に反比例するように」決定されなければならない。(逆弾力性の命題)

学 説

租税と経費

- **スミスの租税原則**：公平、明確、便宜、徴税費最小。
- **ワグナーの経費膨張の法則**：財政経費は歴史的にみて、社会の進歩とともに絶対額でも相対額でも増大する傾向がある。
- **ブキャナンの公共選択理論**：代議制民主主義のもとでは、政治家は有権者の支持を得るために予算獲得を目指して特定集団への支出が既得権益化し、財政赤字になりがちであるため、均衡予算原則を主張。
- **ピーコック=ワイズマンの転移効果**：戦争などによって経費が膨張すると、高水準の経費が維持され、こうしたプロセスの繰り返し(転移)によって長期的に経費は膨張する。

公債発行と将来への負担

- **ブキャナン**：公債発行は、将来の償還時において強制的に増税がなされるため、将来への負担の転嫁となる。
- **バロー**：公債発行において、現在世代は将来の償還時における増税を予想して貯蓄するため、将来世代への負担の転嫁はない。
- **ラーナー**：公債発行は、民間が保有する資産の一部が政府に移転するが、一国全体としての資産は不変であるため、内国債の場合は将来世代への負担の転嫁はない。ただし、外国債の場合は将来世代への負担の転嫁となる。
- **モディリアーニ**：公債発行は、完全雇用下で発行されると民間投資が抑制されることで資本蓄積が妨げられるため、生産力低下という将来への負担の転嫁となる。
  ただし、不完全雇用の場合には、将来への負担の転嫁はない。
- **ボーエン=デービス=コップ**：公債発行は、将来の償還時に増税がなされる場合、将来世代の消費量が可処分所得の減少によって低下するため、将来への負担の転嫁となる。

予算制度

予算には以下のような基本原則がある。

予算原則

- **事前議決（事前性）の原則**：政府は予算の執行前に国会の議決を経ること。
- **総計予算主義（完全性）の原則**：国の収入・支出は全額、予算に計上すること。
- **国民に対する報告（公開性）の原則**：内閣は毎年、国の財政状況を報告すること。

３つの予算

日本の国家予算は以下の３つの予算から成り、すべて国会の審議・議決が必要とされる。

- **一般会計予算**：社会保障、公共投資、教育、防衛など、国の基本的経費を賄う予算。
- **特別会計予算**：特定の事業を行う場合、あるいは特定の資金を保有してその運用を行うとき、一般の歳入・歳出と区別する必要がある場合の予算。
- **政府関係機関予算**：特別の法律によって設立された法人で、その資本金が全額、政府支出であるような機関の予算。
- 予算は会計年度ごとに作成されるが（予算の単年度主義）、日本の会計年度は４月１日から翌年３月31日までとなる。
  イギリスは日本と同じで、アメリカは10月から１年間、ドイツ・フランスは１月から１年間である。

本予算と暫定予算、補正予算

- **本予算**：年度が始まる前に成立する予算。当初予算とも呼ばれる。
- **暫定予算**：新年度開始までに本予算が成立していないとき暫定的に組まれる予算で、本予算成立後は失効し、本予算に吸収される。
- **補正予算**：社会・経済情勢の変化や天災など、予算執行の段階で当初予算通りの執行が困難・不可能、不適切になったとき、新たな経費の増加など必要に応じて編成される予算。
- 本予算をはじめとする３つの予算編成はすべて、国会の審議・議決が必要とされる。

歳入と歳出

一般会計予算

- 一般会計予算の歳入は「租税・及び印紙収入」と「公債金収入」から成る。歳出は、社会保障費や公共投資、及び地方交付税交付金など「基礎的財政収支対象経費」と、国債の元利払いに充てられる「国債費」から成る。
- **国民負担率**：国民所得に対する「租税負担＋社会保障負担」の割合。
- **潜在的国民負担率**：国民所得に対する「租税負担＋社会保障負担＋財政赤字」の割合。
- **基礎的財政収支（プライマリー・バランス）**：国債の利払い及び債務償還費を除いた歳出（基礎的財政収支対象経費）が、公債金収入以外の収入（主に租税収入）で賄われているかどうかの財政収支状況。

国債の発行

財政法

- **建設国債の原則**：公共事業費、出資金及び貸付金の財源に充てる場合にのみ、国債を発行できる（財政法第４条）。
- **市中消化の原則**：国債の日銀引受けによる発行は原則禁止。ただし、特別の事由がある場合は国会の議決の範囲内で可能（財政法第５条）。

12 経済政策

経済分野

財政政策

●**拡張的財政政策**：不況対策としての減税や政府支出の増加。ＩＳ－ＬＭモデルにおいてＩＳ曲線は右シフト。

●**クラウディングアウト効果**：政府支出が増加した場合、利子率の上昇によって民間投資が抑制されることで、当初の国民所得増大効果が抑制されてしまうこと。

●**裁量的財政政策**：好況・不況に応じて政府が財政政策変数(租税・政府支出)を用いることによって、景気の安定化を図ること。

●**自動安定化機能(ビルトイン・スタビライザー)**：財政制度の中に景気を安定化するような仕組みがあらかじめ組み込まれていることをいう。例えば失業給付のような社会保障制度や累進税のような租税。

●**乗数効果**：減税や政府支出増大などの拡張的財政政策によって、その額の数倍の大きさで国民所得を増大させる効果。

●**均衡予算乗数**：政府支出増加(ΔＧ)による拡張的財政政策の財源を増税(ΔＴ)で賄い、ΔＧ＝ΔＴとなるように政策を実施した場合の乗数。単純なモデルでは、均衡予算乗数の値は１となる。

リカード＝バローの中立命題(同値定理もしくは等価定理)

政府が財政赤字を公債発行によって賄う場合、将来的な増税によって負担が転嫁されるかどうかの議論において、公債が発行された場合に経済主体はあらかじめ増税を見込んで貯蓄をするため、将来への負担の転嫁はない。

●**リカードの中立命題**：リカードの場合、同一世代内での公債発行と償還が行われるため、財政赤字を公債で賄っても増税で賄っても同一世代における経済的効果は同じであり、世代間の所得移転の問題は議論されない。

●**バローの中立命題**：バローの場合、世代の枠を超えて公債発行と償還が行われる。現在世代は将来の償還時点における増税を見込んで貯蓄するため(子や孫に資産を残す)、公債発行も増税も経済効果は同じであり、来世代への負担の転嫁はない。

金融政策

金融政策とは中央銀行がマネーストックM(貨幣量)をコントロールすることによって、経済活動水準(国民所得)や物価を安定化させるための政策である。

金融政策

- **金融緩和政策**：Mの増加。
- **金融引締政策**：Mの減少。
- **伝統的金融政策の手段**：中央銀行が政策金利のコントロールを通じてMを調整。
- **非伝統的金融政策**：政策金利がゼロに近い水準にある状況のもとで、中央銀行が国債を含む大規模な金融資産を大量に購入することによって、より一層の金融緩和効果を追求する政策。
- **インフレ・ターゲット**：金融政策を行う際に定める物価上昇率の目標値。ニュージーランドが1998年に採用、その後、カナダ、イギリス、オーストラリアが採用した。アメリカでは「インフレーション・ゴール」、イギリスでは「物価安定目標」と呼ぶ。

貨幣乗数

中央銀行がコントロールできるハイパワードマネー(H)と、信用創造を通じたマネーストック(M)との関係を表したものを貨幣乗数という。貨幣乗数mを介してM＝m×Hで表され、Hをコントロールすることによって、そのm倍だけMが創造される。

M＝現金(C)＋預金(D)、H＝現金(C)＋準備金(R)とすると、

貨幣乗数mは、$m=\dfrac{\dfrac{C}{D}+1}{\dfrac{C}{D}+\dfrac{R}{D}}$ となる。

マンデル=フレミング・モデルと財政・金融政策の効果

ＩＳ－ＬＭモデルに国際収支均衡(ＢＰ)を加えてモデルを拡張したものをマンデル=フレミング・モデルという。

国際収支が均衡しているときの利子率と国民所得の組み合わせをＢＰ曲線で表し、ＩＳ-ＬＭ-ＢＰモデルともいう。

財政・金融政策の効果

	変動相場制度		固定相場制度	
	財政政策	金融政策	財政政策	金融政策
資本移動完全自由	無 効	有 効	有 効	無 効
資本移動なし	有 効	有 効	無 効	無 効

13 経済事情

経済分野

日本経済

●**いざなぎ景気**：1965年11月～1970年7月までの57か月にわたる好景気。

●**アベノミクスの三本の矢**：安倍政権の経済政策の柱で、「大胆な金融政策」、「機動的な財政政策」、「成長戦略」の３つ。

世界経済

●**リーマン・ショック**：2008年９月の投資銀行リーマン・ブラザーズの破綻を発端としたアメリカ発世界的不況。

●**ギリシャ・ショック**：2009年10月、ギリシャの財政赤字が顕在化したことによって欧州全体に拡大した金融不安。

●**ＰＩＩＧＳ**：ユーロ圏で、経済・財政面に不安があるPortugal（ポルトガル）、Italy（イタリア）、Ireland（アイルランド）、Greece（ギリシャ）、Spain（スペイン）の５か国の略称。

●**ＥＵ（欧州連合）の「安定・成長協定」**：単一通貨ユーロの信認維持のため、ユーロ導入国が多大な債務を負わないように設定された財政規律で次の２つ。
①財政赤字の対ＧＤＰ比を３％以内に抑制。
②一般政府債務残高の対ＧＤＰ比を60％以内に抑制。

国際機関

●**ＩＭＦ(国際通貨基金)**：第二次世界大戦後、ドルを基軸通貨とする金ドル本位の固定為替相場制が国際通貨制度として採用され、その円滑な運営の基盤として設立された。

●**ＩＢＲＤ(国際復興開発銀行)**：世界銀行グループの一つ。ＩＭＦとともに第二次世界大戦後に設けられた国際的な開発金融機関。今日では貧困削減を目的として開発資金を供与。

●**ＷＴＯ(世界貿易機関)**：ＩＭＦとともに第二次世界大戦後に国際貿易体制を規定するＧＡＴＴ(関税・貿易に関する一般協定)が設立されたが、1995年に知的所有権など包括的な国際貿易ルールを規定するものとしてＷＴＯ協定が発効。

●**ＯＥＣＤ(経済協力開発機構)**：1961年にＯＥＥＣ(ヨーロッパ経済協力機構)を改組してヨーロッパやアメリカ、カナダなどによって組織された。日本は1964年に加盟。
ＯＥＣＤの三大目的は、①経済成長、②貿易自由化、③途上国支援に貢献すること。

●**ＦＴＡ(自由貿易協定)／ＥＰＡ(経済連携協定)**：ＦＴＡは自由貿易を促進するための二国・地域もしくは多国・地域間での自由貿易協定。関税その他の制限的通商規則などの撤廃を内容とする。
ＥＰＡは関税以外の幅広い分野を対象として経済取引の自由化を目指す。ＥＰＡ／ＦＴＡと表示される。

●**ＴＰＰ(環太平洋戦略的経済連携協定)**：2006年にシンガポール、ブルネイ、チリ、ニュージーランドの４か国によって発効された経済連携協定。
2010年以降アメリカ主導により急速に推進され日本も加盟したが、その後アメリカが脱退、2017年にアメリカ抜きで大筋合意。

編著者

公務員試験専門 喜治塾　こうむいんしけんせんもん きじじゅく

東京にある公務員試験に特化したスクール。1999年から公務員試験受験者への指導を行う。都庁・県庁・特別区をはじめ、国家総合職(法律)、外務省専門職員、国家一般職などで、毎年、多くの合格者を輩出している。過去の出題傾向を徹底的に分析・把握し、短期間で最大の効果を生み出す指導に定評がある。

〒169-0075 東京都新宿区高田馬場3-3-1　ユニオン駅前ビル5・8階
TEL 03-3367-0191　FAX 03-3367-0192　URL https://www.kijijuku.com/

代表

喜治賢次　きじ けんじ

慶應義塾大学法学部法律学科卒。東京の新宿区役所で、教育委員会、都市整備部などに所属。35歳で公務員を退職し、行政研究、政策提言活動とともに後進の指導に従事する。1999年に公務員採用試験の合格指導、現職公務員の研修を行う「喜治塾」を創立。並行して地域コミュニティ活動にも積極的に参加。2008年には内閣府政策企画調査官を務める。

10日でできる!

【上級】地方公務員　過去問ベスト

編著者　公務員試験専門 喜治塾
発行者　高橋秀雄
発行所　**株式会社 高橋書店**
　　　　〒170-6014 東京都豊島区東池袋3-1-1 サンシャイン60 14階
　　　　電話　03-5957-7103

本書の内容についてのご質問は「書名、質問事項(ページ、内容)、お客様のご連絡先」を明記のうえ、郵送、FAX、ホームページお問い合わせフォームから小社へお送りください。
回答にはお時間をいただく場合がございます。また、電話によるお問い合わせ、本書の内容を超えたご質問にはお答えできませんので、ご了承ください。本書に関する正誤等の情報は、小社ホームページもご参照ください。

【内容についての問い合わせ先】
書　面　〒170-6014 東京都豊島区東池袋3-1-1 サンシャイン60 14階　高橋書店編集部
ＦＡＸ　03-5957-7079
メール　小社ホームページお問い合わせフォームから　(https://www.takahashishoten.co.jp/)

【不良品についての問い合わせ先】
ページの順序間違い・抜けなど物理的欠陥がございましたら、電話03-5957-7076へお問い合わせください。
ただし、古書店等で購入・入手された商品の交換には一切応じられません。

10日でできる!

上級

地方公務員過去問ベスト

解答・解説

CONTENTS

1st DAY｜一般知能

問題は本冊12～17ページ

1 答 5

文章理解／現代文

1 第１段落に書かれている内容だが、経済事情にしか触れておらず、主旨としては不適。
2 第１段落に書かれている内容であるが、主旨としては不十分。
3 内容は合っているが、主旨としては第３段落の“目標”について触れる必要がある。
4 私たちの求めているものは、民族の平和と自立だけではない。第３段落参照。
5 第３段落の最後に書かれている内容で、主旨として妥当である。

2 答 1

判断推理／集合

「災害ボランティアに初めて参加したか２回以上か」「男性か女性か」「未成年か成年か」の３つで分類している。問題文で示されたア～オの条件をキャロル表で表すと下のようになる。

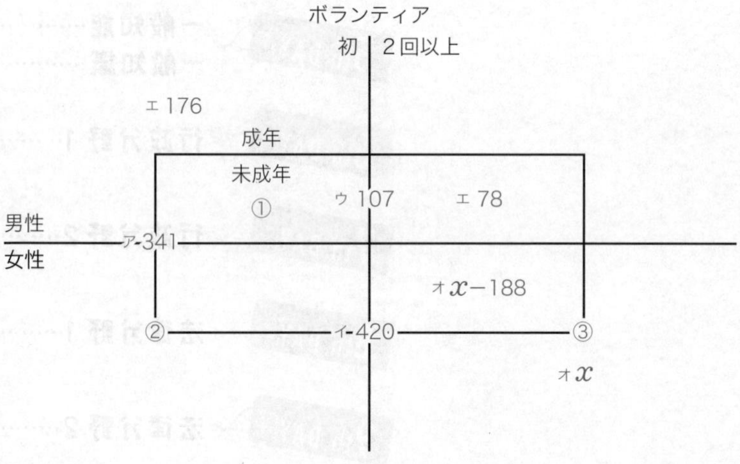

図の①（初・男・未）、②（初・女）、③（２回以上・女）は次のように求められる。

①$107-78=29$

②$341-176-29=136$

③$420-136=284$

以上より、$(x-188)+x=284$　⇒　$x=236$

よって、236人とわかる。

3 答 3

判断推理／順序

合唱した順番に関する条件である**ア〜オ**について、下のように図で表す(合唱した順番に左から並べる)。

ア　A○○○○D　もしくは　D○○○○A
イ　BE
ウ　C○○F　もしくは　F○○C
エ　CD
オ　E○○○G　もしくは　G○○○E

ア〜オを組み合わせると、次のことがわかる。

アと**エ**より　A○○○CD　……①　もしくは　CD○○○○A　……②
ウと**エ**より　CD○F　……③　もしくは　F○○CD　……④
イと**オ**より　BE○○○G　……⑤　もしくは　G○○BE　……⑥

①と②に③と④のいずれかを組み合わせてみると、次のようになる。

①と③　A○○○CD○F　←全部で8校になってしまうので不適

①と④　AF○○CD　……⑦

②と③　CD○F○○A　……⑧

②と④　F○○CD○○○○A　←全部で10校になってしまうので不適

次に、⑤と⑥に⑦と⑧のいずれかを組み合わせてみると、次のようになる。

⑤と⑦
⑤　BE○○○G
⑦AF○○CD
AFBECD○G

⑤と⑧
⑤　BE○○○G
⑧CD○F○○A
CD○FBEA○○G

↑どちらも7校を超えてしまうので不適↑

⑥と⑦
⑥G○○BE
⑦　AF○○CD
GAFBECD

⑥と⑧
⑥　G○○BE
⑧CD○F○○A
CD○F○GA○BE
↑全部で10校になってしまうので不適

以上より、⑥と⑦を組み合わせたGAFBECDの順番に決まる。
よって、条件**カ**より、最優秀賞を受賞したのはE校である。

4 答 2

判断推理／試合

総あたり戦の問題なので、対戦表を作成する。**ア～カ**の条件より、下表のとおりになる。

	A	B	C	D	E	F	
A				×			1試合終了時点で0勝1敗
B			×				2試合終了時点で1勝1敗
C		○				○	4試合終了時点で2勝2敗
D	○						2試合終了時点で1勝1敗
E							2試合終了時点で2勝0敗
F			×				2試合終了時点で1勝1敗

キの条件より、総当たり戦の終了時点での各順位の勝敗数は次のようになる。

1位：5勝0敗
2位：4勝1敗
3位：3勝2敗
4位：2勝3敗
5位：1勝4敗
6位：0勝5敗

条件**キ**のような設定はよく出題されるので、各順位の勝敗に置き換えるようにしよう。

ア～カの条件より、1～4試合終了時点で、A、B、C、D、Fは1敗または2敗している。よって、1位の5勝0敗になり得るのはEしかいないとわかる。よって、下表のとおりになる。

	A	B	C	D	E	F	
A				×	×		1試合終了時点で0勝1敗
B			×		×		2試合終了時点で1勝1敗
C		○			×	○	4試合終了時点で2勝2敗
D	○				×		2試合終了時点で1勝1敗
E	○	○	○	○		○	2試合終了時点で2勝0敗（1位）
F			×		×		2試合終了時点で1勝1敗

次に、6位の0勝5敗になり得る人を探す。**ア〜カ**の条件より、1〜4試合終了時点で、B、C、D、Fは1勝または2勝しているため、0勝5敗になり得るのはAしかいないとわかる。
よって、下表のとおりになる。

	A	B	C	D	E	F	
A		×	×	×	×	×	1試合終了時点で0勝1敗(6位)
B	○		×		×		2試合終了時点で1勝1敗
C	○	○			×	○	4試合終了時点で2勝2敗
D	○				×		2試合終了時点で1勝1敗
E	○	○	○	○		○	2試合終了時点で2勝0敗(1位)
F	○		×		×		2試合終了時点で1勝1敗

同様に、2位(4勝1敗)、3位(3勝2敗)、4位(2勝3敗)、5位(1勝4敗)になり得る人を探していく。
Cは4試合終了時点で2敗していることがわかっているので、Dに負けていることが決まる。よって、Cは3勝2敗となる。また、表より、2位の4勝1敗になり得るのはDだけである。
以上をまとめると、下表のとおりになる。

	A	B	C	D	E	F	
A		×	×	×	×	×	1試合終了時点で0勝1敗(6位)
B	○		×	×	×		2試合終了時点で1勝1敗
C	○	○		×	×	○	4試合終了時点で2勝2敗(3位)
D	○	○	○		×	○	2試合終了時点で1勝1敗(2位)
E	○	○	○	○		○	2試合終了時点で2勝0敗(1位)
F	○		×	×	×		2試合終了時点で1勝1敗

B対Fについては勝ったほうが4位、負けたほうが5位に決まるものの、情報がないため確定できない。
以上より、1位：E、2位：D、3位：C、4位：BまたはF、5位：BまたはF、6位：Aなので、答えは選択肢2となる。

5 答 3

判断推理／暗号

設問の２つの例文に共通して出てくる「O」が「10101」であることから、文字と暗号の対応関係は次のとおりであることがわかる。

D	O	G
100000	10101	11101

F	X
11110	1100

暗号が０と１の数字の組み合わせなので、２進法の表記であると推測できる。そこで、上記の文字の暗号を10進法に変換してみる。

D：$100000_{(2)} = 1 \times 2^5 = 32$

O：$10101_{(2)} = 1 \times 2^4 + 1 \times 2^2 + 1 \times 2^0 = 21$

G：$11101_{(2)} = 1 \times 2^4 + 1 \times 2^3 + 1 \times 2^2 + 1 \times 2^0 = 29$

F：$11110_{(2)} = 1 \times 2^4 + 1 \times 2^3 + 1 \times 2^2 + 1 \times 2^1 = 30$

X：$1100_{(2)} = 1 \times 2^3 + 1 \times 2^2 = 12$

アルファベット26文字にこの数字をあてはめてみる。

A	B	C	D	E	F	G	H	I	J	K	L	M
			32		30	29						
N	O	P	Q	R	S	T	U	V	W	X	Y	Z
	21									12		

D～Gの数字が１ずつ減っていると読み取れることから、残りの英字に対応する数字も下表のようになると推測できる。

A	B	C	D	E	F	G	H	I	J	K	L	M
35	34	33	32	31	30	29	28	27	26	25	24	23
N	O	P	Q	R	S	T	U	V	W	X	Y	Z
22	21	20	19	18	17	16	15	14	13	12	11	10

解読する暗号を10進法に変換する。

$100001_{(2)} = 1 \times 2^5 + 1 \times 2^0 = 33$

$100011_{(2)} = 1 \times 2^5 + 1 \times 2^1 + 1 \times 2^0 = 35$

$10000_{(2)} = 1 \times 2^4 = 16$

「33、35、16」を上表に沿って英字に変換すると、33：C、35：A、16：Tとなる。よって、「CAT」である。

6 答 3

数的推理／図形

説明のために、図２について、下図のようにアルファベットで区分する。

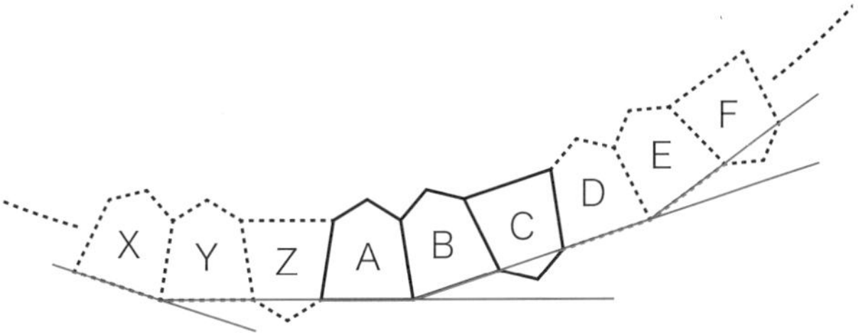

ＡとＢの部分について、Ａの底辺を伸ばして、Ｂの底辺との角度を求める。

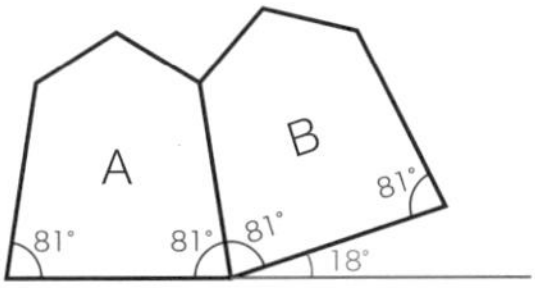

$180° - (81° + 81°) = 18°$

次に、ＢとＤの底辺は直線上にあり、Ｅのところでさらに18°傾く。上の図より、ＹＺＡ、ＢＣＤと３枚ごとに18°傾いていくことがわかる。
環状になるということは、この18°の傾きが積み重なって360°になることを意味する。360°÷18°＝20ゆえ、18°の傾きが20回で環状になる。
３枚の駒で18°傾き、それが20回なので、必要な駒の枚数は、
３(枚)×20回＝60(枚)である。

7 答 3

数的推理／図形

三角形の面積は、(底辺)×(高さ)×$\frac{1}{2}$なので、高さがわかれば面積を求められる。

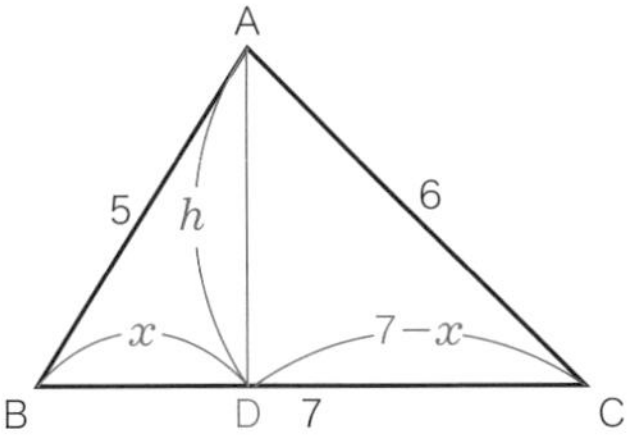

ＢＣを底辺とし、頂点ＡからＢＣに垂直に線を引き、ＢＣとの交点をＤとする。ＡＤの長さがこの三角形の高さとなる。
高さＡＤをh、ＢＤをx、ＤＣを$7-x$とおいて、直角三角形ＡＤＢと直角三角形ＡＤＣそれぞれを三平方の定理に当てはめる。

直角三角形が出てきたら、三平方の定理が使えないか考えてみよう。

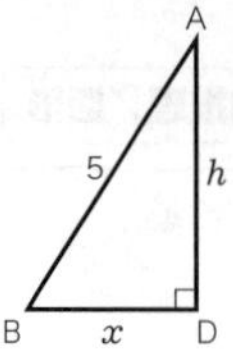

$h^2+x^2=5^2$ ……①

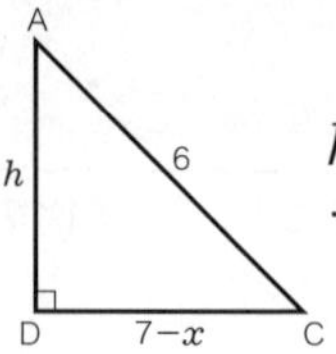

$h^2+(7-x)^2=6^2$ ……②

①より、$h^2=5^2-x^2=25-x^2$ ……③

③を②に代入すると、$(25-x^2)+(7-x)^2=6^2$

$\Rightarrow\ 25-x^2+49-14x+x^2=36\ \Rightarrow\ -14x=36-25-49$

$\Rightarrow\ 14x=38\ \Rightarrow\ x=\dfrac{38}{14}=\dfrac{19}{7}$ ……④

④を①に代入すると、

$h^2+\left(\dfrac{19}{7}\right)^2=5^2$

$\Rightarrow\ h^2=5^2-\left(\dfrac{19}{7}\right)^2=25-\dfrac{361}{49}=\dfrac{1225}{49}-\dfrac{361}{49}=\dfrac{864}{49}$

$\Rightarrow\ h=\dfrac{\sqrt{864}}{\sqrt{49}}=\dfrac{\sqrt{2\times2\times2\times2\times2\times3\times3\times3}}{7}=\dfrac{4\times3\times\sqrt{6}}{7}$

$=\dfrac{12\sqrt{6}}{7}$

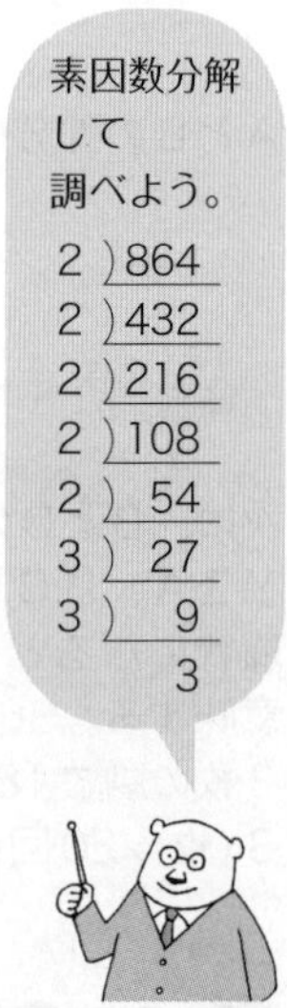

以上より、高さが $\dfrac{12\sqrt{6}}{7}$ なので、

三角形ＡＢＣの面積は、$7\times\dfrac{12\sqrt{6}}{7}\times\dfrac{1}{2}=6\sqrt{6}$ となる。

8 答 5

数的推理／約数の個数

約数の個数を求める手順は、次のとおりである。
①素因数分解する。
②各素因数の個数に１を足して、かけあわせる。
まず、2000を素因数分解する。

2) 2000
2) 1000
2) 500
2) 250
5) 125
5) 25
5

$2000=2^4\times5^3$
よって、２が４つ、５が３つである。
次に、各素因数の個数に１を足して、かけあわせる。
$(4+1)\times(3+1)=5\times4=20$
よって、約数は20個とわかる。

9 答 2

数的推理／方程式

ある日の販売枚数について、大人券をx枚、子供券をy枚とおく。「大人券の販売枚数は親子ペア券の販売枚数の半分より9枚少ない」ので、次の式が成り立つ。

$$x=\frac{\text{親子ペア券の販売枚数}}{2}-9 \quad \Rightarrow \quad x+9=\frac{\text{親子ペア券の販売枚数}}{2}$$

$$\Rightarrow \quad 2(x+9)=\text{親子ペア券の販売枚数}$$

この日の販売額の合計が272,900円ゆえ、

$1300x+800y+2000\times 2(x+9)=272900$

$\Rightarrow \quad 1300x+800y+4000x+36000=272900$

$\Rightarrow \quad 13x+8y+40x+360=2729$

$\Rightarrow \quad 53x+8y=2369 \quad \cdots\cdots$①

これ以外に式が立たないので、この式からxに入る数を探る。

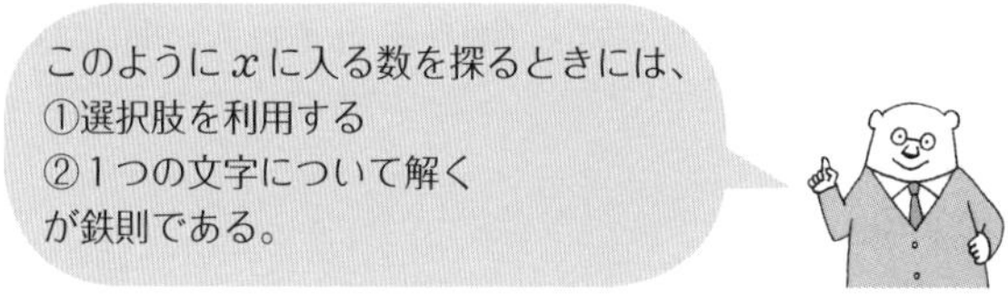

選択肢より、xは、36、37、38、39、40のどれかであることがわかる。
次に、①式を変形して、1つの文字(y)について解いてみる。

$\underbrace{8y}=2369-53x$

└── $8\times y$は必ず偶数になる。よって、$2369-53x$も偶数である

2369は奇数であるため、2369から引く$53x$も奇数でないと、$2369-53x$は偶数にならない。$53\times x$が奇数になるには、xは奇数でなければならない。よって、$x=37$もしくは$x=39$とわかる。

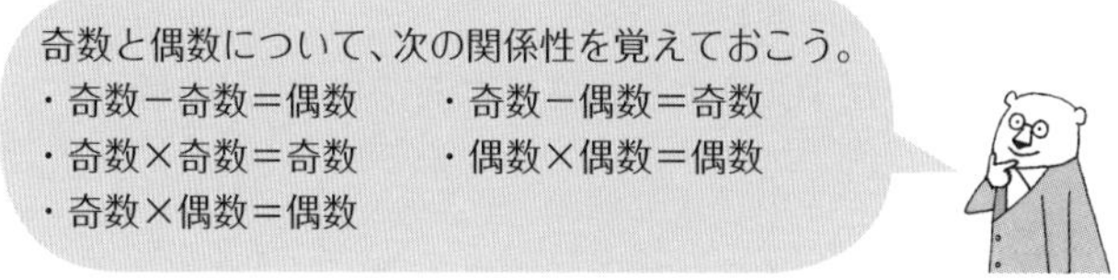

①式に$x=37$、$x=39$を代入してみる。

・$x=37$のとき

$8y=2369-53\times37 \Rightarrow 8y=408 \Rightarrow y=51$

・$x=39$のとき

$8y=2369-53\times39 \Rightarrow 8y=302 \Rightarrow y=37.75$

yは子供券の枚数ゆえ整数でなければならず、37.75は不適なので51が確定し、$x=37$、$y=51$となる。
親子ペア券は$2(x+9)$ゆえ、$2\times(37+9)=92$(枚)となり、問題文の条件を満たす。
よって、大人券の販売枚数は37枚である。

10 答 1

判断推理／約数の問題

求めるべき1000より小さい正の整数をxとおく。
条件を式にすると、次のとおりになる(商をそれぞれA、Bとおく)。

$x\div4=A$余り3 ……①

$x\div5=B$余り4 ……②

①と②式を変形する。

①$x=4A+3$ ……①´

②$x=5B+4$ ……②´

①´と②´式の両辺に1を加える。

①´$x+1=4A+3+1=4A+4=4(A+1)$ ←4×( )ゆえ4の倍数

②´$x+1=5B+4+1=5B+5=5(B+1)$ ←5×( )ゆえ5の倍数

以上より$x+1$は、4の倍数かつ5の倍数、すなわち4と5の公倍数とわかる。
4と5の最小公倍数は20ゆえ、$x+1$は20の倍数。

公倍数＝最小公倍数の倍数

ただし、条件より、xは1000より小さい。

$x+1=20\times1$

$x+1=20\times2$

⋮

⋮

$x+1=20\times50$

(以上、xが1000より小さくなるのはこの50個)

$x+1=20\times51$ ←xが1000を超えるので不適

以上より、条件に該当する整数は50個である。

11 答 2

数的推理／組み合わせ

外出する人数で場合分けをして数える。

①1人外出：祖母のみ、父のみ、母のみで3通り。

②2人外出：5人のうちから2人の選び方は、$_5C_2=\frac{5\times4}{2\times1}=10$(通り)。

ただし、子供2人では外出できないので、この選び方は除外する。よって、$10-1=9$(通り)。

③3人外出：5人のうちから3人の選び方は、$_5C_3=\frac{5\times4\times3}{3\times2\times1}=10$(通り)。

ただし、祖母と両親の3人で外出すると、留守番が子供2人となり、これはできないので、この選び方は除外する。よって、$10-1=9$(通り)。

④4人外出：5人のうちから4人の選び方は、$_5C_4=\frac{5\times4\times3\times2}{4\times3\times2\times1}=5$(通り)。

ただし、2人の子供がそれぞれ1人で留守番することになってしまう2通りの選び方は除外する。よって、$5-2=3$(通り)。

⑤5人外出：1通り。

以上より、$3+9+9+3+1=25$(通り)である。

1st DAY 一般知識

問題は本冊18～19ページ

12 答 5

人文科学／世界史

1　ヴェルサイユ条約ではなく、ブレスト＝リトフスク条約である。
2　二十一か条の要求は、中国に対して行われた。
3　アメリカは国際連盟の常任理事国になっていない。
4　ボスニアではなくオーストリアの皇太子夫妻である。
5　正しい。

13 答 4

人文科学／世界史

1　全面講和ではなく、自由主義陣営との単独講和である。
2　金正日ではなく、金日成である。
3　ケネディ大統領ではなく、ジョンソン大統領である。よって、ケネディ大統領の暗殺もヴェトナム戦争の泥沼化とは関係ない。
4　正しい。
5　フルシチョフではなく、ゴルバチョフである。

14 答 1

自然科学／数学

次の解と係数の関係公式を使用する。
$Ax^2+Bx+C=0$の2つの解をα、βとするとき、

$$\cdot\ \alpha+\beta=-\frac{B}{A}$$

$$\cdot\ \alpha\beta=\frac{C}{A}$$

$2x^2-3x+6=0$の2つの解がα、βなので、

$$\cdot\ \alpha+\beta=-\frac{(-3)}{2}=\frac{3}{2}$$

$$\cdot\ \alpha\beta=\frac{6}{2}=3$$

次に、$\alpha-\frac{1}{\beta}$、$\beta-\frac{1}{\alpha}$を2つの解とする2次方程式を

$ax^2+bx+c=0$とおく。解と係数の関係公式より、次の式が導かれる。

$\cdot -\frac{b}{a}=(\alpha-\frac{1}{\beta})+(\beta-\frac{1}{\alpha})=\alpha+\beta-(\frac{1}{\alpha}+\frac{1}{\beta})=\alpha+\beta-\frac{\beta+\alpha}{\alpha\beta}$

$=\frac{3}{2}-\frac{\frac{3}{2}}{3}=\frac{3}{2}-(\frac{3}{2}\div 3)=1$ ……①

$\cdot \frac{c}{a}=(\alpha-\frac{1}{\beta})(\beta-\frac{1}{\alpha})=\alpha\beta-1-1+\frac{1}{\alpha\beta}=3-2+\frac{1}{3}=\frac{4}{3}$ ……②

②より、$a=3$、$c=4$とわかり、①に$a=3$を代入する$(-\frac{b}{3}=1)$ことにより、$b=-3$となる。
したがって、正解となる２次方程式は、$3x^2-3x+4=0$である。

15 答 2

自然科学／数学

放物線と直線との交点のx座標は、
$x^2-2x-3=x+1$
$\Rightarrow\ x^2-3x-4=0$
$\Rightarrow\ (x-4)(x+1)=0$
$\Rightarrow\ x=-1$、4
よって、求めたい面積は、

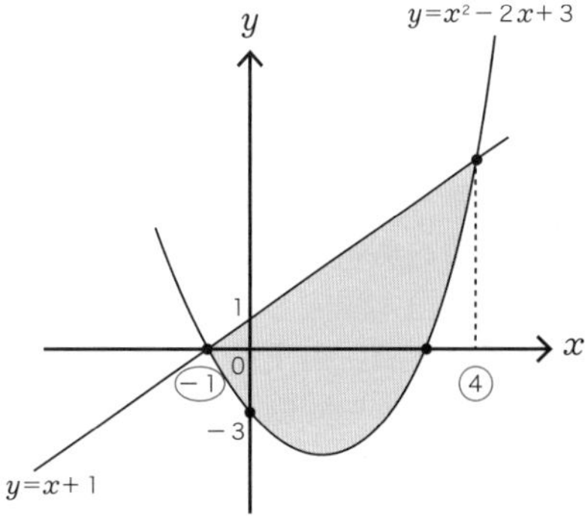

$\int_{-1}^{4}\{(x+1)-(x^2-2x-3)\}dx$

$=\int_{-1}^{4}(-x^2+3x+4)dx$

$=[-\frac{1}{3}x^3+\frac{3}{2}x^2+4x]_{-1}^{4}$

$=(-\frac{1}{3}\times 4^3+\frac{3}{2}\times 4^2+4\times 4)-\{-\frac{1}{3}\times(-1)^3+\frac{3}{2}\times(-1)^2+4\times(-1)\}$

$=(-\frac{64}{3}+\frac{48}{2}+16)-(\frac{1}{3}+\frac{3}{2}-4)$

$=-\frac{64}{3}+\frac{120}{3}-(\frac{2}{6}+\frac{9}{6}-\frac{24}{6})$

$=\frac{56}{3}+\frac{13}{6}$

$=\frac{125}{6}$

整式$f(x)$、$g(x)$は$a\leqq x\leqq b$で、$f(x)\geqq g(x)$であるとする。このとき、$x=a$、$x=b$、$y=f(x)$、$y=g(x)$で囲まれた部分の面積Sについて、

$\mathrm{S}=\int_a^b\{f(x)-g(x)\}dx$が成立する。

〈定積分の公式〉

$\int_a^b f(x)dx=[\mathrm{F}(x)]_a^b=\mathrm{F}(b)-\mathrm{F}(a)$

（$\mathrm{F}(x)$：積分）

2nd DAY | 一般知能

問題は本冊20～25ページ

1 答 5

文章理解／英文

1 本文6～7行目に「a growing number of owners are offering empty homes and apartments to travelers.」とあり、空き家を旅行客に貸し出す持ち主は「増え続けている」ことがgrowingという単語から読み取れる。誤り。

2 本文7～8行目に「international tourists are not fully aware of Japan's many rich natural and cultural assets.」とあり、外国からの旅行客は日本の自然や文化遺産の存在に「十分には気付いていない」とわかる。誤り。

3 本文9～10行目に「public and private sectors need to come together」とあり、「官民一体」となり政策を推し進めていかなければいけないことが読み取れる。誤り。

4 本文に書かれていない。

5 本文1～4行目の内容と一致する。

〔日本語訳〕

民泊を規制する新たな法律のもと、民泊を始める際、事前に県庁へ届け出をした者であれば誰でも年間180日まで旅行客に部屋を貸すことができる。
日本の旅行先としての人気上昇が宿泊地に対する需要を高めており、空き家や空き部屋を旅行客に貸し出す持ち主が増え続けている。それにもかかわらず、未だに外国人観光客は日本にある豊かな自然、そして文化遺産の存在に十分気付けていない。より多くの外国人を呼び寄せるためには、官民一体となり旅行客に素晴らしい経験を届けるという試みをしていく必要がある。

〔押さえておきたい英単語〕

・regulate：規制する　・up to ～：～まで
・prefectural government：県庁　・in advance：前もって
・empty：空の　・be aware of ～：～に気付いている
・attract：引きつける　・come together：集まる

2 答 3

文章理解／英文

A 外国人旅行客数の目標値を2倍にしたと本文に述べられていることから、この計画は「野心的」なものと表すことができるので、「ambitious」が入る。

B 去年の数値より「47.3％増加」したので、「up」が入る。

C 4000万人という数字は、外国から日本に来ることを表しているので、「inbound」が入る。outboundは日本から海外へ行くことである。

〔日本語訳〕

日本政府は、2020年の外国人旅行者数の目標値を、従来の2倍である4000万人とすることを発表した。この野心的な計画は、2015年にその前年の47.3%増となる、1973万人が日本を訪れたという発表がなされた後に立てられたものである。4000万人の年間外国人旅行者を歓迎するという日本政府の目標が、2020年より前に達成されることも驚くべきことではないだろう。

3 答 5

判断推理／位置

条件オより、D、B、Eの並び方は次のいずれかとなる。

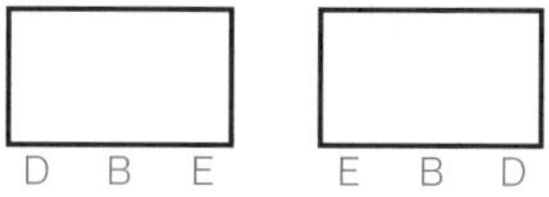

ここに条件エとキを加えると次のとおりである。

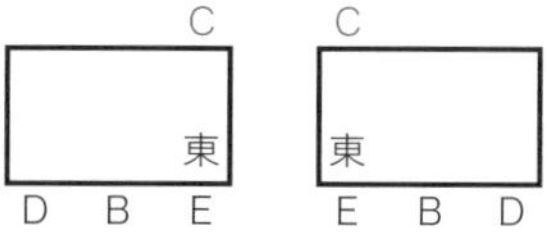

まだ登場していないAとFは、左側からA・FかF・Aの2通りある。それぞれの場合に分けて図示すると次のとおりになる。

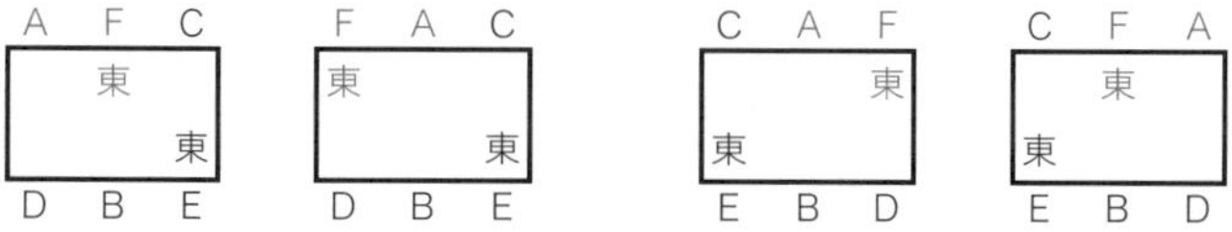

以上の4通りの図に、ウとクの条件を加えてみる。ウより、Bの正面の人の隣には静岡県出身の人が座り、クより、その静岡県出身の人の正面に愛知県出身の人が座る。これが成立するのは、次のように2通りしかない。

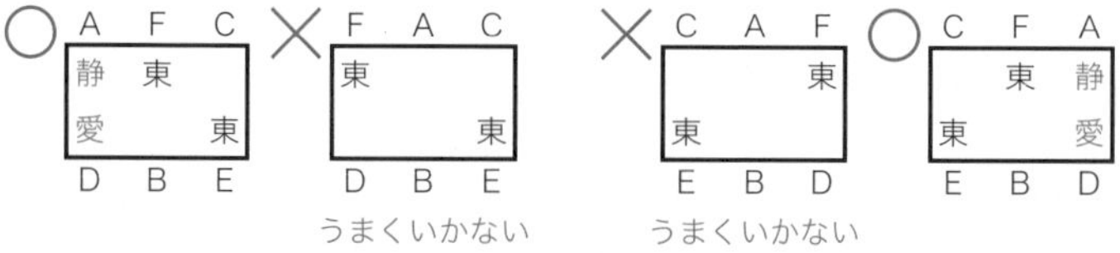

残った2通りの図に、条件イを加えると次のとおりになる。

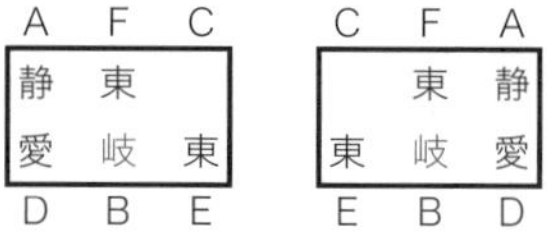

どちらの場合でも、条件カの北海道出身の1人はCと決まる。
以上より、北海道出身の人の正面に座った人は、いずれの場合もEである。

4 答 4

判断推理／順序

後半の順番が条件イとウに合うように、順番のパターンを書き出す。
まずは１番目をＢで固定して、以降の順番を辞書式の配列で書き出したうえで、条件イとウに反するものをはじいてみると、次のとおりになる。

１番目	２番目	３番目	４番目	５番目
B	A	C	D	E イに反する
B	A	C イに反する	E	D
B	A	D	C	E イに反する
B	A	D	E ウに反する	C
B	A	E	C	D ウに反する
B	A	E	D イに反する	C
B	C ウに反する	A	D	E イに反する
B	C	D ウに反する	A	E イに反する
B	C	D ウに反する	E	A
B	C ウに反する	E	A	D
B	C ウに反する	E	D イに反する	A
B	D	A	C	E イに反する
B	D	A	E	C
		⋮		

このように精査していくと、条件イとウに反しない順番は次の14通りとなる。

・ＢＤＡＥＣ　・ＢＥＤＡＣ　・ＢＥＤＣＡ　・ＣＡＥＢＤ
・ＣＥＢＡＤ　・ＣＥＤＢＡ　・ＤＡＥＣＢ　・ＤＣＡＥＢ
・ＤＣＢＥＡ　・ＤＣＥＢＡ　・ＥＡＤＣＢ　・ＥＣＢＡＤ
・ＥＤＡＣＢ　・ＥＤＢＡＣ

以上をもとに、選択肢を検討する。

1　Ａが５番目のとき、Ｅが１番目になることはないので、誤り。
2　Ｂが３番目のとき、４番目がＥになることもあるので、誤り。
3　Ｃが２番目で３番目がＡになることもあるので、誤り。
4　正しい。
5　Ｅの直後がＤのときに、１番目がＥ自身ということもあるので、誤り。

5 答 3

判断推理／対応

A～Eの発言を表で整理する。
Aの発言からは、何色の饅頭がチョコ餡かはわからないので、場合分けをして2つ表を作る。食べたチョコ餡の饅頭が白色だとすると、もう1つは茶色となるので、白色の饅頭のあずき餡とクリーム餡は×となる。食べたチョコ餡の饅頭が茶色の場合も同様である。

（表1）

	白			茶			
	あ	ク	チ	あ	ク	チ	
A	×	×	○				2
B							2
C							2
D							2
E							2

（表2）

	白			茶			
	あ	ク	チ	あ	ク	チ	
A				×	×	○	2
B							2
C							2
D							2
E							2

Bの発言は表で示しにくいので、先にCの発言を整理する。Cが食べた饅頭は2つとも白色。中身の1つはクリーム餡、中身の組み合わせがAと一致しているのでもう1つはチョコ餡と決まる。また、AとCは中身の組み合わせが一致しているので、Aが食べたもう1つはクリーム餡とわかる。

（表1）

	白			茶			
	あ	ク	チ	あ	ク	チ	
A	×	×	○	×	○	×	2
B							2
C	×	○	○	×	×	×	2
D							2
E							2

（表2）

	白			茶			
	あ	ク	チ	あ	ク	チ	
A	×	○	×	×	×	○	2
B							2
C	×	○	○	×	×	×	2
D							2
E							2

Dの発言はBに関連しているので保留し、先にEの発言を整理する。表1の場合、Aの茶色の饅頭はクリーム餡なのでEの白色の饅頭がクリーム餡。表2の場合、Aの茶色の饅頭はチョコ餡なのでEの白色の饅頭がチョコ餡となる。もう1つについては現時点では確定できない。
これで、表1・表2とともにチョコ餡の白色の饅頭は2つとも決まったので、残りは×となる。また、表2の場合、クリーム餡の白色の饅頭も2つも決まったので、残りは×となる。

（表1）

	白			茶			
	あ	ク	チ	あ	ク	チ	
A	×	×	○	×	○	×	2
B			×				2
C	×	○	○	×	×	×	2
D			×				2
E	×	○	×		×		2
			2				

（表2）

	白			茶			
	あ	ク	チ	あ	ク	チ	
A	×	○	×	×	×	○	2
B		×	×				2
C	×	○	○	×	×	×	2
D		×	×				2
E	×	×	○			×	2
		2	2				

Bの発言を見ると、食べた饅頭の１つはチョコ餡である。この時点で残っているチョコ餡の饅頭は茶色だけなので、茶色で確定する。また、もう１つは白色の饅頭なので、茶色のあずき餡と茶色のクリーム餡は×となる。さらにこの饅頭の中身はAと違っているので、あずき餡と決まる。
Dの発言を見ると、茶色の饅頭を２つ食べていて中身はBと同じゆえ、茶色のあずき餡と茶色のチョコ餡で決まる。しかし、表２の場合、茶色のチョコ餡の饅頭を食べた人が３人になってしまうため、条件に反する。よって、表２は不適と判断できる。

（表２）

	白			茶			
	あ	ク	チ	あ	ク	チ	
A	×	○	×	×	×	○	2
B	○	×	×	×	×	○	2
C	×	○	○	×	×	×	2
D	×	×	×	○	×	○	2
E	×	×	○			×	2
		2	2				

条件に反する

一方、表１は茶色のチョコ餡の饅頭を食べた人がBとDに決まったので、Eが食べたもう１つの饅頭は茶色のチョコ餡ではない。さらに、食べた饅頭として確定している白色のクリーム餡の饅頭ともう１つの饅頭は中身が別々なので、もう１つの饅頭は茶色のあずき餡と決まる。

（表１）

	白			茶			
	あ	ク	チ	あ	ク	チ	
A	×	×	○	×	○	×	2
B	○	×	×	×	×	○	2
C	×	○	○	×	×	×	2
D	×	×	×	○	×	○	2
E	×	○	×	○	×	×	2
	1	2	2	2	1	2	

以上より、残った２つの饅頭は、白色であずき餡と茶色でクリーム餡である。

6 答 2

数的推理／方程式

A〜Eの５つの箱に入っている硬貨の枚数をそれぞれa枚、b枚、c枚、d枚、e枚とおき、ア〜エの条件を式にすると次のとおりになる。

ア　$a+c=2e$　……①

イ　$a+d=18$　……②

ウ　$b=d\times\frac{1}{2}$　……③

エ　$c-e=2$　……④　もしくは　$e-c=2$　……⑤

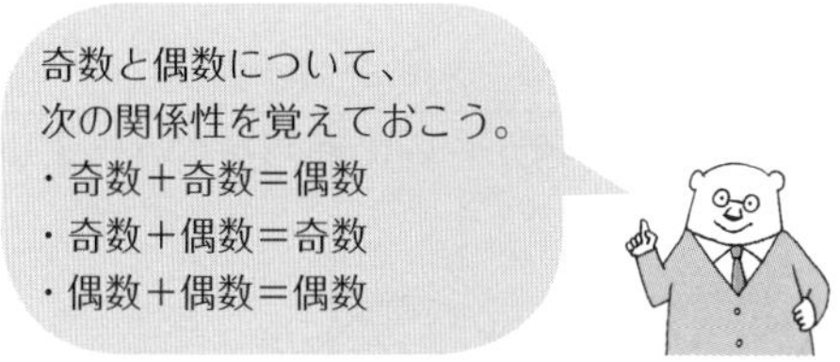

③を変形すると$2b = d$ゆえ、dは偶数とわかる。よって、②からaも偶数とわかる。
さらに①は、右辺が$2e$で偶数なので、aが偶数ということはcも偶数となる。
以上より、a、c、dは偶数なので、７枚の硬貨が入っている箱はＢかＥとわかる。

・Ｂに硬貨が７枚入っていた場合($b = 7$)
③より$d = 14$。これを②に代入すると、$a = 4$。①より$4 + c = 2e$となり、ｃは偶数ゆえ、仮に２、４、６……とおいて、それぞれのeを求めると下表のとおりになる。

c	2	4	6	8	10	12	……
e	3	4	5	6	7	8	……

条件エに合うのは、$c = 8$、$e = 6$だけである。
よって、(a、b、c、d、e)＝(4、7、8、14、6)となる。

・Ｅに硬貨が７枚入っていた場合($e = 7$)
条件エより、$c = 5$もしくは９となるが、cは偶数なのでどちらも不適である。

以上より、$a = 4$、$b = 7$、$c = 8$、$d = 14$、$e = 6$で確定するので、選択肢２が正解である。

7 答 1

数的推理／折り紙

黒い部分を切り取った状態の三角形を、１つずつ前の図に広げていくと、次のとおりになる。

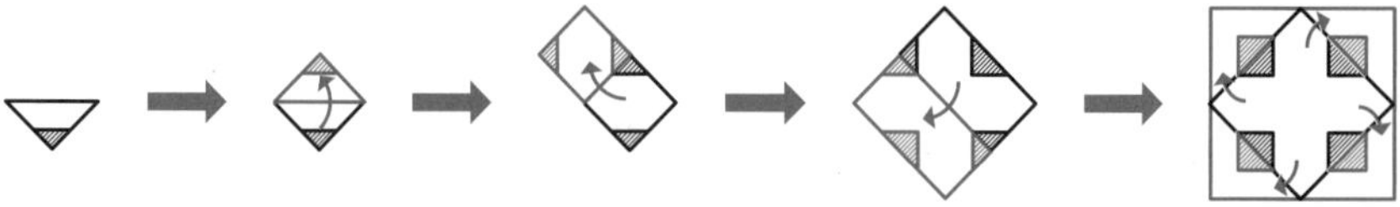

よって、選択肢１が正解である。

8 答 4

数的推理／図形

斜線部の面積は、正三角形の面積から円の面積を引けばよい。

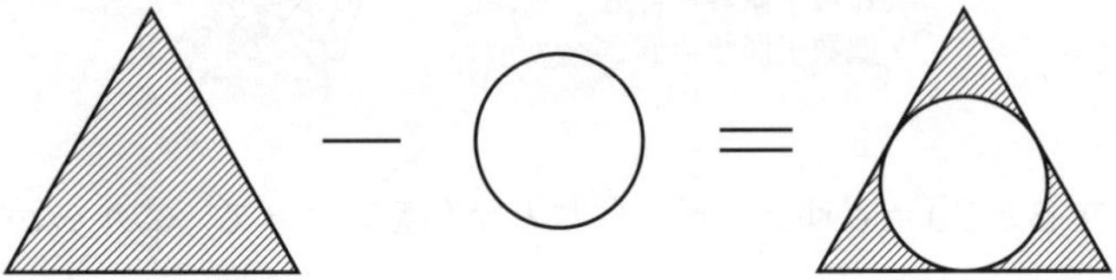

①正三角形の面積（底辺×高さ×$\frac{1}{2}$）

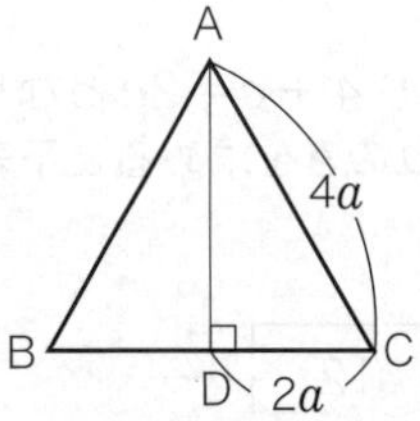

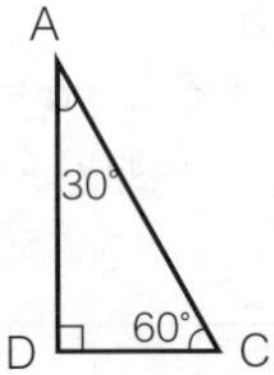

△ＡＢＣの高さを求める。
頂点Ａから底辺ＢＣに垂直に引いた線ＡＤが△ＡＢＣの高さである。

△ＡＣＤは３つの角が30°、60°、90°の三角形ゆえ、
辺の比は、ＡＣ：ＣＤ：ＤＡ＝２：１：$\sqrt{3}$である。
よって、ＤＡ＝$2a\sqrt{3}$となる。

したがって、△ＡＢＣの面積＝$4a \times 2a\sqrt{3} \times \frac{1}{2} = 4\sqrt{3}\,a^2$となる。

②円の面積（半径×半径×π）

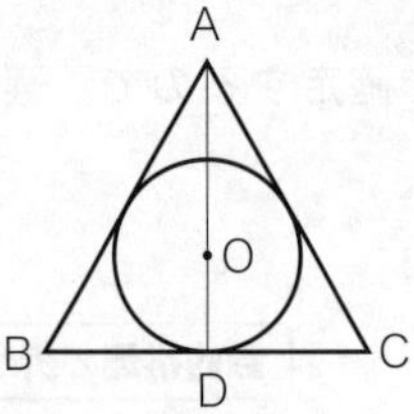

正三角形の内心（内接円の中心）は、重心と一致する。また、重心は中線を２：１に内分する。よって、左図の場合、円の中心Ｏが中線ＡＤを２：１に内分する。

ＡＤ＝$2a\sqrt{3}$ゆえ、ＯＤ＝$\frac{2a\sqrt{3}}{3}$とわかる。

よって、円の面積は、$\frac{2a\sqrt{3}}{3} \times \frac{2a\sqrt{3}}{3} \times \pi = \frac{4a^2}{3}\pi$

以上より、斜線部の面積は、$4\sqrt{3}\,a^2 - \frac{4a^2}{3}\pi = (4\sqrt{3} - \frac{4}{3}\pi)a^2$となる。

9 答 3

数的推理／旅人算

Bが出発してからCが出発するまでに経過した時間をx分、Cが出発してからAとBを追い越すまでに経過した時間をy分とする。問題文を図で表すと次のようになる。

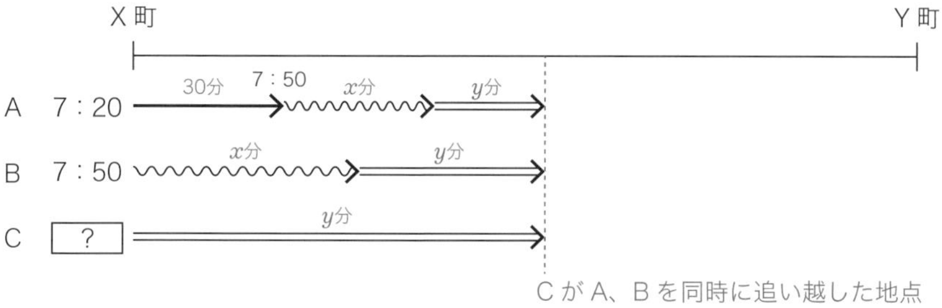

CがA、Bを同時に追い越した地点までに要した時間は、Aは$(30+x+y)$分、Bは$(x+y)$分、cはy分である。各人の速さはAが時速6km、Bが時速24km、Cが時速60kmである。そこで、速さ×時間＝距離の式を作る。

$$6\times\frac{30+x+y}{60}=24\times\frac{x+y}{60}=60\times\frac{y}{60} \quad \cdots\cdots①$$

時間の単位を合わせるために「分」を60で割って「時間」に変換

①式全体に60をかけて、6で割ると、$30+x+y=4(x+y)=10y$
この式を２つに分解すると、
$30+x+y=4(x+y)$　……②
$4(x+y)=10y$　……③
それぞれの式を整理すると、
②$30+x+y=4x+4y \Rightarrow 3x+3y=30$　……②´

③$4x+4y=10y \Rightarrow 4x=6y \Rightarrow x=\frac{3y}{2}$　……③´

③´を②´に代入すると、$3\times\frac{3y}{2}+3y=30 \Rightarrow \frac{9y}{2}+\frac{6y}{2}=30$

$\Rightarrow \frac{15y}{2}=30 \Rightarrow 15y=60 \Rightarrow y=4 \Rightarrow y=4$を③´に代入

よって、$x=\frac{3}{2}\times4=6$

Cは、7時50分に出発したBの６分後に出発しているので、出発した時刻は7時56分である。

10 答 1

数的推理／速さ

川の流れの速度を時速$x$km、静水時の船の速度を時速$y$kmとおいて式を立てる。問題文を図で表すと次のようになる。

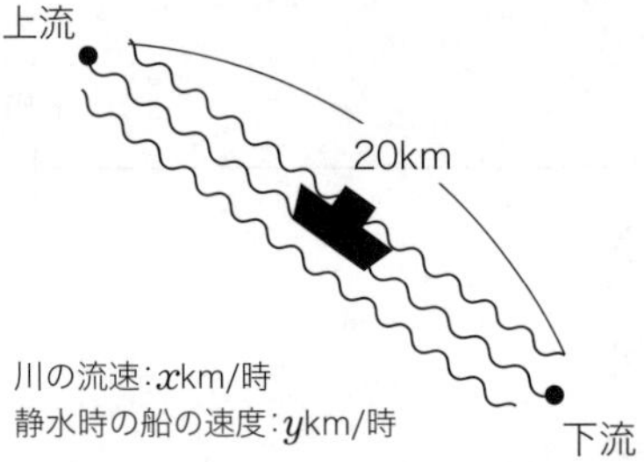

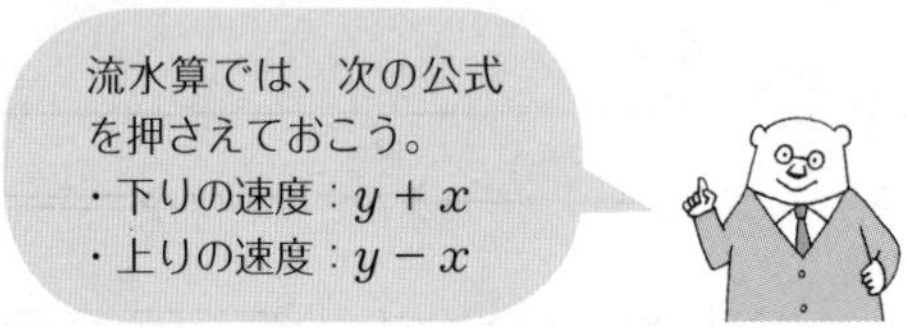

・下りの式

川を下る途中でエンジンが停止し、そのまま川を24分間流された後、再びエンジンが動き出した結果、下りに1時間要したことから、エンジンが動いていたのは、60－24＝36(分)とわかる。

速さ × 時間 ＋ 速さ × 時間 ＝ 距離

$$(y+x)\times\frac{36}{60}+x\times\frac{24}{60}=20 \quad \cdots\cdots①$$

（$y+x$：川の流れに乗る　x：エンジンが停止し、川の流速のみ）

・上りの式

1時間かかっているので、次の式が立てられる。

速さ × 時間 ＝ 距離

$$(y-x)\times 1=20 \quad \cdots\cdots②$$

（$y-x$：川に押し戻される）

①と②からxとyを求める。

①を変形すると、$36(y+x)+24x=1200$

⇒　$36y+36x+24x=1200$　⇒　$36y+60x=1200$

⇒　$3y+5x=100$　……①´

②を変形すると、$y-x=20$　⇒　$y=20+x$　……②´

②´を①´に代入すると、$3(20+x)+5x=100$

⇒　$60+3x+5x=100$　⇒　$8x=40$　⇒　$x=5$

以上より、川の流れの速さは時速5kmである。

11 答 3

数的推理／整数

問題文の式を変形する。

$$\frac{1}{a}+\frac{1}{b}=\frac{1}{10} \Rightarrow \frac{1}{a}\times\frac{b}{b}+\frac{1}{b}\times\frac{a}{a}=\frac{1}{10} \Rightarrow \frac{b}{ab}+\frac{a}{ba}=\frac{1}{10}$$

$$\Rightarrow \frac{b+a}{ab}=\frac{1}{10} \Rightarrow ab\times 1=10(b+a) \Rightarrow ab=10b+10a$$

$$\Rightarrow ab-10a-10b=0 \quad \cdots\cdots ①$$

$\frac{B}{A}=\frac{D}{C}$ のとき、A×D＝B×Cとなる。

①式から整数×整数の形が作れないか考える。ab、$-10a$、$-10b$を作りたいので$(a-10)(b-10)$を考える。

$(a-10)(b-10)=ab-10a-10b+100$
右辺の100を左辺に移項すると、
$(a-10)(b-10)-100=ab-10a-10b$である。

①より、$(a-10)(b-10)-100=0 \Rightarrow (a-10)(b-10)=100$
２つの数$(a-10)$と$(b-10)$をかけると100となる。

a、bは正の整数ゆえ、$(a-10)$と$(b-10)$も整数である。２つの整数をかけて100になるのは次の場合である。

$(a-10)$		$(b-10)$	
1	×	100	……$1=a-10$、$100=b-10$ゆえ、$a=11$、$b=110$
2	×	50	……$2=a-10$、$50=b-10$ゆえ、$a=12$、$b=60$
4	×	25	……$4=a-10$、$25=b-10$ゆえ、$a=14$、$b=35$
5	×	20	……$5=a-10$、$20=b-10$ゆえ、$a=15$、$b=30$
10	×	10	……$10=a-10$、$10=b-10$ゆえ、$a=20$、$b=20$
20	×	5	……$20=a-10$、$5=b-10$ゆえ、$a=30$、$b=15$
25	×	4	……$25=a-10$、$4=b-10$ゆえ、$a=35$、$b=14$
50	×	2	……$50=a-10$、$2=b-10$ゆえ、$a=60$、$b=12$
100	×	1	……$100=a-10$、$1=b-10$ゆえ、$a=110$、$b=11$

条件$a<b$を満たすのは、$(a、b)=(11、110)$、$(12、60)$、$(14、35)$、$(15、30)$なので、４組である。

12 答 4

数理判断／確率

３人をＡ、Ｂ、Ｃとして、Ａ→Ｂ→Ｃの順番でくじを引くとする。

①ＡとＢが当たり、Ｃが外れる確率

Ａが当たる確率は$\frac{2}{8}$、Ｂが当たる確率は$\frac{1}{7}$、Ｃが外れる確率は$\frac{6}{6}$で、

これらが連続して起こる確率は、$\frac{2}{8}\times\frac{1}{7}\times\frac{6}{6}=\frac{1}{28}$ である。

②ＡとＣが当たり、Ｂが外れる確率

①と同様に、$\frac{2}{8}\times\frac{6}{7}\times\frac{1}{6}=\frac{1}{28}$ である。

③ＢとＣが当たり、Ａが外れる確率

①と同様に、$\frac{6}{8}\times\frac{2}{7}\times\frac{1}{6}=\frac{1}{28}$ である。

３人のうち２人が当たるのは、①～③の場合ゆえ、$\frac{1}{28}+\frac{1}{28}+\frac{1}{28}=\frac{3}{28}$ である。

2nd DAY | 一般知識

問題は本冊26～27ページ

13 答 3

人文科学／日本史

1 頼朝の直系による将軍就任は３代で途絶えた。
2 京都所司代ではなく、六波羅探題である。なお京都所司代は江戸時代の機関である。
3 正しい。
4 六斎市が一般的になったのは室町時代。また、鎌倉時代には宋銭が日本で使用されていた。
5 本文で説明している元寇はフビライ・ハンによる。なお、元軍が暴風雨で２度撤退したことにより「神風」が日本を守ったという考え方が生まれた。

14 答 4

人文科学／日本史

1 常設の最高機関は老中である。
2 鎖国中も交流があったのは、オランダ、中国、朝鮮、琉球王国の４か国である。
3 本文は、田沼意次の政策である。
4 正しい。
5 蛮社の獄ではなく、安政の大獄である。 蛮社の獄とは、アメリカ商船モリソン号を打ち払った事件を批判した渡辺崋山・高野長英らを処罰した事件である。

15 答 2

自然科学／物理

物体Ａを自由落下させたときの１秒後の移動距離xは、

$$x=\frac{1}{2}\times9.8\times1^2=4.9(\mathrm{m})$$であり、

また加速度は9.8ｍ／ｓ^{2}であることから、物体Ａの１秒後の速度は、
9.8×１＝9.8(ｍ／ｓ)。

本問では、物体Ｂを投げ下ろしてから物体Ａに追いつくまでの時間が問われているので、
・物体Ａの初期位置：4.9ｍ、初速度：9.8ｍ／ｓ
・物体Ｂの初期位置：０ｍ、初速度：14.7ｍ／ｓ
をスタートとする。

物体Ｂを投げ下ろしてからt秒後に物体Ｂは物体Ａに追いつくとすると、t秒

後における両物体の位置は等しいことになる。
そこで、物体A及び物体Bのt秒後の位置yを求めると、

・物体A：$y = 9.8 \times t + \frac{1}{2} \times 9.8 \times t^2 + 4.9 = 4.9t^2 + 9.8t + 4.9$　……①

・物体B：$y = 14.7 \times t + \frac{1}{2} \times 9.8 \times t^2 = 4.9t^2 + 14.7t$　……②

t秒後の位置yは等しいことから①＝②となり、$4.9t^2 + 9.8t + 4.9 = 4.9t^2 + 14.7t$を解くと、$t = 1.0$（s）と求められるので、物体Bは1.0秒後に物体Aに追いつくことになる。

等加速度直線運動の公式を覚えておこう。

・$v = v_0 + at$　・$x = v_0 t + \frac{1}{2}at^2$　・$v^2 - v_0{}^2 = 2ax$

〔速度：v、初速度：v_0、加速度：a、変位：x、時間：t〕

さらに、自由落下で使う公式は、初速度$v_0 = 0$、加速度＝g（重力加速度）となるので、次のように表せる。

・$v = gt$　・$x = \frac{1}{2}gt^2$　・$v^2 = 2gx$

16　答 3

自然科学／物理

まず、R₂に流れる電流と抵抗値から、R₂の両端電圧を求める。
オームの法則を用いると、2×20＝40（V）とわかる。

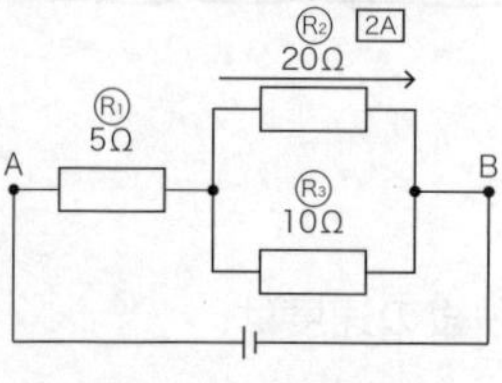

オームの法則を覚えておこう。
V＝IR〔V：電圧、I：電流、R：抵抗〕

R_2の両端電圧40Vは、並列接続されているR_3の両端電圧でもあるので、R_3に流れる電流を求めることができる。
40÷10＝4（A）
「R_1に流れる電流＝R_2に流れる電流＋R_3に流れる電流」なので、R_1に流れる電流は、2＋4＝6（A）と求めることができる。
R_1の両端電圧は、オームの法則を用いて、V＝6×5＝30（V）となる。
AB間の電圧は、「R_1の両端電圧とR_2（またはR_3）の両端電圧の和」なので、AB間の電圧＝30＋40＝70（V）となる。

3rd DAY｜一般知能

問題は本冊28～33ページ

1 答 1

文章理解／現代文

空欄の前の文章から、次のような対応関係がわかる。

・「したい」と望んでいた活動欲　→　「したいことをする」のがたのしみ
・「はたす」遂行欲で自分をみたす　→　「すべきことをする」営みのなかで、［A］

つまり、こどもから青年までの「たのしみ」に対比される内容である。
選択肢１、２、３あたりで迷うところであるが、引用元のタイトルが「生きるとは何か」であることも考え合わせると、「生きることの充実感」が妥当だと判断できる。よって、選択肢１が正解。

2 答 4

判断推理／対応

問題文に沿って表に整理する。Ａ～Ｄがどの科目をとるかを整理する表でも、どの科目を誰がとるかを整理する表でも、自分にとってわかりやすいほうで整理すればよい。ここでは、後者の表を用いる。

地学	化学	生物	物理
Ｃ			
同時に物理は選択しない	Ａは選択しない		同時に地学は選択しない

・各人２科目ずつ。……問題文より
・Ａ、Ｂ、Ｄは同じ科目。……条件アより
・ＡとＣは同じ科目が１つある。……条件エより
・３人が選択した同じ科目は１つ。……条件オより
・４人が選択した同じ科目はない。……条件オより
・ＣとＤは地学以外の同じ科目を選択している。……条件ウより
→Ｃは地学をとっているため、物理はあり得ない（条件イより）。よって、ＣとＤは化学か生物が同じ科目。

ここまで整理しても全部は埋まらないので、場合分けして入れてみて、矛盾がないか調べる。
Ａ、Ｂ、Ｄの３人の選択する科目は生物か物理である。なぜなら、地学だとす

ると、地学選択者が４人となり、条件オに反する。また、条件エより、Ａは化学を選択していない。

①Ａ、Ｂ、Ｄの３人が生物を選択したと仮定

地学	化学	生物	物理
Ｃ		Ａ Ｂ Ｄ	

条件イ、ウより、ＣとＤの同じ科目は化学と決まる。
また、条件エより、Ａが選択したＣと同じ科目は地学と決まる。さらに、この時点で決まっていないＢの１科目が物理と決まる。
以上をまとめると、下表のとおりになる。

地学	化学	生物	物理
Ｃ Ａ	Ｃ Ｄ	Ａ Ｂ Ｄ	Ｂ

②Ａ、Ｂ、Ｄの３人が物理を選択したと仮定

この場合、ＣとＤが選択する同じ科目は化学か生物となるので、次の２パターンが考えられる。

地学	化学	生物	物理
Ｃ	Ｃ Ｄ		Ａ Ｂ Ｄ

もしくは

地学	化学	生物	物理
Ｃ		Ｃ Ｄ	Ａ Ｂ Ｄ

ＡのとっているＣと同じ科目は、Ａが物理を選択し地学は選択できない（条件エ、イ）ので、ＣとＤと同じ科目をとるしかない。
しかし、そうするとＣ、Ｄ、Ａの３人が同一科目となり、３人が選択した同じ科目は１つという条件オに反する。
以上より、Ａ、Ｂ、Ｄの３人が物理を選択することはできない。
よって、①の仮定における下表で確定する。

地学	化学	生物	物理
Ｃ Ａ	Ｃ Ｄ	Ａ Ｂ Ｄ	Ｂ

この表の内容と合致するのは、選択肢４である。

3 答 1

判断推理／発言

A～Eが海か山のどちらに行きたいかについての情報がないので、１回目の意見調整前のA、B、Cについて、
①「２人が山、１人が海に行きたい場合」
②「２人が海、１人が山に行きたい場合」
に分けて検討する。

①２人が山、１人が海に行きたい場合

１回目の意見調整で、３人（A、B、C）とも、山に行きたい者となる。
すると、２回目の意見調整では、AとCが山に行きたい者ゆえ、Dが海に行きたい者でも説得されて山に行きたい者となる。
以上より、最終的に５人全員が山に行くことでまとまってしまうので、問題文に合わない。

②２人が海、１人が山に行きたい場合

１回目の意見調整で、A、B、Cの３人とも海に行きたい者となる。
２回目の意見調整では、AとCは海に行きたい者なので、Dが山に行きたい者でも説得されて海に行きたい者となる。
３回目の意見調整では、BとDは海に行きたい者なので、Eが山に行きたい者でも、説得されて海に行きたい者となる。
以上より、最終的に５人全員が海に行くことでまとまるので、問題文にも合う。

②を整理すると、
・A、B、Cのうち、２人は海に、１人は山に行きたい者である（誰かは特定できない）。
・Dは、最初は山に行きたい者であった。
・Eは、最初は山に行きたい者であった。
以上を踏まえて選択肢を検討すると、正解は選択肢１である。選択肢２、３は確実にはいえないので不正解。

4 答 1

判断推理／命題

論理式を作り、対偶を整理する。

ア 夜10時以降就寝 → 自宅学習をしている ……①

$\overline{\text{自宅学習をしている}}$ → $\overline{\text{夜10時以降就寝}}$ ……②(対偶)

イ 遅刻したことがある → 夜11時以降就寝 ∧ 朝７時以降起床 ……③

$\overline{\text{夜11時以降就寝 ∧ 朝7時以降起床}}$ → $\overline{\text{遅刻したことがある}}$ ……④(対偶)

$\overline{\text{夜11時以降就寝}}$ ∨ $\overline{\text{朝7時以降起床}}$ → $\overline{\text{遅刻したことがある}}$ ……⑤(ド・モルガンの法則)

ウ 遅刻したことがない → 朝７時より前に起床している ……⑥

$\overline{\text{朝7時より前に起床している}}$ → $\overline{\text{遅刻したことがない}}$ ……⑦(対偶)

命題のルール
- p→q（pならばq）が成立するとき、$\overline{q}\to\overline{p}$（qでなければpではない）が成り立つ。
- p→qかつq→rのとき、p→rとなる。
- ド・モルガンの法則……$\overline{p \land q}=\overline{p}\lor\overline{q}$
  「pかつq」でないことと、「pではない、またはqではない」は同じこと。

以上を踏まえて、選択肢１～５を検討する。

1 「朝７時以降に起床している生徒」は、⑦の左側と同じゆえ、「朝７時以降起床 → 遅刻したことがある」が成立する。
そして、③につなげて「遅刻したことがある → 夜11時以降就寝」も成立する。
「夜11時以降に就寝している」のであれば、当然「夜10時以降に就寝」であるから、①より、「夜10時以降就寝 → 自宅学習」となる。
よって、「朝７時以降に起床している生徒は、自宅学習している」といえる。正しい。

2 ⑤より、「朝７時より前に起床 → 遅刻したことがない」。ここから「夜11時より前に就寝」につながる命題がないので、確実にはいえない。

3　「自宅学習をしている」から始まる命題がないので判断できず、確実にはいえない。

4　②より、「自宅学習をしていない　→　夜10時より前に就寝」であり、夜10時より前に就寝しているということは、「夜11時以降就寝」といえる。よって、⑤より、「遅刻したことがある」(遅刻をしたことがない)につながる。これは⑥より、「朝7時より前に起床」につながる。そのため、「朝7時以降に起床している」は正しくない。

5　⑥より、「朝7時より前に起床」まではわかるが、夜の就寝時間については判断できず、確実にはいえない。

5　答 3

数的推理／図形

展開図を下図のように整理する。

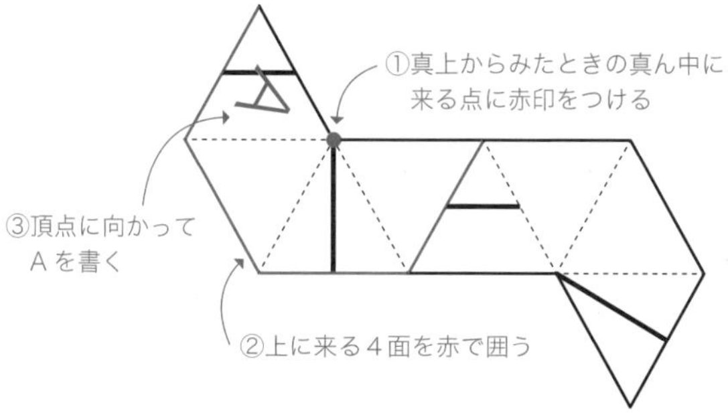

真上から見たとき、の向かい側に、

Aの左側に線がかかっていることがわかる。

すなわち、となる。よって、選択肢3が正解。

6 答 5

数的推理／図形

説明のために下図のように記号をつける。半円の中心をO、半径をｒとおく。

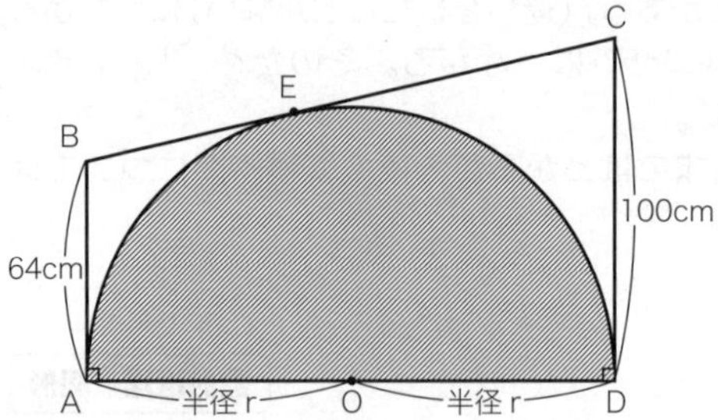

円の外側の１点Ｂから円に引く接線の長さは等しいので、ＢＥ＝64(cm)、ＣＥ＝100(cm)である。

次に、下図のようにＢからＣＤに垂直に交わるように直線を引き、ＣＤとの交点をＦとする。

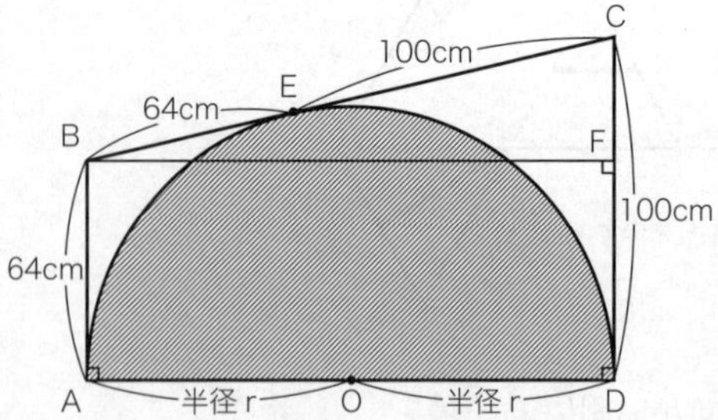

ＡＢ＝ＤＦ＝64(cm)ゆえ、

ＣＦ＝100－64＝36(cm)である。

△ＢＣＦは直角三角形ゆえ、

三平方の定理より、

$BF^2 + FC^2 = BC^2$

$BF^2 + 36^2 = (64 + 100)^2$

⇒ $BF^2 = 164^2 - 36^2 = 25600$

よって、$BF = \sqrt{25600}$

$= \sqrt{256 \times 100}$

$= \sqrt{2 \times 2 \times 8 \times 8 \times 10 \times 10} = 160$(cm)

ＢＦ＝ＡＤゆえ、ｒ＝80(cm)とわかる。

以上より、半円の面積は、$80 \times 80 \times \pi \times \frac{1}{2} = 3200\pi$(cm^2)となる。

7 答 3

数的推理／倍数

3秒に1回の周期で点灯するランプが6時ちょうど以降で点灯するのは、6時3秒、6時6秒、6時9秒……、つまり、3×1、3×2、3×3……と3の倍数ごとに点灯する。残り6種類のランプも同様に、各秒数を倍数として点灯する。
よって、午後11時45分ちょうどにそれぞれのランプが点灯するかどうかは、3秒周期のランプであれば、午後11時45分が3の倍数のタイミングかどうかによる。
午後6時から午後11時45分までは、5時間45分である。これを秒に直すと、
5時間45分＝345分　⇒　60秒×345＝20700秒となる。
また、20700秒は次のように分解することができる。
$20700=60\times345=2\times2\times3\times5\times3\times5\times23$
この式より、20700秒は、3の倍数、4の倍数、5の倍数、6の倍数、9の倍数であることがわかる。よって、3秒、4秒、5秒、6秒、9秒周期の5種類が、午後11時45分のときに点灯している。

8 答 1

数的推理／売買と割合

小型手帳の定価をx円とおくと、大型手帳の定価はその2倍ゆえ$2x$円である。タイムセール中に合計40冊売れた内訳について、大型手帳をy冊とおくと、小型手帳は$(40-y)$冊と表せる。
タイムセール中の売上19,000円の式を立てると、次のとおりになる。
$2x\times0.5\times y+x\times0.8\times(40-y)=19000$　……①
定価で販売していたら売上は35,000円だった点を式で表すと、次のとおりになる。
$2x\times y+x\times(40-y)=35000$　……②
①②式を連立して解くと、$x=500$(円)とわかる。
よって、小型手帳の定価は500円である。

9 答 4

数的推理／売買と割合

100円引きで売った個数をx個、300円引きで売った個数をy個とすると、値引きの総額は、$100x+300y$である。それが5,500円なので、次の式が成り立つ。
$100x+300y=5500$　……①
①式の両辺を100で割ると、
$x+3y=55$　……②
値引きして売った弁当の個数は30個よりも少なかったので、
$x+y<30$　……③
ここから、②と③を満たすようにx、yを求める。
②を次のように変形すると探しやすい。

$x + 3y = 55 \Rightarrow 3y = 55 - x \Rightarrow y = \dfrac{55 - x}{3}$

yは整数ゆえ、右辺も整数。そのためには、$55 - x$が3の倍数でなければならない。

$x = 1$だと、$y = \dfrac{55 - 1}{3} = \dfrac{54}{3} = 18$

$x = 2$だと、$y = \dfrac{55 - 2}{3} = \dfrac{53}{3} = 17.66\cdots\cdots$ ←不適

$x = 3$だと、$y = \dfrac{55 - 3}{3} = \dfrac{52}{3} = 17.33\cdots\cdots$ ←不適

$x = 4$だと、$y = \dfrac{55 - 4}{3} = \dfrac{51}{3} = 17$

⋮

以上を整理すると、下表のとおりになる。

x	1	4	7	10	13	16	19	21
y	18	17	16	15	14	13	12	10

（19・12、21・10の列は×印で消されている）↑ ↑ $x + y < 30$に反するため不適

定価で売れた数が最も多いのは、値引きした数$(x + y)$が最も少ないときであり、$x = 1$、$y = 18$のときとわかる。よって、300円引きで売れた弁当は18個である。

10 答 2

数的判断／確率

サイコロAの目の出方は6通り、サイコロBの目の出方も6通りゆえ、2つのサイコロの目の出方は全部で$6 \times 6 = 36$(通り)。

次に、(Aの目)−(Bの目)=(素数)になる場合を数える。サイコロの目は6までなので、差が素数となる数として該当するのは、2、3、5である。

・差が2となる場合

(A、B)=(3、1)(4、2)(5、3)(6、4)

・差が3となる場合

(A、B)=(4、1)(5、2)(6、3)

・差が5となる場合

(A、B)=(6、1)

以上より、全部で8通りである。

したがって、求める確率は、$\dfrac{8}{36} = \dfrac{2}{9}$である。

3rd DAY | 一般知識

問題は本冊34～35ページ

11 答 4

人文科学／地理

1　ステップ気候に関する記述である。
2　サバナ気候に関する記述である。
3　西岸海洋性気候は、暖流と偏西風の影響で気温の年較差は小さい。また、ポドゾルが分布し、混合農業や酪農が盛んなのは、冷帯湿潤気候である。
4　正しい。
5　ツンドラ気候に関する記述である。

12 答 5

人文科学／地理

Aは、V字谷が該当する。U字谷は、氷河によって侵食されたものである。
Bは、扇状地が該当する。自然堤防は、河川の氾濫によって川の両岸に形成される細長い微高地のことであり、Dに当てはまる。
Cは、氾濫原が該当する。後背湿地とは、自然堤防の背後にある低湿地のこと。
以上より、選択肢5が正解。

13 答 3

自然科学／化学

1　記述はヘンリーの法則についてである。ボイル・シャルルの法則とは、「一定量の気体の体積Vは、圧力Pに反比例し、絶対温度Tに比例する」というものである。
2　ファントホッフの法則とは、「希薄溶液の浸透圧は溶液の濃度に比例し、溶質の分子量に反比例する」というものである。
3　正しい。
4　ファラデーの法則ではなく、ボイル・シャルルの法則についての記述である。
5　記述はファントホッフの法則についてである。ヘンリーの法則とは、「一定温度で一定量の溶媒に溶ける気体の質量は、その気体の圧力に比例する」というものである。

14 答 2

自然科学／化学

Li（リチウム）の炎の色は赤、Na（ナトリウム）は黄、Ca（カルシウム）は橙赤、Sr（ストロンチウム）は紅、Cu（銅）は青緑である。
よって、選択肢2が正解。

1 答 1　文章理解／英文

1　本文3～4行目に「Especially in the United States, half-a-billion single-use plastic straws are thrown away every day.」とある。正しい。
2　本文5行目に「there are about 7.5millions of plastic straws thrown away on America's beaches.」とあり、世界ではなく、あくまでも「アメリカ国内」での話である。
3　本文に書かれていない。
4　本文1～2行目に「33 percent of all plastics are used just once and thrown away」とあり、33%のストローは、「1回の使用で廃棄されている」ことが読み取れる。誤り。
5　本文に書かれていない。

〔日本語訳〕
プラスチックは永遠にもつものであるが、33%のプラスチックは1回の使用で廃棄されている。リサイクルされるものはほんの数%しかない。とくに、アメリカ合衆国においては、5億本もの使い捨てストローが毎日廃棄されている。最近実施された研究では、750万本ものプラスチックストローがアメリカの海岸に捨てられていると推定された。

〔押さえておきたい英単語〕
・material：物質　・last：続く　・throw away：捨てる
・billion：10億　・single-use：使い捨て　・estimate：見積もる

2 答 2　文章理解／英文

Aは、本文1～2行目の内容から、数百もある山の正確な数を把握するのは「不可能」であることが読み取れるので、「impossible」が入る。
Bは、ヒマラヤ山脈は「アジア」に存在するので「Asia」が入る。
Cは、数々の有名な山脈が列挙された後の文なので、「よく知られている」を意味する「well-known」が入る。

〔日本語訳〕
世界に存在する山の正確な数を把握するのは不可能なことである。陸や海底には数百もの山々があるが、とてつもなく高い山や永続的に雪に覆われている山は数少ない。ヨーロッパのアルプス山脈やアジアのヒマラヤ山脈、南アメリカのアンデス山脈、そして北アメリカのロッキー山脈やアパラチア山脈は世界中でよく知られている。

3 答 4

判断推理／発言

A～Eの発言を整理すると、下表のとおりになる。

発言者	発言の前半	発言の後半
A	AはDの次	CはEの次
B	BはEの次	Aは最後
C	CはBの次	EはDの次
D	Dは最後	BはEの次
E	EはAの次	AはCの次

5人の発言は一方が事実であり、他方は事実ではないが、どちらが事実かは明らかになっていないので場合分けをして検討する。

①Aの発言の前半が事実で、後半が事実でないと仮定

「AはDの次」が事実だとすれば、Dの後に到着したのはAなので、Cの発言の後半は事実ではない。よって、Cの発言の前半が事実。

さらに、Dの後にAが到着しているので、Dは最後でなく、Dの発言の前半は事実ではない。よって、Dの発言は後半が事実。

Eの発言については、Aの発言より、Aの前に到着したのはDゆえ、Aの前をCとするEの発言の後半は事実ではない。よって、Eの発言は、前半が事実。

発言者	発言の前半	発言の後半
A	仮定 AはDの次	CはEの次
B	BはEの次	Aは最後
C	CはBの次	EはDの次
D	Dは最後	BはEの次
E	EはAの次	AはCの次

以上より、山頂へ到着した順番は次のようになる。

1番　2番　3番　4番　5番

D　A　E　B　C

Aの発言
Eの発言
Bの発言
Cの発言

②Aの発言の前半が事実ではなくて、後半が事実であると仮定

Aの発言の後半を事実と仮定すると、Cの発言の前半は事実ではないことになる。よって、Cの発言の後半「EはDの次」が事実となる。
すると、Dの発言は前半が事実ではないことになり、後半の「BはEの次」が事実となるが、これだとAの発言の後半「CはEの次」が事実であることと矛盾する。
よって、Aの発言の後半を事実と仮定することは誤りとわかる。

発言者	発言の前半	発言の後半
A	~~AはDの次~~	(CはEの次)
B	BはEの次	Aは最後
C	~~CはBの次~~	(EはDの次)
D	~~Dは最後~~	(BはEの次)
E	EはAの次	AはCの次

矛盾する

以上より、Aの発言は前半が事実であり、最初に到着したのはDとなる。

4 答 3

判断推理／順序

条件ウより、Aの自由形と背泳の順位は「2位、4位」もしくは「1位、3位」のどちらかとわかる。
この2パターンを場合分けして表に整理する。

①Aが自由形2位、背泳4位の場合

	Aの順位	Bの順位	Cの順位	Dの順位
自由形	2			
背泳	4			
平泳ぎ				
バタフライ				

②Aが自由形1位、背泳3位の場合

	Aの順位	Bの順位	Cの順位	Dの順位
自由形	1			
背泳	3			
平泳ぎ				
バタフライ				

条件エより、Bのバタフライと背泳の順位は、「2位、4位」もしくは「1位、3位」。
①の場合、背泳の4位はAゆえ、Bの背泳の順位は3位となり、バタフライが1位と決まる。
一方、②の場合は、Bは背泳が4位、バタフライが2位と決まる。

①の場合

	Aの順位	Bの順位	Cの順位	Dの順位
自由形	2			
背泳	4	3		
平泳ぎ				
バタフライ		1		

②の場合

	Aの順位	Bの順位	Cの順位	Dの順位
自由形	1			
背泳	3	4		
平泳ぎ				
バタフライ		2		

次に、条件オより、Cの自由形と平泳ぎの順位は、「2位、4位」もしくは「1位、3位」。
①の場合、自由形の2位はすでにAと決まっているので、Cは1位となる。よって、Cの平泳ぎは3位と決まる。
一方、②の場合は、自由形の1位はすでにAと決まっているので、Cは2位であり、平泳ぎは4位となる。

①の場合

	Aの順位	Bの順位	Cの順位	Dの順位
自由形	2		1	
背泳	4	3		
平泳ぎ			3	
バタフライ		1		

②の場合

	Aの順位	Bの順位	Cの順位	Dの順位
自由形	1		2	
背泳	3	4		
平泳ぎ			4	
バタフライ		2		

次に、条件カより、Dのバタフライと平泳ぎの順位は、「3位、4位」、「2位、3位」、「1位、2位」のいずれかである。
①の場合、平泳ぎの3位はC、バタフライの1位はBと決まっているので、Dの順位は、バタフライ3位、平泳ぎ4位と決まる。一方、
②の場合、平泳ぎの4位はC、バタフライの2位はBと決まっているので、Dの順位は、バタフライ1位、平泳ぎ2位と決まる。

①の場合

	Aの順位	Bの順位	Cの順位	Dの順位
自由形	2		1	
背泳	4	3		
平泳ぎ			3	4
バタフライ		1		3

②の場合

	Aの順位	Bの順位	Cの順位	Dの順位
自由形	1		2	
背泳	3	4		
平泳ぎ			4	2
バタフライ		2		1

ここまでで、①と②が成り立っている。ここから条件アとイを検討していく。

①の場合

条件イでの、AがDより順位が上であった2種目がどれかを検討する。
まず、自由形は1位がC、2位がAゆえ、Dより順位が上であることが確定する。もう1種目は平泳ぎかバタフライである。
条件アより、Aも必ず1種目は1位を獲得している。バタフライの1位はBと決まっているので、Aの1位は平泳ぎとなり、これがDよりも順位が上であったもう1種目として決まる。
よって、バタフライではAはDよりも上位になれないので、Dが3位ゆえ、Aは4位と決まる。

①の場合

	Aの順位	Bの順位	Cの順位	Dの順位
自由形	2		1	
背泳	4	3		
平泳ぎ	1		3	4
バタフライ	4	1		3

→ 平泳ぎ２位とバタフライ２位は残った人で決まる。

	Aの順位	Bの順位	Cの順位	Dの順位
自由形	2		1	
背泳	4	3		
平泳ぎ	1	2	3	4
バタフライ	4	1	2	3

②の場合

条件イでの、ＡがＤより順位が上であった２種目がどれかを検討する。まず、自由形はＡが１位ゆえ、１種目は自由形で確定する。

背泳は、Ａが３位、Ｂが４位と決まっているので、Ｄよりも順位が下だとわかる。

バタフライは、Ｄが１位なので、ＡはＤよりも順位が下だと決まる。

残る平泳ぎについては、Ｄが２位なので、Ａが１位であればＤよりも順位が上となるが、Ａはすでに自由形で１位となっている。条件アより、１位をとるのは各人１回のみである。よって、Ａが平泳ぎでも１位となると矛盾する。そうなると、Ａは平泳ぎが３位となり、Ｄよりも順位が下となり、ＡがＤより順位が上となるのは自由形のみとなり、条件イに反する。

以上より、②では、条件アとイの両方を満たすことができず、不適だとわかる。

①での、条件からわかる順位は下表のとおりである。

	Aの順位	Bの順位	Cの順位	Dの順位
自由形	2	3か4	1	3か4
背泳	4	3	2	1
平泳ぎ	1	2	3	4
バタフライ	4	1	2	3

よって、選択肢３が正解。

5 答 5

判断推理／試合

条件ア・ウより、ＦはＢに勝ったがＥには負けている。Ｆに勝ったＥはＡに負けている。よって、１回戦でＦＢ戦、２回戦でＦＥ戦、３回戦（優勝決定戦）でＥＡ戦が行われたことが判断できる。その結果、Ａが優勝したとわかる。

この状況をトーナメント戦の勝ち上がり表で図示すると下図のようになる。

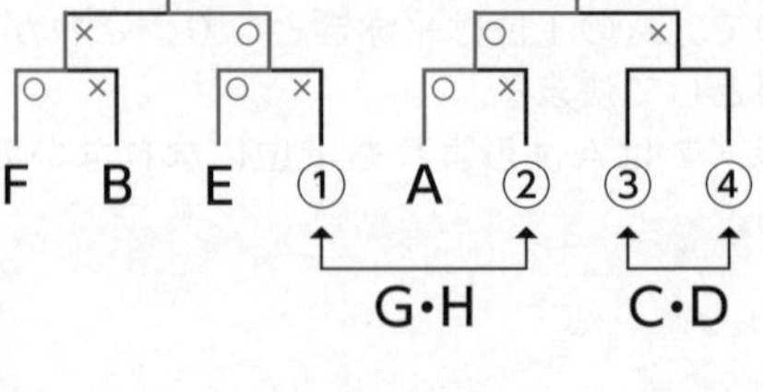

条件イより、DとCの対戦が行われている。よって、③対④のところにCとDが入るしかない。また、残るGとHは①か②に入る。
以上を踏まえて、選択肢を検討する。

1　Bは1回戦で負けているので、誤り。
2　CD戦の勝敗は示されていない。しかし、もしCが勝っているとすると2回戦でAと対戦することになる。よって、CはAと対戦しなかったとはいいきれないので、確実にはいえない。
3　Dが1回戦に勝ったかどうかは示されていないので、確実にはいえない。
4　Hは図中の①か②のどちらかに入る。②の場合はEとは対戦しないので、EとHが対戦したとはいいきれない。よって、確実にはいえない。
5　Gは図中の①か②のどちらかに入る。どちらに入ったとしても、Gは1回戦で負けるので、正しい。

6　答 2

数的推理／サイコロの問題

図Ⅰの展開図を組み立てやすくするために展開図を動かす。正六面体の展開図は、90°回転できるので、下図のようにする。

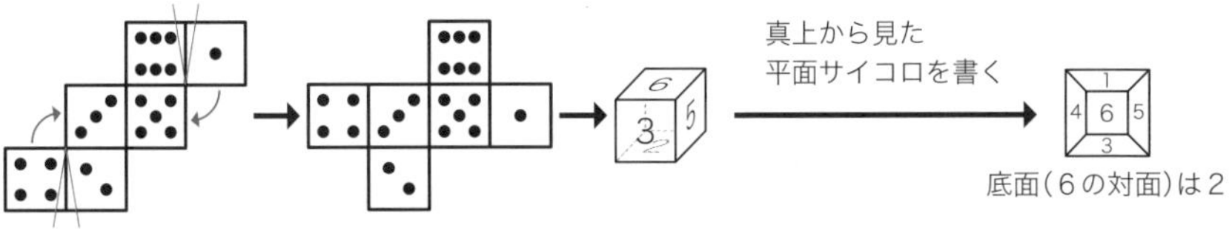

次に、図Ⅱについて整理するため、下図のように各サイコロを①〜④とする。

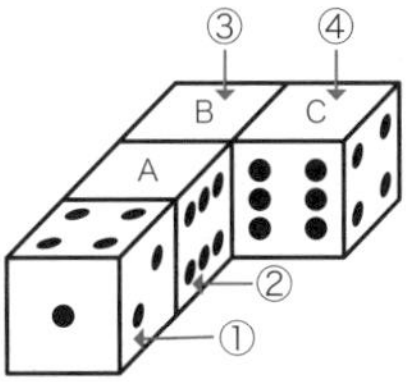

①を真上から見た平面サイコロで表現すると、右図のようになる。

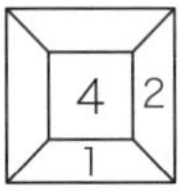

図Ⅰで描いた平面サイコロを参考にして空いているところに数字を入れると、右図のようになる。

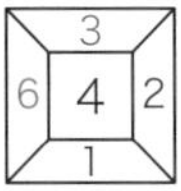

②を真上から見た平面サイコロで表現すると、右図のようになる。

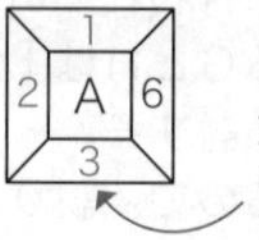

ここは①のサイコロと接している面なので、3とわかる。その対面は1とわかる。この1が③のサイコロと接している。そして、6の対面は2である。

よって、Aには5か4が入る。どちらが入るかを調べるために、図Ⅰの平面サイコロを回転させてみる。図Ⅰを回転させて②の形に合わせると下図のようになる。

図Ⅰ　　　　　図Ⅰを右に90°回転させる

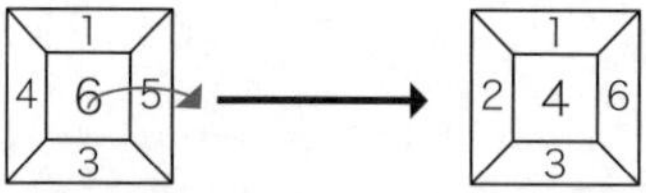

6が右側面へ、4が上へ、5が底面へ移動する。そして、底面にあった2が左側面に現れる。

これで②の平面サイコロと、側面の配列が1、6、3、2で同じとなったので、A＝4とわかる。

次に、ある程度見えている④について、真上から見た平面サイコロで表す。図Ⅰの平面サイコロに合わせて空いているところに数字を入れていくと、4の対面は5、6の対面は2となり、右図のようになる。

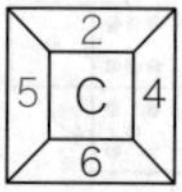

よって、Cには1か3が入る。どちらが入るかを調べるために、図Ⅰの平面サイコロを回転させてみると、下図のようになる。

6を下側にもってくるために下方向へ90°回転させる

④の平面サイコロに合わせるために回転させる

図Ⅰ

底面の2が上に現れる

これで④の平面サイコロと、側面の配列が2、4、6、5と同じとなったので、C＝3とわかる。

最後に、③を真上から見た平面サイコロを描く。また、隣り合わせの②と④のサイコロも描いて、互いに接する面の数を同じにすると、5の対面は4、1の対面は3となる。これらをまとめると右図のようになる。

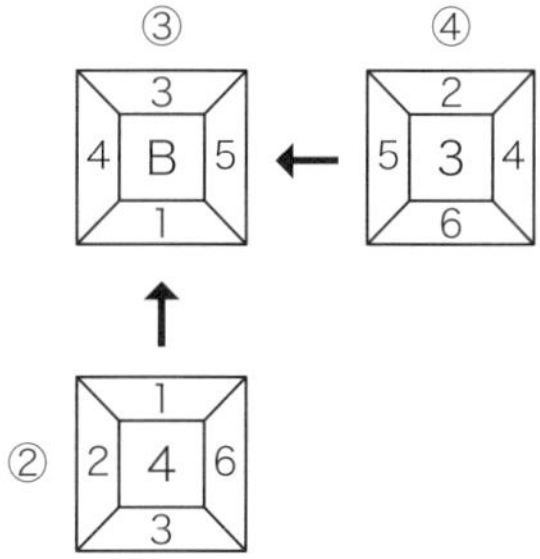

よって、Bには2か6が入る。どちらが入るかを調べるために、図Ⅰの平面サイコロを回転させてみると、下図のようになる。

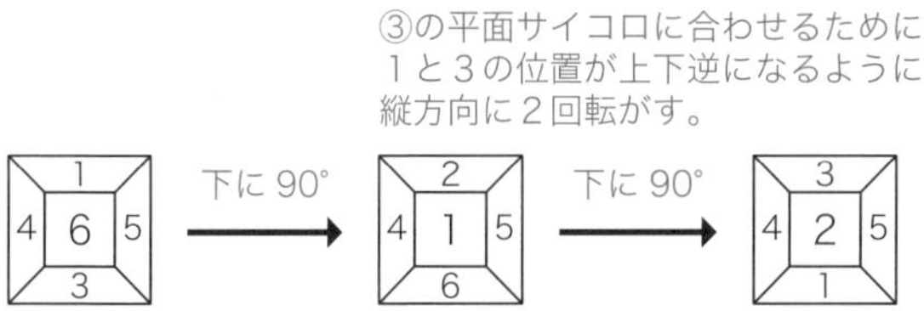

これで④の平面サイコロと、側面の配列が1、4、3、5と同じになったので、B＝2とわかる。
以上より、A＝4、B＝2、C＝3なので、その和は4＋2＋3＝9である。

7 答 4

数的推理／軌跡

軌跡の問題では、いくつか描いてみて選択肢に合わないものを消去していくとよい。また、軌跡をいくつか描くときは細かく動かすのではなく、わかりやすいところの図を描くとよい。

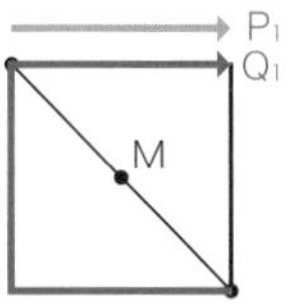

点Qが点Pの3倍の速さで動くので、点Pが1辺進む間に点Qは3辺進む。これを図示すると左図のとおりになる。P_1とQ_1は重なる。よって、中点Mも重なることになる。ここで選択肢を見ると、このポイントに点Mがあるのは選択肢3と選択肢4だけである。この時点で、選択肢1、2、5は誤りと判断できる。

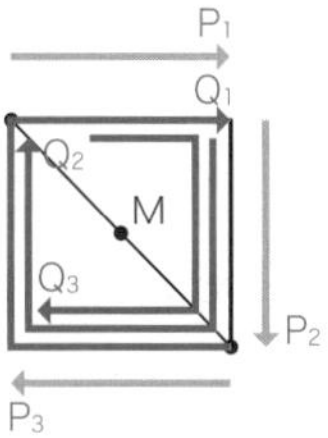

次にPがさらに1辺、1辺と進んだところを見ていく。Pがちょうど3辺進んだときをP_3とすると、そのときQは3×3＝9(辺)進むので、ここでもP_3とQ_3は重なる。よって、中点Mも重なる。選択肢3、4ともに満たしている。

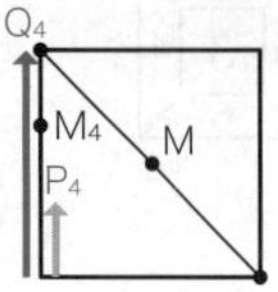

この後、点Pが1辺の$\frac{1}{3}$だけ進み、点Qがその3倍、つまりちょうど1辺進んだところをそれぞれP_4、Q_4とする。このときの中点M_4はこの辺を3等分する上側の点である。このM_4は選択肢3の軌道上にはなく、選択肢4のみに存在する。よって、選択肢4が正解。

8 答 5

数的推理／整数

分数と小数点が交じっているので、計算しやすくするために小数点のある3.18を分数表記に直しておく。

$$3.18=\frac{318}{100}=3\frac{18}{100}=3\frac{9}{50}=3+\frac{9}{50}$$

$a+\dfrac{1}{b-\frac{4}{c}}=3.18$だから、$a+\dfrac{1}{b-\frac{4}{c}}=3+\dfrac{9}{50}$と推測する。

そこで、$a=3$、$\dfrac{1}{b-\frac{4}{c}}=\dfrac{9}{50}$の可能性を探る。

もし$\dfrac{1}{b-\frac{4}{c}}=\dfrac{9}{50}$だとすると、$(b-\dfrac{4}{c})\times 9=1\times 50$

$\Rightarrow\ 9b-\dfrac{36}{c}=50$ ……①

①式を満たすbとcの組み合わせを検討する。まず、cは36を割り切れる数、すなわち36の約数でなければならないので、下表のいずれかとなる。

c	1	2	3	4	6	9	12	18	36
$\frac{36}{c}$	36	18	12	9	6	4	3	2	1

①を変形すると、$9b=50+\dfrac{36}{c}$

上表の$\dfrac{36}{c}$での数値をそれぞれ代入してみて、その結果が$9b$すなわち、

9の倍数になっている数を調べる。

$50+\frac{36}{c}$ は、 86、68、62、59、56、54、53、52、51のいずれか。

このうち、9の倍数になっているのは54のみなので、

$9b=50+\frac{36}{c}=54$となり、$\frac{36}{c}=4 \quad \Rightarrow \quad c=9$である。

そして、$9b=54$ゆえ、$b=6$とわかる。
以上より、$a=3$、$b=6$、$c=9$とわかる。
よって、$a+b+c=3+6+9=18$である。

9 答 2

数的推理／方程式

前日までの客1人当たりの利益を100円とすると、サービスデー当日は2割減少したのだから80円である。
前日の客の人数について、男性の人数をx(人)、女性の人数をy(人)とすると、サービスデー当日の客の人数は、男性を$1.7x$(人)、女性を$0.7y$(人)とおくことができる。

以上を踏まえて、前日の利益×1.2＝当日の利益という式を作る。

$100\times(x+y)\times1.2=80\times(1.7x+0.7y)$
$\Rightarrow \quad 120\times(x+y)=80\times(1.7x+0.7y)$
$\Rightarrow \quad \frac{\cancel{120}^{3}}{\cancel{80}_{2}}(x+y)=1.7x+0.7y$
$\Rightarrow \quad 1.5x+1.5y=1.7x+0.7y$

$\Rightarrow \quad 0.8y=0.2x$
$\Rightarrow \quad 8y=2x$
よって、$x:y=8:2$である。

前日の人数は$x+y$ゆえ、$8+2=10$のうちのy(女性)は2。
つまり、前日の女性の人数の割合は20%である。

10 答 4

資料解釈

選択肢を検討する。

1 2000年度の工学の大学入学者数は599655×0.179＝107338、
2015年度の工学の大学入学者数は617507×0.148＝91391である。
2015年度の指数をxとすると、107338：100＝91391：xとなる。よって、x＝85.1なので、誤り。

2 2015年度の比率は、$\dfrac{社会科学}{理学}=\dfrac{617507\times0.326}{617507\times0.03}\fallingdotseq 10.87$

2000年度の比率は、$\dfrac{社会科学}{理学}=\dfrac{599655\times0.402}{599655\times0.035}\fallingdotseq 11.49$

よって、2015年度の比率＜2000年度の比率なので、誤り。

3 保健の増加数は、
2015年－2000年＝(617507×0.111)－(599655×0.053)＝36762
農学の増加数は、
2015年－2000年＝(617507×0.028)－(599655×0.027)＝1100であり、
その35倍は38500となる。
よって、農学の増加数の35倍よりも少ないため、誤り。

4 社会科学の減少率は、$\dfrac{(2000年-2015年)}{2000年}=$
$\dfrac{\{(599655\times0.402)-(617507\times0.326)\}}{(599655\times0.402)}\fallingdotseq -0.165\fallingdotseq -16.5\%$

人文科学の減少率は、$\dfrac{(2000年-2015年)}{2000年}=$
$\dfrac{\{(599655\times0.164)-(617507\times0.141)\}}{(599655\times0.164)}\fallingdotseq -0.115\fallingdotseq -11.5\%$

よって、社会科学の減少率＞人文科学の減少率なので、正しい。

5 2015年度の社会科学の大学入学者数は、617507×0.326≒201307
2000年度の社会科学の大学入学者数は、599655×0.402≒241061なので、その0.9倍は241061×0.9＝216955となる。
よって、2015年度の大学入学者数(201307人)は2000年の0.9倍(216955人)よりも少ないため、誤り。

4th DAY｜一般知識

問題は本冊42～43ページ

11 答 5

人文科学／倫理

1 荀子は人間の本性は悪であるという「性悪説」を唱えたが、孔子の礼を重視した。刑罰を重視したのは韓非子である。
2 老子は人為的なものを排する「無為自然」を唱えた。
3 韓非子は人間を矯正するのに法が必要であるという法治主義をとった。
4 孔子についての記述になっている。墨子はすべての人に平等な愛をという「兼愛」と自ら他を攻めないという「非攻説」を唱えた。
5 正しい。

12 答 2

人文科学／倫理

アには「専修念仏」が入る。一切の修行や学問を捨て、もっぱら念仏を唱えることである。
イには「只管打坐」が入る。ただひたすらに坐禅に打ち込むことをいい、それにより本来の自己である仏性を悟ることができるとした。
ウには「唱題」が入る。日蓮は法華経を信仰し題目を唱えることによって、自己だけでなく世の中を救うことができるとした。

13 答 2

自然科学／生物

ヒトの腎臓は、横隔膜の下の背側に左右１対ある。
ネフロン（腎単位）とは、腎臓の構造及び機能上の１単位である。個々の腎小体とそれに連なる細尿管からなる。ヒトの腎臓は、１側が約100万～200万のネフロンからなる。
腎小体とは、腎臓の表面近くにたくさんある球状の構造である。糸球体という毛細血管が毛糸のように絡み合ったものを、ボーマンのうという上皮でできた袋が包んでできている。

5th DAY | 一般知能

問題は本冊44～49ページ

1 答 5

文章理解／現代文

Dの「茶わん」を受けて、Aの「中には」へとつながる。また、CとFの内容を受けて、Bへとつながる。Eの冒頭の指示語「これ」は、Bの「湯気」に当たるから、BからEへとつながる。ここまでで選択肢3か選択肢5が残る。Bが「第一に」としていることから、BEの後には「第二に」の可能性があり、FはBEの前とわかる。

2 答 1

判断推理／集合

条件より、札幌市、長野市及び福岡市の3市の出張経験の有無を整理する。
まず、条件Bでは、2市以上に出張した経験のある者のうち、少なくとも札幌市と長野市の両方に出張した経験のある人数を15人としている。これは、「札幌市と長野市の2市だけに出張経験のある者」と、「3市すべてに出張経験のある者」を含む数である。
条件Eより、「3市すべてに出張経験のある者」は8人とされているから、「札幌市と長野市の2市だけに出張経験のある者」は、15－8＝7(人)となる。
同様に、条件BとEより、「長野市と福岡市の2市だけに出張経験のある者」は、17－8＝9(人)となる。
また、「札幌市と福岡市の2市だけに出張経験のある者」の人数をa(人)とすると、条件Dより、「札幌市だけに出張経験のある者」は$5a$(人)となる。
以上を踏まえてキャロル表で作成すると、下図のとおりになる。

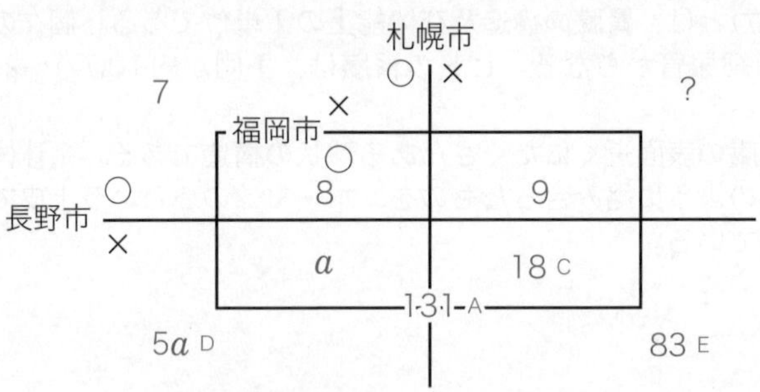

「長野市に出張した経験のない者」で式を立てると、$5a + a + 18 + 83 = 131$ となり、これを解くと $a = 5$（人）とわかる。
ここから、「長野市だけに出張した経験のある者」の人数を検討する。
全体が200人ゆえ、「長野市に出張経験のある者」は、$200 - 131 = 69$（人）とわかる。
よって、「長野市だけに出張経験のある者」の人数を x（人）とおくと、
$7 + 8 + 9 + x = 69 \Rightarrow x = 45$（人）となる。

3 答 2

判断推理／数量

条件を数直線上で整理する。条件イより、AはEより2kg軽い。条件ウより、BはEと4kg違ううえ、Aよりも重いので、下図のように図示できる。

次に、Eが絡む条件オを検討する。CとEは4kg違いであるというが、どちらが重いかは示されていない。
しかし、CがEより重いとすると、Aよりも重い人がE、C、Bの3人となってしまい条件アに反する。
よって、CはEよりも軽いことがわかり、下図のようになる。

残る条件エを検討する。CとDは3kg違いで、どちらが重いかは示されていない。
しかし、DがCより重いとすると、Aよりも重い人がD、E、Bの3人となってしまい条件アに反する。
よって、CのほうがDよりも3kg重いことがわかり、下図のようになる。

以上より、選択肢2が正解である。

4 答 5

判断推理／順序

条件を整理すると、下表のようにまとめられる。

	7月	8月	9月	わかっている内容
A		1つUP	1つUP	7月：5位 → 8月：4位 → 9月：3位 7月：4位 → 8月：3位 → 9月：2位 7月：3位 → 8月：2位 → 9月：1位 のいずれか
B		1つUP	1つUP ★	7月：5位 → 8月：4位 → 9月：3位 7月：4位 → 8月：3位 → 9月：2位 7月：3位 → 8月：2位 → 9月：1位 のいずれか
C	★	同じ順位		7月の順位は3位か2位か1位
D		2つDOWN		7月：1位 → 8月：3位 7月：2位 → 8月：4位 7月：3位 → 8月：5位 のいずれか
E				Dよりも常に順位が下

ほかと絡みのあるBとCに関する条件イから考える。上表のとおり、Bの7月の順位は5位か4位か3位の3通りなので、場合分けをする。

①Bの7月の順位が5位の場合

Bの7月の順位が5位の場合、下表のようにまとめられる。

	7月	8月	9月
A			
B	5	4	3
C	3		
D			
E			

→ 7月の3位と5位が決まったので、Aの7月の順位は4位

	7月	8月	9月
A	4	3	2
B	5	4	3
C	3		
D			
E			

7月のDとEの順位は、条件エより、Dが1位、Eが2位となる。そして、条件ウより、Dの8月の順位は3位に決まるが、Aの8月の順位と重複する。よって、不適。

	7月	8月	9月
A	4	3 ←	2
B	5	4	3
C	3		
D	1	3 ←	
E	2		

AとDの8月の順位が重複するため不適

②Bの７月の順位が４位の場合

Bの７月の順位が４位の場合、下表のようにまとめられる。

	7月	8月	9月
A			
B	4	3	2
C	2		
D			
E			

Bの７月の順位が４位で決まったので、Aの７月の順位は３位か５位となる。それぞれについて、さらに場合分けして検討する。

・Aの７月の順位が５位の場合

	7月	8月	9月
A	5	4	3
B	4	3	2
C	2		
D			
E			

条件エより、Dの７月の順位が１位、Eの７月の順位が３位、条件ウより、Dの８月の順位が３位と決まる

	7月	8月	9月
A	5	4	3
B	4	3	2
C	2		
D	1	3	
E	3		

・Aの７月の順位が３位の場合

	7月	8月	9月
A	3	2	1
B	4	3	2
C	2		
D			
E			

条件エより、Dの７月の順位が１位、Eの７月の順位が５位、条件ウより、Dの８月の順位が３位と決まる

	7月	8月	9月
A	3	2	1
B	4	3	2
C	2		
D	1	3	
E	5		

どちらの場合も、Dの８月の順位が３位となり、Bの８月の順位と重複する。よって、不適。

③Bの７月の順位が３位の場合

Bの７月の順位が３位の場合、下表のようにまとめられる。

	7月	8月	9月
A			
B	3	2	1
C	1		
D			
E			

Bの７月の順位が３位で決まったので、Aの７月の順位は４位か５位となる。それぞれについて、さらに場合分けして検討する。

・Aの７月の順位が５位の場合

	7月	8月	9月
A	5	4	3
B	3	2	1
C	1		
D			
E			

条件エより、Dの７月の順位が２位、Eの７月の順位が４位、条件ウより、Dの８月の順位が４位と決まる

	7月	8月	9月
A	5	4	3
B	3	2	1
C	1		
D	2	4	
E	4		

AとDの８月の順位が重複するため不適

・Aの７月の順位が４位の場合

	7月	8月	9月
A	4	3	2
B	3	2	1
C	1		
D			
E			

条件エより、Dの７月の順位が２位、Eの７月の順位が５位、条件ウより、Dの８月の順位が４位と決まる。順位の重複はないため、成立となる

	7月	8月	9月
A	4	3	2
B	3	2	1
C	1		
D	2	4	
E	5		

以上より、Bの７月の順位が３位、Aの７月の順位が４位となる。
さらに、条件エより、Eの８月の順位は５位となり、残ったCの８月の順位は１位で確定する。
そして、条件オより、９月のEの順位は５位ではないので３位か４位が考えられるが、条件エより、Dよりも順位が下なのでEは4位しかない。よって、Dの順位は3位となり、残った5位はCと決まる。

	7月	8月	9月
A	4	3	2
B	3	2	1
C	1	1	
D	2	4	
E	5	5	

→

	7月	8月	9月
A	4	3	2
B	3	2	1
C	1	1	5
D	2	4	3
E	5	5	4

以上より、選択肢5が正解である。

5 答 2

判断推理／位置

まず条件を整理する。北が上側を向くように方位を設定すると、下図のようにまとめられる。

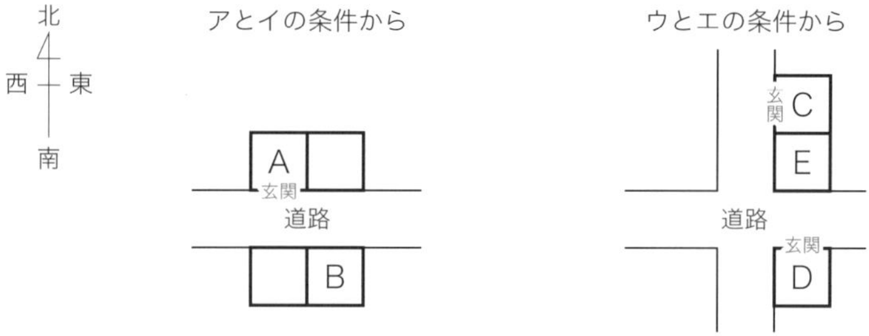

問題の位置図には方位が示されていないので、この位置図を回転させて、上の２つの図をはめ込められないか検討する。

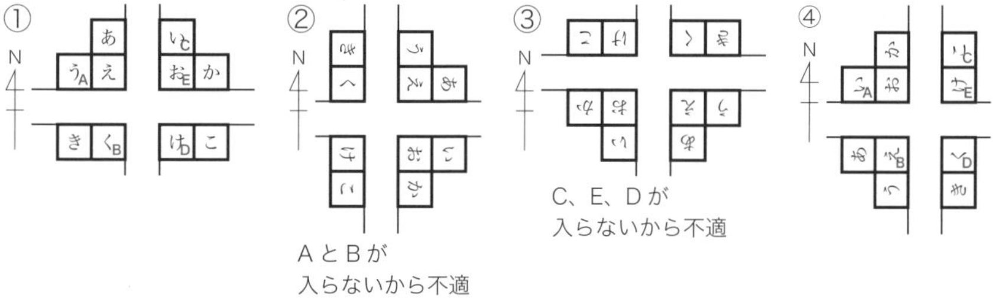

以上のように、①と④の場合が考えられ、Aの家の位置は「い」か「う」となる。しかし、選択肢には「う」がないため、「い」で確定できる。よって、選択肢２が正解となる。

6 答 4

数的推理／図形

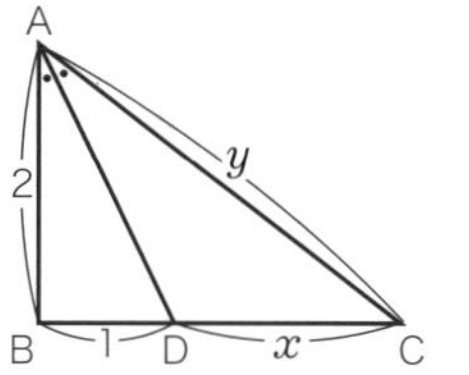

左図のようにＤＣ＝x、ＡＣ＝yとおく。角の二等分線の公式により、ＡＢ：ＡＣ＝ＢＤ：ＤＣゆえ、２：y＝１：xとなる。
よって、y＝２xである。

三角形の１つの角の二等分から、次のことが成り立つ。
ＡＢ：ＡＣ＝ＢＤ：ＤＣ

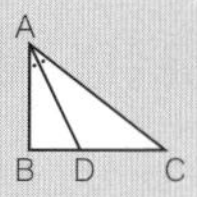

ここで、直角三角形ＡＢＣに三平方の定理をあてはめる。
$AB^2 + BC^2 = AC^2$ゆえ、$2^2 + (1 + x)^2 = 2x^2$
よって、式を展開して整理する。
$4 + 1 + 2x + x^2 = 4x^2$
$\Rightarrow \quad 3x^2 - 2x - 5 = 0$
$\Rightarrow \quad (3x - 5)(x + 1) = 0$
よって、$3x - 5 = 0$もしくは$x + 1 = 0$となり、$x = \frac{5}{3}$もしくは-1となるが、

$x > 0$ゆえ、$x = \frac{5}{3}$で決まる。

直角三角形ＡＢＣの底辺ＢＣは$1 + \frac{5}{3} = \frac{8}{3}$とわかる。

よって、面積は、$\frac{8}{3} \times 2 \times \frac{1}{2} = \frac{8}{3}$となる。

7 答 5

数的推理／n進法

問題文の２つの数をそれぞれ10進法に直してから計算する。
$1010110_{(2)} = 1 \times 2^6 + 1 \times 2^4 + 1 \times 2^2 + 1 \times 2^1 = 86_{(10)}$
$2110_{(3)} = 2 \times 3^3 + 1 \times 3^2 + 1 \times 3^1 = 66_{(10)}$

２進法を10進法で表すときは、一の位から2^0、2^1、2^2……
をかけて、それぞれを足す。

（例）

1	0	1	0	1	1	0
×	×	×	×	×	×	×
2^6	2^5	2^4	2^3	2^2	2^1	2^0
＝	＝	＝	＝	＝	＝	＝
64	0	16	0	4	2	0

全部足すと86

よって、２つの数の和は、
$86 + 66 = 152_{(10)}$となり、
これを５進法に直す。

5) 152
5) 30余り2
5) 6余り0
1余り1

10進法をn進法で表すときは、nで割っていき、n未満となるときの
商とそれまでの余りの数を最後から順番に書く。

以上より、$1102_{(5)}$となる。

8 答 1

数的推理／仕事算

AとBとの2人で共同で作業を行うとx日かかるとおくと、Aだけで行うと$(x+4)$日かかり、Bだけで行うと$(x+9)$日かかると表すことができる。このとき、全体の仕事量を1とすれば、

・Aが1日当たりにこなす仕事量：$\frac{1}{x+4}$

・Bが1日当たりにこなす仕事量：$\frac{1}{x+9}$

よって、AとBが2人で1日にこなす仕事量は、$\frac{1}{x+4}+\frac{1}{x+9}$ である。

AとBの2人で共同して行うとx日かかるので、次の式が立つ。

$$\left(\frac{1}{x+4}+\frac{1}{x+9}\right)\times x=1$$

$$\Rightarrow \left(\frac{1}{x+4}+\frac{1}{x+9}\right)\times\frac{(x+4)(x+9)}{(x+4)(x+9)}\times x=1$$

$$\Rightarrow \left(\frac{{}^{1}\cancel{(x+4)}(x+9)}{{}_{1}\cancel{(x+4)}\times(x+4)(x+9)}\right)+\left(\frac{(x+4)\cancel{(x+9)}{}^{1}}{{}_{1}\cancel{(x+9)}\times(x+4)(x+9)}\right)\times x=1$$

$$\Rightarrow \left(\frac{(x+9)+(x+4)}{(x+4)(x+9)}\right)\times x=1$$

$$\Rightarrow (x+9+x+4)x=1\times(x+4)(x+9)$$

$$\Rightarrow (2x+13)x=(x+4)(x+9) \Rightarrow 2x^2+13x=x^2+13x+36$$

$$\Rightarrow x^2=36 \Rightarrow x=6$$ ←「$x=-6$」は不適

よって、Aだけで作業を行う場合は、$6+4=10$(日)かかる。

9 答 1

数的推理／濃度

容器Aから100 g取り出したあとの食塩水をx(g)としててんびんを作ると、下図のようになる。

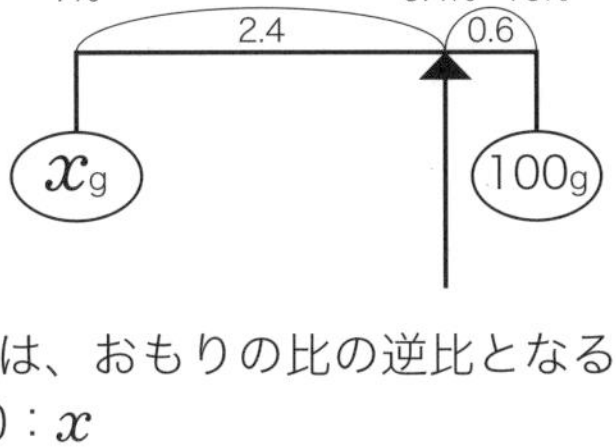

てんびんの腕の長さの比は、おもりの比の逆比となるので、

$2.4:0.6=4:1=100:x$

よって、$x=25$(g)

以上より、最初に容器Aに入っていた食塩水は、$100+25=125$(g)となる。

10 答 3

資料解釈

選択肢を検討する。

1 倉庫と店舗についての着工床面積の具体的な数字が与えられていないため、判断できない。

2 平成24年度における店舗の着工床面積を100とするとき、平成25年度〜平成28年度の店舗の着工床面積は次のとおりになる。

・平成25年度：$100\times(1+0.13)=113$

・平成26年度：$113\times(1-0.14)=97.18\fallingdotseq 97$

・平成27年度：$97\times(1-0.15)=82.45\fallingdotseq 82$

・平成28年度：$82\times(1-0.07)=77.19\fallingdotseq 76$

以上より、平成28年度における店舗の着工床面積の指数は70を上回っているので、誤り。

3 平成24年度における工場の着工床面積を100とするとき、平成25年度〜平成28年度の工場の着工床面積は次のとおりになる。

・平成25年度：$100\times(1-0.05)=95$

・平成26年度：$95\times(1-0.04)=91.2\fallingdotseq 91$

・平成27年度：$91\times(1+0.15)=104.65\fallingdotseq 105$

・平成28年度：$105\times(1-0.06)=98.7\fallingdotseq 99$

以上より、最も大きいのは平成27年度、次に大きいのは平成28年度なので、正しい。

4 平成25年度における病院の着工床面積を100%とするとき、平成26年度〜平成28年度の病院の着工床面積は次のとおりになる。

・平成26年度：$100\times(1-0.19)=81(\%)$

・平成27年度：$81\times(1-0.2)=64.8\fallingdotseq 65(\%)$

・平成28年度：$65\times(1+0.03)=66.95\fallingdotseq 67(\%)$

よって、平成26年度〜平成28年度の平均は、$\dfrac{81+65+67}{3}=\dfrac{213}{3}=71(\%)$

以上より、平成26年度〜平成28年度の病院の着工床面積の年度平均は、平成25年度における病院の着工床面積(100%)の80%を下回っているので、誤り。

5 病院について見ていく。選択肢4での検討結果を利用して、平成25年度における病院の床着工面積を100%としたときの平成24年度の病院の着工床面積を算出し、平成28年度と比較する。

平成24年度の病院の着工床面積をx(%)とおくと、平成25年度の着工床面積は次のように式を立てることができる。

$$x\times(1+0.13)=100 \quad\Rightarrow\quad x=\frac{100}{1.13}\fallingdotseq 88.5\fallingdotseq 89(\%)$$

以上より、平成24年度における病院の着工床面積は89%なので、選択肢4で求めた平成28年度の67%と比較すると、平成24年度のほうが大きい。つまり、平成28年度は平成24年度に比べて減少しているので、誤り。

5th DAY | 一般知識

問題は本冊50～51ページ

11 答 4

人文科学／文学・芸術

バロックは17～18世紀、古典派は18～19世紀、ロマン派は19世紀の音楽なので、Ａは「古典派」である。
Ｂに入る作曲家は「モーツァルト」。シューベルトは19世紀前半に活躍した初期ロマン派の作曲家である。
また、ヴィヴァルディはバロック時代の作曲家のため、Ｃに入る作曲家は「ベートーヴェン」が正しい。彼の作品には、Ｄに入る交響曲『田園』がある。
なお、交響曲を考案したのは古典派のハイドンで、ヴィヴァルディよりも後の時代の人物である。

12 答 3

人文科学／文学・芸術

Ａに入るのは「印象派」で、淡い色彩が特徴とした19世紀の画風である。
野獣派は、強烈な色彩表現を特徴としている画風。
立体派は対象を解体して平面上に再構成することを特徴とする20世紀に生まれた画風である。
Ｂに入る印象派の代表的な画家は「クロード・モネ」で、印象派の祖とされる。
アンリ・マティスは『赤いアトリエ』を代表作とする野獣派の画家。
ポール・セザンヌは『サント・ヴィクトワール山』を代表作とするポスト印象派の画家。
Ｃに入るもう１人の印象派の画家は「エドガー・ドガ」である。
パウル・クレーは抽象絵画の代表的な画家。
エドヴァルト・ムンクは『叫び』を代表作とする象徴主義の画家で印象派よりも後の時代の人物である。

13 答 2

自然科学／地学

Ａは「光球」が入り、太陽本体の球体のことをいう。
粒状斑とは、太陽全体に見られる粒状の模様のことである。
光球で見られるＢは「黒点」で、周囲より温度が低いために黒い斑点状に見える。
一方、白斑は太陽の表面近くで見られる明るい斑点のことである。
Ｃに入るのが「フレア」で、黒点付近の彩層が突然明るくなる現象である。
プロミネンスは、コロナの中に磁場の力で浮かんで見えるガス雲のことで、紅炎とも呼ばれる。

14 答 1

自然科学／地学

Aに入るのは「モホロビチッチ不連続面」で、地下の深さ30～60km付近にある不連続面である。ここでは地震波速度が急増する。
なお、グーテンベルク不連続面は地下の深さ約2900kmにある不連続面である。
Bは「リソスフェア」が入る。低速度層に相当する軟らかい層のことをアセノスフェア、それより上の硬い層のことをリソスフェアという。
Cは「液体」が入る。地震波にはP波(縦波)とS波(横波)があり、P波はすべての媒質中を伝わる特徴がある一方、S波は固体のみに伝わる。
外核はS波が伝わらないことが知られているので、液体であると考えられている。

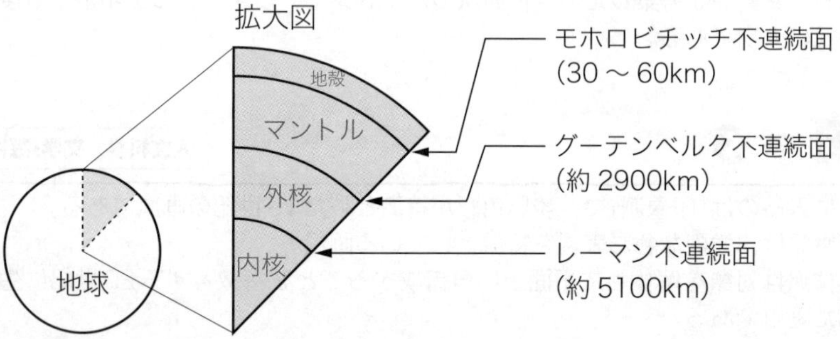

6th DAY | 行政分野 1

問題は本冊54～63ページ

1 答 4

政治的リーダーシップ

1 伝統的リーダーシップは、身分によってその地位につく。
2 代表的リーダーシップは、価値体系の安定した政治社会において成立する。
3 制度的リーダーシップは、代表的リーダーシップとも呼ばれ、ここにおいて大衆は価値体系の転換は求めていない。
5 創造的リーダーシップは、指導者が強力な理論体系やイデオロギーによって武装し、価値体系の変革をめざす。社会主義革命勢力などが代表的。

2 答 3

ポリアーキー論

AとDが正しい。
B 競争的寡頭体制は包括性の程度が低く、包括的抑圧体制は自由の程度が低いという点で、準ポリアーキーとはいえない。
C 閉鎖的抑圧体制から包括性のみが拡大した場合に、包括的抑圧体制となる。閉鎖的抑圧体制から自由のみが拡大した場合に、競争的寡頭体制となる。

3 答 4

社会契約論

1 ロックについての記述。
2 ルソーについての記述。
3 ホッブズについての記述。
5 ホッブズについての記述。

4 答 5

圧力団体

1 日本の圧力活動は、主に行政部に向けられている。
2 重複メンバーシップとは、人々が相互に利害の対立する複数の集団にオーバーラップして加入することである。これによって集団とその対抗の固着化を阻止する機制(集団のクリス・クロス)が起こり、集団的利害対立が調整されるとした。
3 圧力団体への加入者はより高い社会・経済的地位にあるものに偏っており、圧力団体による活動は社会の上層部分により有利に展開するという批判がある。
4 利益集団自由主義とは、圧力団体による圧力政治が野放しにされていた1960年代からのアメリカの政治をローウィが批判したもので、議会が実質的な政策決定をせず、行政機関に委ねられていることをいう。ローウィは、これを民主主義の危機であるとして批判した。

5 答 5

政治的無関心

1 現代型無関心についての記述。
2 伝統的無関心についての記述。
3 反政治的態度についての記述。
4 無政治的態度についての記述。

6 答 4

投票行動研究

1 これはキャンベルを中心とするミシガン学派の主張である。
2 業績投票モデルは、フィオリーナらが構築した。
3 これはラザースフェルドを中心とするコロンビア学派の主張である。
5 ミシガン学派は、有権者の投票行動に対し、争点態度が最も弱い影響にとどまるとして、多くの有権者は合理的な判断ができていないと指摘した。

7 答 2

各国の政治制度

1 アメリカでは、大統領が大きな権限を持っているが、連邦議会の解散権は持っていない。また、議会も大統領を辞めさせることは原則できない。
3 フランスでは、大統領に強大な権限が付与され、大統領は国民議会の解散権とともに、首相と閣僚の任免権も持っている。
4 ドイツでは、連邦大統領は国家を代表する元首であるが、国民の直接選挙ではなく連邦会議により選出される。
5 中国では、全国人民代表大会が強大な権限を持ち、三権分立制ではなく、民主集中制がとられている。

8 答 3

アメリカの大統領制

1 アメリカの大統領は連邦議会の解散権を持っておらず、連邦議会も大統領に対して不信任決議権を有していない。
2 上下両院でそれぞれ３分の２以上の賛成により再可決されれば、大統領が拒否権を行使しても法案が成立することになっている。
4 アメリカの大統領は国民から選出されるため、議会に対してではなく、国民に対して責任を負う。なお、前半は正しい内容である。
5 初代大統領のワシントンが３選を固辞したため、それ以降は３選禁止が慣例であった。しかし、F．ルーズベルトがアメリカ合衆国史上初の４選を果たしたことから、第二次世界大戦後、憲法改正により正式に３選が禁止された。

9 答 5

官僚制論

1　ウェーバーの官僚制論は、官僚制組織の特徴を挙げたものであり、官僚による政治支配という点には触れていない。
2　ウェーバーの支配の類型においては、近代官僚制は合法的支配に分類される。
3　近代官僚制の構成要件には、専業制の原則が存在している。
4　官僚制の逆機能について述べたのはマートンである。

10 答 1

日本の中央行政機構

2　審議会は府省庁の外局として置かれているわけではない。府や省の外局として置かれているのは行政委員会である。
3　行政委員会は、独任制ではなく合議制の機関である。
4　審議会には行政機関としての決定権限がなく、その答申は法的拘束力や強制力を持たない。
5　行政委員会は合議制であるため、責任の所在が不明確になり、決定までに時間がかかりやすい。

11 答 5

ストリート・レベルの行政職員

1　ストリート・レベルの行政職員は、上司の指揮監督を受けず、半ば独立して執務している職種の人々のことを指しているので、法適用に当たっての裁量の余地は広い。
2　ストリート・レベルの行政職員は、上司の監視が届かない場所で指示を受けずに勤務しているので、上司側が業務記録を点検し、処理件数などを手掛かりに勤務評定をせざるを得ない。
3　リプスキーは、ストリート・レベルの行政職員が異質な種々の業務の処理を期待されているので、「あちらを立てればこちらが立たず」というディレンマに直面せざるを得ないとした。
4　ストリート・レベルの行政職員には、警察官や福祉事務所のケースワーカー、判事、政府や自治体の窓口職員、公立学校の教員など、施設で住民と直接対応する職員も含まれる。

12 答 3

地方自治の類型

AとDが正しい。
B　ヨーロッパ大陸系についての記述である。アングロ・サクソン系では、国と地方の事務は個別に独立している。
C　ヨーロッパ大陸系についての記述。

13 答 5 シュタインの行政学

BとDが正しい。

A　シュタイン行政学の総論と各論についての内容が逆である。

C　憲政と行政についての内容が逆である。

14 答 1 アメリカ行政学

2　政治と行政についての内容が逆である。

3　アップルビーについての記述。　4　ワルドーについての記述。

5　ウィロビーについての記述。

15 答 1 バーナードの組織論

2　人が組織に参加しようとするのは、誘因が動機や貢献を上回る場合であり、人が組織から離脱しようとするのは、動機や貢献が誘因を上回る場合である。

3　機能の権威についての記述である。地位の権威とは、上司からの命令であるために部下が従うといったような支配を指す。

4　テイラーの科学的管理法についての記述。

5　ギューリックの古典的組織論についての記述。

16 答 3 政策決定過程

1　合理化モデルについての記述。　2　満足モデルについての記述。

4　ゴミ缶モデルについての記述。　5　組織過程モデルについての記述。

17 答 3 日本の行政改革

1　学識経験者に加えて、財界やマスコミ、労働界などからの参加もあった。選択肢で述べられている基本理念は第二次臨時行政調査会で提示されたもの。

2　内閣府は、2001年の中央省庁等の再編成の一環として、内閣機能を強めるために設置された。

4　橋本内閣の行政改革において、独立行政法人の創設、政策評価制度の実施がなされた。

5　1省庁1局の削減と総定員法の制定に関する答申は、第一次臨時行政調査会で行われた。

行政分野２

問題は本冊64～73ページ

1　答 3

ワースのアーバニズム論

1　ワースは、アーバニズムを都市から農村へ連続的に広がっていくものとして提示した。

2　ワースは、人間生態学・社会組織・社会心理学の３つの側面からアーバニズムを捉えるべきであるとした。

4　ワースは当初、都市においては第二次的接触が増加すると主張した。

5　人口の集中によって多様な下位文化が生み出されるとしたのは、フィッシャーである。

2　答 2

マートンの逸脱論

Ａは「革新」、Ｂは「儀礼主義」、Ｃは「逃避主義」、Ｄは「反抗」が該当する。

3　答 2

家族論

1　配偶者の一方を中心として横に連なった家族は、複婚家族である。

3　定位家族と生殖家族についての説明が逆である。

4　ブラッドとウルフは、他にも夫婦間の相対的権威がほぼ等しいものとして一致型と自律型の類型も示しており、全部で４類型となっている。

5　友愛家族は制度家族よりももろくて不安定であると述べている。

4　答 2

バージェスの同心円地帯理論

バージェスの同心円地帯理論についてそのまま述べた内容であり、Ａは「遷移地帯」、Ｂは「労働者住宅地帯」、Ｃは「中産階級住宅地帯」が該当する。

5 答 1

社会的性格

2 これはフロムやアドルノなどのフランクフルト学派の主張である。ミードは、意味学派の祖として、自我のあり方を「主我」と「客我」の２つに分けた。
3 これはエリクソンの主張である。フロムは『自由からの逃走』を著し、１つの集団や階層の大部分の成員が共有している性格構造の本質的な中核を「社会的性格」とした。
4 これはフロムの主張である。エリクソンは人の一生を８段階に分けたうえで、各段階において乗り越えるべき課題を設定した。
5 ベネディクトは、内なる良心に依拠して行動をする「罪の文化」を欧米人の社会的性格、外面的強制力に依拠して行動をする「恥の文化」を日本人の社会的性格とした。

6 答 1

社会調査

2 参与観察法についての記述である。生活史法は、手紙や日記などの個人的記録や生活記録を用いて、社会的文脈と関連づけて記録する調査法である。
3 留置法では、調査対象者が質問票を記入する場面に立ち会わないため、調査対象者本人が質問票を記入したか不明であるという欠点を持つ。
4 無作為抽出法では、調査者が無作為にサンプルを抽出する調査法であり、確率抽出の原理を用いている。
5 生活史法についての記述である。参与観察法とは、調査者自身が調査対象集団の一員として振る舞いながら観察する方法である。

7 答 5

コンティンジェンシー理論

1 期待理論についての記述である。
2 バーナードが提唱した協働システムについての記述である。
3 取引コスト理論についての記述である。
4 エージェンシー理論についての記述である。

8 答 2

テイラーの科学的管理法

1 テイラーは、熟練の労働者の作業能率を課業の基準として設定した。
3 指図票制度により、これまで現場の労働者が決定していた計画や手順が、計画部門によって決定されるようになった。
4 テイラーは、差別的出来高給制を提唱していて、必要ないとはしていない。
5 テイラーは職能別職長制を採用した。

9 答 3

生産管理

1 フォード・システムは、少品種大量生産に適した作業形態である。
2 グループテクノロジーとは、作業工程を区分して同じような工程を１つのグループにまとめることで、より生産性の高い全体の工程やスケジュールを組むことである。
4 日本のQCサークルは、現場の従業員による小集団活動とされている。
5 ISOは国際標準規格のことを指しており、「ISO14000シリーズ」は環境関係についての国際標準規格である。「ISO9000シリーズ」が品質管理の国際標準規格である。

10 答 2

意思決定論

1 「価値前提」と「事実前提」が逆になっている。
3 これはアンゾフの主張。　4 これはバーナードの主張。
5 これはサイアート＝マーチの主張。

11 答 2

国際機構の意思決定

1 国際連盟は総会・理事会とも議決は全会一致制であった。
3 ５常任理事国を含む９か国以上の賛成で足りる。
4 国連憲章の改正には、安全保障理事会の５常任理事国全部が賛成し、それを含めた安保理加盟国の３分の２以上の賛成を必要とする。
5 55％以上の加盟国の賛成と、賛成国全体の人口がEU人口の65％以上を占めることが必要である。

12 答 5

国 連

1 国連憲章に規定されている国連軍は、これまで一度も編成されておらず、常備軍もない。なお、朝鮮戦争に際して派遣された部隊は「国連軍」と称していたが、実際はアメリカ中心の多国籍軍だった。
2 イラクのクウェート侵攻に際して安保理は武力行使容認決議を行い、多国籍軍が派遣された。当時、冷戦の終焉によって米ソが共同歩調をとるようになっていた。
3 国連平和維持活動は、紛争当事国の合意が前提となっている。強制行動ではなく、国連憲章に規定された行動でもない。
4 国連平和維持活動協力法は、停戦の合意や紛争当事国の受入れ同意を規定している。

13 答 5

国際関係

1 ASEANはベトナムに対抗する反共的な組織として設立された。しかし、ベトナム戦争終結後は社会主義政権との平和共存を進め、ベトナムも1995年にASEANに加盟した。
2 台湾はASEANに加盟していない。中国は当初、反共組織としてASEANを批判していたが、1970年代以降はASEANとも交流を深めていった。
3 大平内閣が提唱したのは「環太平洋連帯」構想。ASEANとの協力をうたったのは三木武夫首相であり、その後、福田赳夫首相がさらに推進した。
4 ASEANが軍事同盟的役割を担っていたことはない。

14 答 2

社会事情

公的扶助は、生活困窮者に対して公費(税金)負担で給付を行う制度である。現在の制度では生活保護がこれに当たる。一方、社会保険は、疾病・労働災害の際や、失業・高齢などの理由で所得を失った場合に、保険料を支払っていることを前提に保険金が支払われる制度である。
以上より、Aは「公的扶助」、Bは「税金」、Cは「社会保険」、Dは「保険料」が該当する。

15 答 4

社会事情

1 保険料だけで賄えないため、公費も財源としている。
2 生活保護は公費負担によって支給されるため、保険料の支払いは必要ない。
3 年金制度は、積み立て方式ではなく、現役世代の支払った保険料が高齢者世代に仕送りされる仕送り方式によって運営されている。
5 物価上昇を給付に直接反映させないマクロ経済スライド制が採用され、今後は現役世代の賃金がマイナスになった場合に年金額を引き下げる賃金・物価スライド制も採用される。

16 答 3

社会事情

1 医療保険は、サラリーマンが加入する被用者保険、自営業者・退職者などが加入する国民健康保険、75歳以上の人が加入する後期高齢者医療制度の3つに分かれている。
2 窓口負担は通常3割だが、70歳以上の高齢者と6歳未満の幼児は2割である。
4 保険料は自治体ごとに定められている。
5 要介護認定は、市町村が設置する介護認定審査会が行う。調査員は医師ではなく、認定を行うこともない。

8th DAY｜法律分野 1

問題は本冊74～83ページ

1 答 5

憲法／人権

1 判例は、性質上可能な限り法人にも基本的人権の保障が及ぶとしている。
2 判例は、税理士会による政治団体への寄付は税理士会の目的の範囲外であり、寄付のための特別会費徴収決議は無効であるとした。
3 権利の性質上、日本国民のみを対象としていると解されているものを除き、わが国に在住する外国人に対しても等しく人権が保障されると解されている。
4 日本国民である職員に限って管理職に昇任することができるとする措置をとることは、合理的な理由に基づいて日本国民である職員と在留外国人である職員を区別するものであり、憲法に違反するものではないとしている。

2 答 2

憲法／平等権

1 判決は、給与所得には必要経費の観念は馴染まないので、必要経費の実額控除の制度が存在しないのは当然であるとした。
3 遅くとも平成13年7月当時において、憲法14条1項に違反していたと判断した。
4 前段は正しい。判例は地方公共団体が売春の取締につき各別に条例を制定する結果、その取扱に差別を生じても憲法に反しないとした。
5 本件において、公選法は憲法上要求される合理的期間内における是正がされていなかったため、違憲であるとした。

3 答 5

憲法／職業選択の自由

1 白タク営業事件判例は、自家用自動車の有償運送行為は無免許営業に発展する危険性の多いものであることから、禁止の規定は憲法に違反するものではないとしている。
2 小売市場の許可規制は、その目的が合理的で、手段・態様においても著しく不合理であることが認められないことから、憲法に違反するものではないとしている。
3 判例は、薬事法の薬局の適正配置規制は国民の生命及び健康に対する危険の防止という消極的目的のものであるとしたうえ、薬局の開設の適正配置規制は、不良医薬品の供給防止等の目的のために必要かつ合理的な規制を定めたものといえないから、憲法22条1項に違反し、無効であるとした。
4 判例は、立法府のとった手段がその裁量権を逸脱し、著しく不合理である事の明白な場合には当たらないとして、合憲としている。

4 答 5

憲法／財産権

BとDが正しい。

A 災害を未然に防止するという公共の福祉のため、当然受忍しなければならない責務を負うため損失補償は必要ないとした。

C 立法目的との関係において、合理性と必要性のいずれも肯定することができないことが明らかであることから、違憲となった。

5 答 3

憲法／国会

1 参議院が衆議院と異なる議決をした場合には両院協議会を開かなければならないが、30日以内に議決しない場合には直ちに衆議院の議決が国会の議決となる。

2 参議院が、衆議院の可決した法律案を受け取った後、国会休会中の期間を除いて60日以内に議決しないときは、衆議院は参議院が否決したものとみなすことができる。

4 衆議院の任期満了後に召集されるのは臨時会であり、特別会とは衆議院の解散後に召集される国会のことである。

5 いずれかの議院の総議員の4分の1以上の要求があった場合に、臨時会の召集を決定するのは内閣である。

6 答 4

憲法／内閣

1 国務大臣は必ずしも各省の長として行政事務を分担管理する主任の大臣でなければならないわけではなく、無任所の大臣を置くことも認められている。

2 内閣は国会に対して連帯して責任を負うが、この規定は、特定の国務大臣が個人的理由に基づき個別責任を負うことを否定したものではない。

3 死亡により内閣総理大臣が欠けた場合にも、内閣は総辞職する必要がある。

5 内閣総理大臣の署名や連署を欠いた場合でも、法律や政令の効力には関係がない。

7 答 4

憲法／司法

1 弾劾に関する事項は、法律で定める(憲法64条2項)。

2 国会の当・不当の判断は、原則として国会自身に委ね、裁量権の著しい逸脱や濫用がある場合に限って裁判所が判断する。

3 直接国家統治の基本に関する高度に政治性のある国家行為(統治行為)は、裁判所の審査権に服さない(苫米地事件より)。

5 単位の授与は、当然に一般市民法秩序と直接の関係を有するものではないから、司法審査の対象とはならない。

8 答 1

行政法／行政行為の瑕疵

2 行政行為の撤回は、処分権限を持つ処分庁にしかできない。よって、撤回権は処分庁のみ有する。
3 後半の「いかなる授益的行政行為の場合であっても、必ず行政行為の成立時まで遡って効力は失われる」という部分が誤り。国民の信頼を損なうことになるので、遡及効を働かせない場合もある。
4 行政行為の瑕疵の治癒とは、行政行為のなされた後、欠けている要件の追完がなされ、その結果、瑕疵がなくなり、有効な行政行為として扱うことをいう。そのまま適法に扱うので、処分庁が必ず当該処分を取り消すということはない。
5 取り消されない限りは有効な行政行為であるから、相手方のみならず、その他の国家機関も拘束される。

9 答 5

行政法／行政行為の附款

1 法律が附款を付すことができる旨を定めている場合に限らず、特に法律による明示の規定がなくても裁量の範囲の中であれば付すことができる。
2 分離が可能であれば、附款だけを取消訴訟の対象とすることができる。
3 発生確実な事実にかからしめるのは期限である。条件は、発生不確実な事実にかからしめる附款である。
4 発生不確実な事実にかからしめるのは条件である。期限は、発生確実な事実にかからしめる附款である。

10 答 4

行政手続法／行政指導

1 申請の取り下げを求める行政指導を行うことも可能である（行政手続法33条）。
2 行政指導に携わる者は、当該行政指導をする際に、行政機関が許認可等をする権限または許認可等に基づく処分をする権限を行使し得る旨を示すときは、その相手方に対して、当該権限を行使し得る根拠となる法令の条項を示さなければならない（行政手続法35条２項）。
3 行政指導が口頭でされた場合において、その相手方から当該行政指導の内容及び責任者を記載した書面の交付を求められたときは、当該行政指導に携わる者は、行政上特別の支障がない限り、これを交付しなければならない（行政手続法35条３項）。つまり、行政上特別の支障があれば交付しないこともできる。
4 正しい（行政手続法34条）。
5 地方公共団体の機関がする行政指導は、行政手続法の規定を適用しない（行政手続法３条３項）。

11 答 5

行政不服審査法／審査請求

1 審査請求が不適法であって補正することができないことが明らかで、当該審査請求を却下する場合には、審理員の指名は不要である（行政不服審査法9条1項但書、24条2項）。
2 審査庁となるべき行政庁は、審理員となるべき者の名簿を作成するよう努めなければならないとされている（行政不服審査法17条）。しかし、作成が義務付けられているわけではない。
3 審査請求をすることができる処分につき、処分庁が誤って審査請求をすべき行政庁でない行政庁を審査請求をすべき行政庁として教示した場合において、その教示された行政庁に書面で審査請求がされたときは、当該行政庁は、速やかに、審査請求書を処分庁または審査庁となるべき行政庁に送付し、かつ、その旨を審査請求人に通知しなければならない。
4 職権で執行停止をすることができる（行政不服審査法25条2項）。

12 答 1

行政事件訴訟法／取消訴訟

1 正しい（行政事件訴訟法12条1項、4項）。
2 1年を経過した時でも正当な理由があるときは出訴できる（行政事件訴訟法14条2項）。
3 この場合には、裁判所は当事者の意見を聞かなければならない（行政事件訴訟法24条但書）。
4 裁判所の職権で第三者を訴訟に参加させることができる（行政事件訴訟法22条1項）。
5 処分の取消訴訟も、当該処分をした行政庁の所属する国または公共団体を被告とする（行政事件訴訟法11条1項）。

13 答 4

国家賠償法／損害賠償責任

A 正しい（最判小昭和50年7月25日）。
B 当時の防災技術の水準に照らして通常予測し、かつ、回避し得る水害を未然に防止するに足りる安全性を備えるべきであるが、整備された段階において想定された規模の洪水から通常予測することができなかった場合には損害賠償責任は負わないと判示されている（最判小平成2年12月13日）。
C 当該審判台が本来の用法に従って使用する限りは転倒の危険がなく、幼児の行動が審判台の設置管理者の通常予測し得ない異常なものであったなどという事実関係の下においては、設置管理者は損害賠償責任を負わないと判示されている（最判小平成5年3月30日）。

9th DAY｜法律分野２

問題は本冊84〜93ページ

1 答 1

民法／代理

1　正しい。民法117条において相手方の過失についての規定はあるが、代理人本人の過失については規定がない。判例では、この場合、代理人の責任は過失の有無を問わないとしている。

2　権限の定めのない代理人は、保存、利用、改良を代理の目的である物または権利の性質を変えない範囲において行うことができる(103条)。

3　法定代理は代理権授与行為がなくても発生する。

4　本人がその期間内に確答をしないときは追認を拒絶したものとみなされる。

5　第三者が、その他人が代理権を与えられていないことについて善意・無過失でなかった場合(悪意・有過失であった場合)には、他人に代理権を与えた旨を表示した者に責任は生じない(109条但書)。

2 答 5

民法／占有権

1　悪意の占有者でも占有回収の訴えを提起できる。

2　善意の占有者が本権の訴えにおいて敗訴した場合、その訴えの提起の時から悪意の占有者とみなされる。

3　必要費については悪意の占有者でも償還請求できる。

4　悪意の占有者はその損害の全部の賠償をする義務を負う。善意の占有者ならば、滅失または損傷によって現に利益を受けている限度で賠償すれば良い。

3 答 2

民法／担保物権

1　物的担保は、担保権設定者が破産しても消滅しない。

3　譲渡担保は非典型担保である。　4　留置的効力は質権にも認められている。

5　被担保債権の一部の弁済を受けても、目的物の全部について権利行使が可能である(不可分性)。

4 答 1

民法／債務不履行

2　不確定期限のある債務の場合、債務者は、履行の請求を受けたとき、また期限の到来を知った時のいずれか早い時から遅滞の責任を負う(412条２項)。

3　債務不履行における損害賠償において、債権者は損害の証明をする必要はない(419条２項)。

4　「常に」というところが間違い。

5　この場合、一方の買主に対する売主の債務は、もう一方の買主に対する所有権移転登記が完了したときに履行不能となる。

5 答 4

民法／物権

1 契約によっても物権を自由に創設することはできない。
2 債権を客体とする物権もある(363条)。
3 用益物権には、永小作権、地役権、地上権、入会権が含まれる。
4 正しい。不動産の賃貸借においては、登記が物権を得た者にも効力を生じる。
5 立木登記や明認方法は対抗要件であり、なくても取引は有効である。

6 答 5

民法／不法行為

1 注文または指図に過失があった場合、注文者は例外的に、請負人がその仕事について第三者に加えた損害を賠償する責任を負う(716条)。
2 この場合、被害者の夫の妹は711条の類推適用により、加害者に慰謝料を請求できる。
3 占有者も占有者に代わって動物を管理する者も、その動物の性質に従い相当の注意をもって管理したならば、その動物が他人に加えた損害を賠償する責任を負わない(718条)。
4 名誉感情を毀損された場合は、原状回復処分によって救済できない。

7 答 5

民法／相続

1 失踪宣告の場合は、民法30条1項の期間が満了した時から遡及して失踪者の相続が開始される。
2 相続は被相続人の住所において開始される。
3 相続財産に関する費用はその相続財産の中から支弁されるが、相続人の過失によるものは支弁されない。
4 相続放棄はもとから相続人でなかったとみなされ、代襲相続は認められない。

8 答 5

民法／失踪の宣告

1 現に利益を受けている限度においてのみ、その財産を返還する義務を負う。
2 失踪の宣言(30条)は、失踪者の権利能力を奪うものではない。
3 民法30条1項にいう利害関係人とは、法律的な関係を有する者をいう。
4 この場合(30条1項)、失踪者は7年の期間が満了した時に死亡したものとみなす(31条前段)。

9 答 1

民法／相隣関係

2 この場合(210条)、通行する他の土地の損害に対して償金を支払わなければならない。
3 一部譲渡によって公道に通じない土地が生じた場合も、その土地の所有者は譲渡した土地を通行することができる。
4 土地の所有者は、境界付近の建物の修繕が必要な場合、隣人の承諾を得なければその住家に立ち入ることはできない。

5 この場合(223条)、境界標の設置及び保存の費用は、相隣者が等しい割合で負担するが、測量の費用はその土地の広狭に応じて分担する(224条)。

10 答 2

刑法／未遂犯

1 未遂犯では刑を減軽することができる(任意的減軽)とされているだけで、刑を減軽するもの(必要的減軽)とはされていない(刑法43条本文)。

3 中止犯の刑の減免の根拠についてどのような見解をとっても、中止犯が未遂犯の一種である以上、結果が発生すれば中止犯は成立しない。なお、「結果が発生した場合でも中止犯規定を適用できることになってしまう」というのは、違法減少説ではなく責任減少説に対する批判である。

4 詐欺罪の未遂犯が成立するには、詐欺の実行行為である「欺く行為(刑法246条1項)」が行われなければならない。しかし、放火行為はこれに該当しないので、たとえ火災保険金をだまし取る目的であっても、放火の時点では詐欺罪の未遂犯は成立しない。

5 判例は、硫黄を摂取させることによって殺害の結果を惹起することは絶対に不能であるから、殺人罪については未遂犯ではなく不能犯であるとする。

11 答 5

刑法／公務執行妨害罪

1 職務執行が完全に終了してしまっている場合には、公務の執行中には当たらず、公務執行妨害罪(刑法95条)は成立しない。

2 暴行は、公務員に向けられた不法な有形力の行使であれば、必ずしも直接に公務員の身体に対して加えられる必要はなく、公務員の指揮の下に、その手足となって職務の執行に密接不可分の関係にある補助者に加えた場合にも認められる。

3 物に対して加えられた有形力が、公務員の身体に物理的に強い影響を与えうる場合、すなわち、いわゆる間接暴行も公務執行妨害罪の暴行といえる。

4 公務執行妨害罪は、暴行・脅迫が加えられたことによって直ちに既遂に達し、職務執行が現実に妨害されたことを必要としない。

12 答 2

労働基準法／年次有給休暇

1 年次有給休暇の権利は、労働者が6か月間の継続勤務と全労働日の8割以上の出勤という要件を充足したときに法律上当然に生ずるものであるとするのが判例である。

3 使用者は、労働者の過半数で組織する労働組合との書面による協定によって、年次有給休暇を与える時季に関する定めをすることができる。

4 使用者は、できるだけ労働者の希望する時期に年次有給休暇が実現するよう状況に応じた配慮をすることを要請されるとするのが判例である。

5 単に繁忙という理由だけでは、年次有給休暇の時季変更権を行使することはできないと解されている。

13 答 5

労働組合法／不当労働行為

1 使用者の事業廃止の自由までを制限することができないため、会社を解散して組合員を全員解雇する場合でも、それが偽装解散ではなく事業を実際上廃止する場合には、不当労働行為には当たらないと解されている。

2 使用者が正当な理由なく団体交渉を拒否することが、不当労働行為になるとする前半部分は正しい。しかし、判例は、交渉が進展する見込みがなくなり、交渉を継続する余地がない場合には、会社による団体交渉の拒否に正当な理由がないとはいえないとして、使用者側からの交渉打ち切りであっても不当労働行為とはならない場合を認めている。

3 判例は、本肢のような事案において、使用者が、労働組合集会等のために企業施設の利用を労働組合またはその組合員に許諾するかどうかは、原則として、使用者の自由な判断に委ねられており、使用者がその利用を受忍しなければならない義務を負うものではないから、権利の濫用であると認められるような特段の事情のある場合を除いては、使用者が利用を許可しないからといって、直ちに団結権を侵害し、不当労働行為を構成するということはできないとする。よって、不当労働行為に当たるとはいえない。

4 ストライキを理由とする賃金カットが不利益取扱いないし支配介入による不当労働行為となるかは、使用者に報復や弱体化の意図が認められるかどうかによると解されている。よって、使用者に報復や弱体化の意図が認められるときには、不当労働行為となる。

14 答 5

労働組合法／争議権

1 使用者側代替要員で操業をしても良い。

2 憲法28条で認められた権利であるから、労働組合法上の「労働組合」でなくても良い。

3 ストライキにおいて家族手当を削減することが労働慣行になっているもとでは違法とまでいえないという判例がある。

4 会社の経営者の追放自体を直接の目的とするのではなく、労働者の労働条件の維持改善その他経済的地位の向上を図るための必要的手段であれば許される場合もある。

5 正しい。労働組合法８条。

10th DAY | 経済分野

問題は本冊94〜103ページ

1 答 1

ミクロ経済／予算制約下の最適消費点

2　予算線がA_0B_0のとき、点Qは最適消費点ではなく、点Qと点P_1の効用水準は同じ。
3　予算線がA_0B_2のとき、最適消費点は点Rではなく点P_2である。また、無差別曲線の位置より、点Rより点P_2のほうが効用水準は高い。
4　予算線のA_0B_0と予算線A_1B_1は平行なのでX財とY財の価格比は不変。
5　Y財の購入量の減少分とX財の購入量の増加分が同じであるとは限らない。

2 答 3

ミクロ経済／代替効果と所得効果

1　下級財であっても、価格が下落すれば代替効果によって需要量は増加する。代替効果は相対価格の変化に対して負の反応を示す。
2　価格が下落すれば代替効果によって需要量は増加する。
3　正しい。ギッフェン財のポイントは、「下級財である」「所得効果が代替効果を上回る」「需要曲線が右上がり」の３点である。
4　B財の価格が一定でA財の価格が下落すると、B財の相対価格が上昇することから、代替効果によってB財の需要量は減少する。A財の価格下落によって実質所得は増加するため、上級財であるB財の需要量は増加する。
5　B財の価格が一定でA財の価格が下落した場合、B財の需要量が増加するとすれば、B財はA財の補完財（補完関係）である。

3 答 4

ミクロ経済／完全競争企業の利潤最大化

完全競争企業の利潤最大化条件は、価格P＝限界費用MCである。
総費用関数より、まず限界費用関数MCを求めると、

$$\mathrm{MC}=\frac{d\mathrm{TC}}{dq}=q^2-7q+10$$

P＝130であるから、利潤最大化条件P＝MCより、
$130=q^2-7q+10 \quad \Rightarrow \quad q^2-7q-120=0 \quad \Rightarrow \quad (q-15)(q+8)=0$
$q=15$もしくは-8となるが、$q>0$なので$q=15$と決まる。よって、利潤を最大にする生産量は15である。

4 答 2

ミクロ経済／短期の費用構造と利潤最大化条件

完全競争企業の利潤最大化条件はP＝MCで、これが満たされるところで生産量Xを決定する。
利潤の大きさは、与えられた市場価格と利潤最大化条件P＝MCを満たす生産

量Ｘのもとで、次のように表される。利潤＝総収入－総費用＝Ｐ×Ｘ－AC×Ｘ。また、図においては、総収入、総費用及び利潤（もしくは損失）の大きさは、面積で表される。以上を踏まえて、選択肢を検討する。

1 価格がP_1のとき、利潤を最大化する生産量はX_4である（正の利潤が生じている）。
2 正しい。価格がP_2で生産量がX_3であるとき、点Ｃは損益分岐点（利潤＝０）。
3 価格がP_3で生産量がX_2であるとき、点Ｄは操業停止点（利潤＜０）といい、固定費用全額が損失となる状況である。
4 価格がP_4で生産量がX_1であるときの点Ｅは、操業停止点ではない。
5 短期供給曲線は、縦軸のOP_3と操業停止点である点Ｄよりも右上の限界費用曲線MCのことである。

5 答 3

ミクロ経済／パレート最適

1 パレート最適の状態では、他の個人の効用を減少させることなく、ある個人の効用を増大させることは不可能である。
2 パレート最適の状態にある点の軌跡は契約曲線という。
オファー曲線とは、ボックス・ダイアグラムにおいて財の初期保有量の制約のもと、財の価格が変化するときの、財の配分の軌跡をいう。
4 パレート最適の状態では、所得分配の公平が達成されているとはいえない。
5 ピグー税によって外部効果を内部化させた場合、パレート最適の状態は実現される。

6 答 4

ミクロ経済／純粋公共財

純粋公共財とは、消費における非競合性（共同消費可能性）と非排除性（排除不可能性）という２つの性質を完全に兼ね備えたものをいい、国防や治安（警察）、防災（消防）などがある。
非競合性は、複数の経済主体が同時にもしくは一緒に消費することが可能であり、ある財についてのある経済主体の消費が、他の経済主体の消費を妨げないことを意味する。一方、非排除性は、対価を支払わない経済主体をその消費から排除することが困難、もしくは排除費用が非常に高くなることを意味する。
純粋公共財は外部性が100％認められる財であり、ある個人を対象に提供したとすると他のすべての人もその消費の便益を享受することができるので、その社会の特定の人だけを対象に純粋公共財を提供することはできない。
以上を踏まえて、選択肢を検討する。

1 純粋公共財が完全に兼ね備えている非競合性と非排除性の特徴により、その便益が費用負担をしない人にまで及ぶことから、ただ乗り現象（フリーライダー現象）を回避することは困難である。
2 純粋公共財には、国防や警察が含まれる。
3 純粋公共財には、民間財でありながら政府による公共財としての供給が要請される財は含まれない。

5　純粋公共財では、ある個人の消費への参加が他の個人の消費を妨げたり減少させたりすることはない。

純粋公共財に対して、非競合性と非排除性の程度が完全ではなく、教育サービスや医療サービス、図書館や公園の施設などの社会資本は、私的財に近い公共財・公共サービスであり、純粋公共財との区別において準公共財と呼ばれる。

7　答 5

ミクロ経済／独占企業の利潤最大化

独占企業の利潤最大化条件は、限界収入(MR)＝限界費用(MC)である。
需要関数を変形すると、P＝－D＋10となる。
これより、総収入TRは、$TR=(-D+10)\times D=-D^2+10D$となる。
これをDで微分すると、限界収入MRは、

$$MR=\frac{dTR}{dD}=-2D+10=-2X+10$$（DをXに置き換える）となる。

また、費用関数をXで微分すると、

限界費用関数は$MC=\frac{dC}{dX}=2$となる。

利潤最大化条件MR＝MCより、－２X＋10＝２、X＝４となる。
以上により、生産量(需要量)は４であるため、これを需要関数に代入。
P＝－D＋10＝－４＋10＝６となり、独占企業の最適価格は６である。

8　答 3

ミクロ経済／均衡の安定性：ワルラス

ワルラス的調整過程はある価格水準のもとで、超過需要が生じていれば価格は上昇し、超過供給が生じていれば価格は下落するというものである。この調整過程によって不均衡な状態が均衡へ向かって収束するとき、均衡は安定である。
ア～エの図について、均衡の安定性を調べるには、次の手順に従うと良い。
①均衡点を確認する。②均衡価格以外の価格水準で不均衡な状態を作る。
③ワルラス的調整過程から価格の動きを見る。
④不均衡な状態から均衡状態へ収束するか、もしくは発散するか見る。
以上を踏まえると、アとエが該当する。

9　答 3

マクロ経済／45度線モデル

まず、均衡国民所得Y_1を求める。マクロ経済の均衡条件式Y＝Dより、
$Y=D=C+I=20+0.6Y+100 \Rightarrow (1-0.6)Y=120$

$$Y_1=\frac{1}{0.4}\times120=2.5\times120=300$$

完全雇用国民所得水準が$Y_0 = 350$であるから、GDPギャップ$\varDelta Y$は、
$\varDelta Y = Y_0 - Y_1 = 350 - 300 = 50$
$Y_0 > Y_1$であるから、この場合、現実の均衡国民所得水準が完全雇用国民所得水準を下回っており、デフレ・ギャップが生じている。
また、乗数理論(投資乗数)より、$\varDelta Y = 乗数 \times \varDelta I$となる。
乗数の値が2.5であるから、このときのデフレ・ギャップ($\varDelta I$)の値は、

$\varDelta I = \varDelta Y \div 乗数 = \dfrac{50}{2.5} = 20$。以上より、

完全雇用国民所得水準がY_0のとき、20のデフレ・ギャップが生じている。

10 答 2

マクロ経済／ケインズ・モデルと減税

モデルより、均衡国民所得について解くと、
$Y = C + I + G = 0.8(Y - 50) + 10 + 30 + 15$
$\Rightarrow \quad (1 - 0.8)Y = -40 + 10 + 30 + 15$

$Y^* = \dfrac{1}{0.2} \times 15 = 5 \times 15 = 75 \quad \cdots\cdots ①$

完全雇用国民所得$Y_F = 95$であるから、$\varDelta Y = Y_F - Y^* = 95 - 75 = 20$となり、20のGDPギャップが生じている。また、$Y_F > Y^*$より、デフレ状態である。
①式は、$Y^* = 5 \times \{0.8 \times (-T) + \alpha + I + G\} \quad \cdots\cdots ②$
のことであるから(αは基礎消費)、②式より、租税Tの変化による国民所得の変化は、
$\varDelta Y = 5 \times 0.8(-\varDelta T) = -4\varDelta T \quad \cdots\cdots ③$
したがって、GDPギャップ$\varDelta Y = 20$を解消して完全雇用国民所得を実現するには、③式より、$20 = -4\varDelta T \quad \Rightarrow \quad \varDelta T = -5$となる。
以上より、完全雇用を実現するために必要となる減税額は5である。

11 答 1

マクロ経済／IS－LMモデルと金融政策

モデルより、まず財市場均衡式より、IS曲線を導く。
$Y = C + I = 20 + 0.8Y + 140 - 16i \quad \Rightarrow \quad (1 - 0.8)Y = 160 - 16i$
$\Rightarrow \quad 0.2Y = 160 - 16i \quad \cdots\cdots ①$

次に、貨幣市場均衡式($L = \dfrac{M}{P}$)より、LM曲線を導く。

$0.2Y + 260 - 8i = \dfrac{300}{1} \quad \Rightarrow \quad 0.2Y = 40 + 8i \quad \cdots\cdots ②$

①式と②式を連立させてiとYを求めると、①式－②式より、
$24i = 120 \quad \Rightarrow \quad i = 5$　これより、$Y = 400$となる。
つまり、当初の財市場・貨幣市場の同時均衡時の利子率は5、国民所得は

400である。
次に、貨幣供給量が12だけ減少した場合を見ていく。貨幣供給量の変化はLM曲線に影響を与えるので、貨幣市場均衡が次のように変化する。

$$0.2Y + 260 - 8i = \frac{288}{1} \quad \Rightarrow \quad 0.2Y = 28 + 8i \quad \cdots\cdots②'$$

①式と②´式を連立させてiとYを求めると、
$24i = 132 \quad \Rightarrow \quad i = 5.5$　これより、$Y = 360$となる。
したがって、貨幣供給量減少前と減少後の国民所得と利子率を比較すると、
$\Delta Y = 360 - 400 = -40$
$\Delta i = 5.5 - 5 = 0.5$
よって、国民所得は40減少、利子率は0.5上昇となる。

12 答 4

マクロ経済／貨幣乗数

マネー・サプライMとハイパワード・マネーHとの関係（貨幣乗数式）は、次のように表す。

$$M = \frac{\text{現金・預金比率} + 1}{\text{現金・預金比率} + \text{準備金・預金比率}} \times H \quad \cdots\cdots①$$

$\Delta H = 20$（億円）であることから、①式から、マネー・サプライの増加額ΔMを求めると、

$$\Delta M = \frac{\text{現金・預金比率} + 1}{\text{現金・預金比率} + \text{準備金・預金比率}} \times \Delta H = \frac{0.3 + 1}{0.3 + 0.2} \times 20 =$$
$$\frac{1.3}{0.5} \times 20 = 52\text{（億円）}$$

したがって、マネー・サプライの増加額は52億円である。

13 答 2

マクロ経済／フィリップス曲線と自然失業率仮説

1　フィリップス曲線とは、名目賃金上昇率と失業率との負の相関関係を示す右下がりの曲線である。なお、物価版フィリップス曲線は、名目賃金上昇率の代わりに物価上昇率（インフレ率）をとって、物価上昇率と失業率が負の相関関係にあることを示す。
2　正しい。自然失業率仮説においては、物価の変化に対する期待（予想）、すなわち期待物価上昇率（期待インフレ率）が組み込まれたフィリップス曲線は、短期フィリップス曲線と呼ばれ、期待物価上昇率（期待インフレ率）が上昇すると、短期フィリップス曲線の位置は上方にシフトする。
3　自然失業率とは、労働市場に備わった構造的な要因、具体的には産業構造や労働者の特性など経済の構造的要因によって決定されるというものである。

4 自然失業率仮説によると、短期においては、政府の総需要拡大政策(拡張的財政政策)や金融緩和政策が実施された場合、貨幣錯覚(経済主体の期待の誤り)が生じるため、失業率を自然失業率以下に下げることは可能である。
5 自然失業率仮説によると、長期においては、経済主体が物価を正しく予想(期待)するようになるため、マクロ経済政策によって失業率を自然失業率より下げることは不可能である。したがって、貨幣錯覚が生じない長期、すなわち物価が正しく予想(期待)される長期においては、フィリップス曲線は自然失業率の下で垂直に描かれる。これを長期フィリップス曲線という。

14 答 4

財政学／公債発行と負担:バロー

1 モディリアーニについての記述。
2 ボーエン＝デービス＝コップについての記述。
3 ブキャナンについての記述。
5 ラーナー(新正統派)についての記述。

15 答 3

財政学／日本の財政制度:国債の発行と償還

1 財政法5条の下、市中消化の原則により、日本銀行による引受けは原則禁止とされている。ただし、特別の事由がある場合は、国会の議決の範囲内で可能である。
2 年度限りの特例措置として、単年度立法の財政特例法に基づいて発行されるのは、特例公債(赤字国債)である。
4 借換債の発行に伴う収入は、一般会計ではなく、国債整理基金特別会計の歳入に計上される。
5 短期の国債としては、国債の償還・借換え等に対応するために発行される割引短期国債と、一般的な資金繰りのための財務省証券をはじめとして各種特別会計の資金不足を補填するために発行される政府短期証券とがある。なお、2009年より政府短期証券は割引短期国債と統合され、国庫短期証券という名称となった。

16 答 2

財政学／日本の財政制度:予算

1 すべての歳入歳出を予算に編入しなければならないとするのは、総計予算主義に基づいたものである。
3 政府関係機関予算と一般会計予算との間で、財源の繰入れや繰出しを行うことはできる。
4 暫定予算も国会の議決を必要とする。
5 補正予算については予算の追加以外の変更を加える補正予算を作成できる。